ウクライナ戦争と日本有事

JN058414

〝ビッグ3〟のパワーゲームの中で

河信基 *Ha Shingi*

彩流社

序章――「日本有事」をいかに避けるか

自衛隊の「敵基地攻撃能力」保有に怒る習近平――米海兵隊はグアムへ

福島第一原発の1～3号機の核燃料（デブリ）に触れた冷却水の処理水（汚染水）の海洋放出を日本政府が決め、東京電力が放出した当日（8月24日）、中国政府は日本産全水産物の禁輸を発表した。香港を含めると日本の水産物の約4割が買い手を失う。岸田首相らは「想定外」と述べたが、無責任極まる。事は序の口である。「抑止」幻想に浸る日本国民の知らないところで「日本有事」は日増しに緊迫度を増している。北大西洋条約機構（NATO）首脳会合（2023年7月11～12日）参加を数日後に控えた岸田文雄首相は戦慄を覚えたであろうが、中国の習近平国家主席が7月6日、「（有事には）恐れずに戦わなければならない」と実戦を想定した檄を飛ばした。日中戦争（1931年～45年）で最大の虐殺行為が行われたいわくつきの江蘇省南京市に司令部を置く人民解放軍東部戦区部隊を訪れ、「我が国の安全保障情勢は不安定さと不透明さを増している。実戦に備えた軍事訓練で能力を向上させよ」と現地指導したのだ。中国中央テレビが大きく報じたが、日本のマスコミはどれも「台湾への武力侵攻」や「米国と台湾の接近」を念頭に置いたものだとかわし、日本との関連をぼやかした。国民に不安を与えまいとする忖度報道であるが、中央軍事委員会主席でもある習近平主席の発言は日本を強烈に意識していた。領有権で対立する尖閣諸島（釣魚島）周辺の東シナ海では中国の軍艦、戦闘機が頻繁に姿を見せ、日本の海上保安庁の巡視船やスクランブルする自衛隊機との偶発的衝突から一挙に火が燃え上がりかねない超緊張状態となっている。ある日、突然勃発した（かのように思えた）ウクライナ戦争前夜さながらである。

岸田首相はぶるっと、約2ケ月前の中国駐日新任大使の対日過激発言を思い起こしたことであろう。呉江浩《ウージャンハオ》中国大使が着任早々の日本記者クラブでの会見（4月28日）で、「極めて有毒で、日本の民衆が火の中に連れ込まれる」と「日本有事」に言及していた。「極めて有毒」とはほかでもない、「台湾有事は日本有事」を勝手に想定し、東シナ海に面した中国沿岸部の中国軍基地を射程内に入れた中距離弾道ミサイルを自衛隊に配備して沖縄に展開する極めて攻撃的な「敵基地攻撃能力」保有問題である。岸田首相は国会での論議も経ずに戦後日本の安保政策の一大転換となる「安保関連三文書」を閣議決定（2022年12月16日）し、翌2023年からの5年間で過去5年間の1・6倍となる総額43兆円の防衛費を投じ、「敵基地攻撃能力」を保有するとした。凶弾に倒れた安倍晋三元首相の反憲法9条、反中の軍拡レガシーの継承である。一線を越えた岸田首相は興奮冷めやらず、首相公邸で親族の忘年会に興じて寝間着に裸足で息子らの写真撮影に応じて物議を醸したが、新年になるとさらに羽目を外し、2023年2月末の中国の孔鉉佑《コンシュエンヨウ》駐日大使の離任挨拶に応じなかった。その2ケ月後の中国新大使の異例の恫喝的な発言は、外交上の非礼への意趣返しとみられたが、中国最高指導部の意向を反映したものであったことが改めて明らかになった。習主席の「戦え」発言は、「敵基地攻撃能力」保有を絶対に許さないとの重大な警告にほかならない。

その伏線はあった。岸田首相が「安保関連三文書」を閣議決定した当日、「遼寧」を中心とする中国空母打撃群が沖縄本島と宮古島の間を抜け、西太平洋で冬季遠洋訓練を実施したのである。読売新聞（2022年12月22日電子版）が「南西諸島攻撃訓練」との見出しで「中国政府関係者」の話として報じたところによると、「習近平主席が日本政府の『安保関連三文書』の閣議決定に合わせて訓練を実施するように指示した」。また、同記事は米国防総省の見解として、「中国は積極防御の軍事戦略を取っているが、『積極防御は攻撃の準備を行う敵に対する先制攻撃を伴う可能性がある』と指摘している」とも付け加えた。「積極防御」がプーチン大統領のウクライナへの「特別軍事作戦」（2022年2月24日）に倣った「対日特別軍事作戦」となって日本に対して先制攻撃が加えられる可能性があると指摘したとも解釈できるが、岸田首相にはそうした情勢認識も危機意識もまるでうかがえない。ごく少数の側近の耳障りの良い声しか聞かず、あくまでも「台湾有事」が先と決め込み、それを見てから対応を決めても遅くないと高をくくっているのである。

そもそも「台湾有事」そのものが補完的な日本の再軍備を促すバイデン大統領一流の反中インテリジェンス（諜報戦）の産物であり、現実性に乏しい。簡単に振り返ると、中国共産党と大陸の支配権を争った国共内戦(1945年〜49年)で敗れた蒋介石の国民党が台湾に逃げた後、大陸反攻を唱え、その最前線とした金門島、馬祖島を中国軍が砲撃して第1次、第2次台湾海峡危機が起きたが、蒋介石の死去と1979年の米中国交正常化で対立は終了した。ソ連が無様に崩壊した米ソ冷戦終了後、共産党と国民党は「一つの中国」を平和的に求める「92年コンセンサス」で合意したが、米一極主義的な国際秩序の下で米国の圧力が強まり、第3次台湾海峡危機(1995年〜6年)が勃発する。親日派を自認する異色の李登輝総統が独立志向に傾き、総統直接選挙制を導入して自ら立候補、当選して大陸との緊張が高まり、米国が空母機動部隊を派遣して露骨に牽制したのである。2016年に野党民進党の蔡英文が総統に就任し、声高に親米親日独立路線を掲げてから、「中台は一つ」と「92年コンセンサス」遵守を主張する大陸との不協和音が再び強まる。さらに、バイデン政権誕生と共に「中国軍の武力侵攻」、「台湾有事」が喧伝され、「台湾有事は日本有事」へと飛躍し、日本の軍拡へとつながったのである。

しかし、22年11月の台湾地方選挙で与党民進党が惨敗して蔡英文総統が党首を辞任し、流れが変わる。現実問題としてバイデン政権が喧伝する中国軍の武力侵攻の必要性、可能性は限りなく低くなっている。大陸との緊張を嫌い、経済文化交流を重視する中間層が増え、民進党は支持率低下で政権交代がが避けられなくなっている。シンクタンク「台湾民意基金会」の直近の世論調査(7月20日)では、与党民進党公認の頼清徳副総統の支持率は33・9%に止まっている。野党は第三極の民衆党候補の柯文哲前台北市長が20・5%、「中台一つ」を掲げ8年ぶりの政権奪還をめざす国民党公認となった侯友宜・新北市長が18%、中国本土に主力工場を有し、日本のシャープを傘下に持つ「鴻海」の創業者である郭台銘候補が15・2％となり、野党が候補を統一すれば勝利は確実である。親中派を自認し、高い知名度で支持を伸ばす郭台銘候補に国民党候補を差し替える動きが出ており、政権交代の可能性が高まっている。いずれにしても与党民進党には逆風が吹いており、今後とも親米親日反中独立路線を続けることは難しい。北京としては静観が得策となる。米日が喉から手が出るほど欲しがっている世界最大の半導体ファウンドリーのＴＳＭＣなど先端産業施設をむざむざ破壊する武力侵攻など愚の骨頂でしかない。

習近平がむしろ警戒するのは日本である。そもそも台湾憲法は「（中国との）国家統一」を明記しており、「台湾独立」は重大な憲法違反である。それを破ろうとしているのが民進党であり、１９９９年の党大会で「実質的な独立国」と決議した。その違憲行為をバックアップしたのが、日本国憲法を「占領憲法」と否定する日本の右翼勢力であるのは決して偶然ではない。ウクライナでロシアと睨み合う米国は中国との二正面作戦を行う力はないと中国は現実的に判断している。習主席としては、「朋友」と呼んだこともある知己のバイデン大統領が反合理的な判断をするとは考えにくい。だが、「敵基地攻撃能力」保有に闇雲に突き進み、自衛隊部隊を南西諸島（沖縄）になし崩し的に配備する岸田政権には予測しがたい不気味さがある。東シナ海全域を管轄する東部戦区の司令部は南京にあるが、そこには旧日本軍の攻撃で数十万の軍民が殺戮されたことを伝える南京大虐殺記念館がある。習主席は毎年、政府主催の大々的な記念式典を催してきた。その歴史認識からすれば、過去を反省せず、軍事力増強に走る岸田政権は気の許せない、憎むべき日本軍国主義の亡霊である。東部戦区部隊で「恐れずに戦え」と檄を飛ばしたのは、予防的な先制攻撃も選択肢に加えているからと解釈できる。

軍事的にはさほど難しいことではない。国内総生産（ＧＤＰ）で日本の4〜5倍と経済を飛躍的に発展させた中国の軍事力は今や核戦力を除けば米国とトントンであり、米当局も近年は中距離ミサイルや海軍力において米国が劣勢であると公的に認めている。世界で中国がほぼ独占的に保有する約２０００発の中距離弾道ミサイルを用いれば、自衛隊の「敵基地攻撃能力」を壊滅させせる主要目的は数日で達成できる。岸田首相は対地攻撃用のブロックV型トマホーク数百発を米国から大量購入し、２０２６年から実戦配置しようと南西諸島の自衛隊各基地で突貫工事を急がせているが、旅客機並みの速度のトマホークでは米軍の在庫処理に寄与する程度の意味しかない。中国の攻撃対象は南西諸島の自衛隊基地に限らず、それと一体化した日本全国の自衛隊基地・関連施設が含まれよう。

国際社会から侵略と非難されかねないが、日本軍国主義復活阻止の自衛権行使とすればそれなりの名分は立つ。国連憲章には旧枢軸国のナチスドイツ、軍国主義日本への自衛的軍事手段を許容する旧敵国条項が存在しており、同じ旧連合国であった米国もにわかには動きにくい。

さらに、看過できない国際政治力学の現実であるが、核保有国同士の米中間には日中間にはない相互確証破壊（ＭＡＤ）という冷徹な核力学論理が作用する。世界第1、2位の核超大国である米露が直接対決を避けているウクライナ戦争のように、中国と米国の間でもＭＡＤという核抑止の限界に迫るギリギリの鍔迫《つばぜ》り合いが演じられることは必定である。おそらく在日米軍基地は初動段階では攻撃対象から除外され、米国の対応を見守ることになろうが、米国による日本の防衛義務を定めた日米安保条約第5条が岸田首相の期待通りに機能するのは現実的には難しい。

バイデン大統領をいやが応にも慎重にさせるのが、習主席とプーチン大統領連携の動きである。ウクライナ危機以降、「新時代に入った全面的なパートナーシップと戦略的相互関係を深化」(中露首脳会談共同声明2023年3月22日)と盟友関係を一段と強める。日本周辺での中露合同軍事演習の頻度がとみに増しており、中露共同の対日特別軍事作戦となれば米国の動きは大きく制約され、せいぜい武器供与など後方支援に回るしかないだろう。

実は、その手のシミュレーションは米政府内でも何度か、極秘裏に行われてきた。最近、ラトビアの首都リガに拠点を移したロシアの調査報道ウェブサイト「ザ・インサイダー」が明らかにしたところによると、オバマ政権末期の2016年の国家安全保障会議(NSC)でロシアがNATO軍もしくはドイツの米軍基地に対して低出力の戦術核兵器を使用するケースがシミュレーションされた。2014年のクリミア編入に続いてウクライナ東部ドンバス地域への介入を続けるロシアが米国の介入を阻止するために使用したとの想定だが、バイデン副大統領(当時)のカール補佐官(現政策担当国防次官)が議論をリードし、「最初の対応」は通常戦力によると結論付けた。1カ月後に再度、閣僚級のNSCが開かれ、カーター国防長官が核攻撃への核報復がないと同盟国の信頼が崩れるとしてロシアの同盟国ベラルーシへの核攻撃へと変更されたという。核大国間の直接の核の応酬は避けるのが基本とされ、バイデン大統領のウクライナ政策にそのまま踏襲されている。仏独などが独自路線へと軌道修正を図っているのは、スケープゴートにされる危険性に気付いたからにほかならない。米中のパワーゲームの只中にいる日本、さらに朝鮮南北にとっても他人事ではない。

すでに自衛隊を対中の前面に押し出し、米軍が後方支援に回る動きが出ている。昨年11月に米空軍嘉手納基地の米軍機非常駐化が成されたが、今年1月下旬に沖縄駐留の米海兵隊4000人の移転先とされる米領グアム基地発足式典が開かれ、来年以降に移転が始まる。最近ではアラスカへの移転も始まっている。ウクライナ方式の踏襲、と考えれば理解しやすい。

岸田首相はさすがに「敵基地攻撃能力」は中国を刺激しすぎると「反撃能力」と言い換えたが、看板のすげ変えが通じるほど相手は甘くない。先の大戦で激戦地になり多くの犠牲者を出した沖縄で「攻撃目標になる」（玉城デニー沖縄県知事の岸田首相宛要望書6月9日）と配備反対の声が高まっているのは当然とも言える。自衛隊前進基地が拡張されている宮古市は地下シェルター建設を求めた。だが、岸田首相は沖縄全戦没者追悼式後の糸満市での記者会見（同月23日）で「武力攻撃を受けるリスクを低下させる」と聞く耳持たずで、中国や北朝鮮との軍拡競争に陥るのではないかとの質問には「重要なのは周辺国に自国の安全保障政策の具体的な考え方を明確に説明し、透明性を確保することだ」と、演説原稿を諳んじるように答え、中国側に下駄を預けた。

持ち前の「聞く力」は専ら米国に向けられ、バイデン大統領の口約束でしかない「拡大抑止」や「核の傘」に安心しきっている。米国がバックにいる以上、中国は手出しができない、と根拠薄弱な先入観にどっぷり漬かっているのである。虎の威を借りる狐も一つの処世術だが、相手が虎を恐れなくなったら、逆にリスクとなる。独り善がりにならず、牙を剝く熊の声に謙虚に耳を傾け、目の前の危機を直視すべきであろう。

今や世界の常識となりつつあるが、中国は米空母群に威圧されたかつての台湾海峡危機時のように米国を恐れてはいない。それをハッキリと内外に示したのが、親台派の米下院議長訪台への対抗措置として台湾を軍事封鎖した22年夏の「重要軍事演習」（8月4〜7日）である。台湾周辺に弾道ミサイルの雨を降らせ、バシー海峡（フィリピン海峡）で待機していた米原子力空母群を全く寄せ付けなかった。爾後《じご》、中国は自信をつけ、大胆で遠慮がなくなった。今年2月の「気球撃墜事件」では米国上空に「観測気球」を飛ばし、「中国に主権侵害された」と米国中を前代未聞のパニックに陥れた。台湾周辺、東シナ海での軍事演習は常態化し、今年4月、台湾の蔡英文総統が中米2カ国歴訪の帰途にロスアンゼルスでマッカーシー米下院新議長と会談した際にも3日間にわたり台湾を東部戦区の軍艦、戦闘機が包囲した。単なるデモンストレーションではなく、米軍や自衛隊の介入に対応する複数のシナリオが準備されていたと考えるのが現実的かつ合理的である。日本のウクライナ化はいよいよ時間の問題となってきた。

岸田首相は「ウクライナは明日の東アジアかもしれない」と決まり文句のように口にするが、「明日の日本」が足早に迫っている。急遽、宮古島、石垣島、与那国島にシェルターを建設することを決め、来年度予算に盛り込むことを決めたと読売新聞（電子版7月23日）が特報したが、いかにも場当たり的で、来る総選挙狙いの下心が見え透いている。例のJアラート（全国瞬時警報システム）の度に地下鉄などに退避する訓練を始めて久しいが、日本全国にシェルターを造らねば一貫性、整合性がない。どうする家康〜、いや、文雄〜、と誰でも声を上げたくなるであろう。

被爆地でのG7広島サミットで「核抑止」正当化、ウクライナ支援の最前列に

ハト派の親中派閥と評された宏池会会長の岸田首相はいつ、どこでボタンを掛け違え、現代のドン・キホーテになろうとしているのか？

安倍元首相が台湾でのシンポジウム（2021年12月1日）にオンライン参加し、「台湾有事は日本有事であり、日米同盟の有事である」と蔡英文総統にエールを送った当時はまだ距離を置いていた。だが、昨年6月、日本の首相として初めてNATO首脳会議に招請され、バイデン大統領との会談で「中国の脅威」に共同対処することで合意した。策士バイデン大統領にうまく乗せられたのである。憲法9条にいよいよ死亡宣告するような有事法制関連三法案制定へと走り出し、立憲民主党や共産党などから専守防衛の国是の逸脱との批判を浴びたが、「日本を取り巻く安全保障環境は一変した」と取り合わない。

年が明けG7の持ち回り議長役を担うとさらに昂ぶり、控えめな人柄が別人のようにアグレッシブになる。2月にキーウを電撃訪問し、ゼレンスキー大統領に軍国日本時代に広島の出征兵士が掲げた「必勝しゃもじ」を手渡し、「防衛装備移転三原則」を骨抜きにする防衛装備品3000万ドル（約39億円）支援を約束した。さらに、4月4日の衆院本会議では日本の存立が脅かされる「存立危機事態」で発動する「集団的自衛権」に該当する「武力攻撃」の事例を初めて具体的に挙げ、「台湾有事」に米国と共に軍事介入する立場を鮮明にした。「日米同盟の抑止力、対処力を向上させる」と一世一代の大見得を切ったが、その「日米同盟」に朝鮮半島や中国大陸侵略のきっかけとなった日英同盟（1902年）をダブらせ危惧する人は少なくない。

さらに本番のG7広島サミット（2023年5月19日〜21日）では、地味なカラーと決別する行動に打って出た。フランス特別機で飛んできたゼレンスキー大統領に自衛隊のトラック100台を提供すると申し出る見せ場を設けたのである。これまでの米欧の武器供与に比べれば微々たるものであるが、NATO主要国が追加支援に二の足を踏み始めていただけに世界にウクライナ支援の急先鋒に躍り出た印象を与えた。出る杭は打たれるではないが、ロシアが強烈なリアクションを起こした。ロシア外務省次官が駐露日本大使を呼び出して「敵対行為の激化」と警告（6月9日）し、ロシア下院はその11日後（6月20日）、「9月3日を軍国主義日本に対する勝利と第二次世界大戦終結の日」に制定する法案を可決した。プーチン大統領はゼレンスキー政権を「ネオナチ」と非難して「特別軍事作戦」を正当化したが、同じ論理が岸田首相に向けられ、中露が厳しい対日観で足並みを揃えたことを意味する。一人矢面に立つチグハグで損な役回りだが、岸田首相は一人高揚し、正念場に来たウクライナ情勢の変化を完全に読み間違えていた。

膨大な国費を注いで一見華やかに飾った広島G7サミットの内実は寒々としたものであった。陰の主役はほんの1ケ月半前の訪中後に「欧州は米国の下僕（属国）でない」と言い放ち、悠然と乗り込んできたマクロン仏大統領である。バイデン大統領と目を合わせることもなく見た目にもギクシャクしていたが、怯む気配はない。オンラインで参加の予定であったウクライナのゼレンスキー大統領の急な要請を聞き入れ、米国機には許されない、最短距離の中国上空を通過して日本に直行する特別機を用意した〝功労者〟である。準備中とされる反転攻勢に必要な新規の武器・財政支援を直訴する場を与えたのであるが、まともに応じたのは岸田首相くらいと厳しい状況を痛感させられる。それこそ、習近平主席が提示したウクライナ和平案に賛同したマクロンの真の狙いであった。会議をリードする真の主役たるべきバイデン大統領はというと、連邦政府予算がストップする債務上限問題で参加すら危ぶまれ、会議の最中にも数日後に迫るデフォルト対策の書類に渋い顔で目を落とし、心ここにあらずであった。それを横目に仏独伊首脳は目配せし合い、ウクライナ和平案の可能性を探った。

岸田首相は対露経済制裁の輪を広げようと韓国、ベトナム、オーストラリアに加えブラジル、インド、インドネシアなどグローバルサウスを特別招待したが、これも空振りに終わった。米国VS中露の新冷戦の最前線と化したウクライナと日本の地政学的状況は驚くほど似てきたが、ホスト役で汗をかいた岸田首相と急遽馳せ参じたゼレンスキー大統領は、一卵性双生児は言い過ぎだが、合わせ鏡のようであった。

そこまでは虚々実々の駆け引きに踊る外交舞台の見慣れた光景であったが、核戦争廃絶を求める内外世論を欺く一大汚点を残した。原爆慰霊碑や原爆資料館をG7首脳がこぞって拝観し、G7として初めて核軍縮に関する「広島ビジョン」を発出したが、「核兵器は防衛目的のために役割を果たし、侵略を抑止し、戦争及び威圧を防止する」と核抑止論を正当化した。核兵器を非人道的兵器として禁止する「核兵器禁止条約」にも全く言及せず、「胸が潰れる思い」(サーロー節子)、「被爆地で核抑止論を説くなんて」と被爆者たちの失望と怒りを買ったのである。

東京(渋谷)生まれ、東京育ちながら広島の選挙区を祖父から三代受け継ぐ岸田首相の理念、信義とはいかなるものであろうか。広島、長崎で人類初の原爆被害を受けた国の宰相がその原爆を投下した米国の核に頼る心理はいかにも歪《いびつ》で、理解しがたい。「核保有国と非核保有国の橋渡しをする」と岸田首相は核兵器禁止条約に署名、批准しない理由を釈明したが、中露の核に対抗するには米国の核に頼るしかないとおぞましい現実に追随する処世術の域を出ない。無条件降伏した以上、米国に従い、その価値観を全て受け入れるしかないと親米従米の「下僕」の呻きが聞こえてくる。その価値観がたまたま「法の支配」「民主主義」「人権」であったため何とか体裁を整えてはいるが、自主性や独自性は抑圧されたままである。その反動のようにコアの自民党支持層では反中感情が拡散している。南京大虐殺や関東軍731部隊の人体実験などを否定し、はては中国侵略を「大東亜戦争」と肯定する復古主義的な声もかまびすしい。ウクライナ戦争のどさくさに紛れてネオナチやネオファシズムまがいの極右ポピュリズムが西側社会で台頭し、イタリアやフィンランドなど極右連立政権が次々と誕生しているが、日本でも自民党コア層よりもさらに右寄りで、「核共有」を政府に申し入れている「日本維新の会」が支持を伸ばしている。戦後は終わったと言われて久しいが、未来が見えなくなり、戦前の亡霊がそこかしこに徘徊している。

キャタストロフィ（破滅的状況）を避ける日中和解は文明論的次元まで掘り下げないと難しい。中国共産党初の法学博士号を有する異色の総書記である習近平は党中央学校長時代、「4大文明でいまも続いているのは中華文明だけだ」と口癖のように語った。習近平思想は毛沢東思想と並び称され、中国を「社会主義現代強国」へと導く「現代のマルクス主義」と位置付けられて1億中国共産党員の教材となっているが、そのユニークな文明観は「中国の夢」、「中華民族の偉大な復興」に凝縮される。日本軍国主義復活阻止の決意には寸分の迷いもないが、領土的野心や報復感情に駆られているわけではなく、排外主義的な極右国家主義とは対極にある。

「戦え」訓示が、訪中した沖縄県の玉城知事が福建省福州市の琉球館（旧琉球王国領事館）を訪問した日と重なるのは偶然ではない。その1ケ月前、「人民日報」（23年6月4日）1面に習近平が同月1日、2日と史料展示研究施設を訪れ、「（福州市党委員会書記、福建省長として）福州にいた時から、琉球館や琉球墓があり琉球と深い交流があったことは知っている」と発言したと伝えた。沖縄には久米三十六姓など福建省から移住した人が多く、歴史的文化的な繋がりは強い。沖縄に配備された自衛隊基地は日本軍国主義の亡霊そのものであるが、中国は沖縄を敵視しているわけではない。「中華文明圏取り組み工作」「朝貢関係再現」などと揶揄する右派言論は日本軍国主義の被害者であった沖縄を冒瀆しているに等しい。琉球王国（沖縄）は日本、朝鮮と同様に中華文明圏の中で漢字、儒教、仏教などの文化を共有し、経済交流で繋栄していた。宗教戦争、三十年戦争など寸土を争って諸国家が血みどろの戦争を繰り返し、いわゆる大航海時代には海外に資源と奴隷を求める過酷な植民地争奪戦を繰り広げた西洋とは根本的に異なる東洋の秩序である。東洋を仁義なき欲望の戦乱の嵐が覆ったのは屈辱的な阿片戦争（1840年～42年）、日本では「上喜撰（蒸気船）、たった四杯で夜も眠れず」と狂歌に詠まれた黒船来航（1953年）以降である。米軍はいつまで中国の目と鼻の先で我が物顔に振舞うのか。韜光養晦《とうこうようかい》と耐えてきたが、我慢の限界である、と習近平は考えている。平たく言えば、ドサクサに紛れてやって来た「南蛮」の輩がアジアにいつまで居座るのか。日本がいまだに「南蛮」に付き従っているのは全く理解しがたい、となろう。

習近平外交の基軸は明確で、国連重視の「ウィンウィン型の新型国際関係」構築にある。政治的因縁のある米国に対してはやや特殊で、対等な「新型大国関係」構築を求め、バイデンが固執する「米一国主義」を旧冷戦の遺物とみなしてその排除を掲げるのである。それがG2プラスへと動いている。プーチン大統領は東西冷戦が終了したのに何故米国は約束に反してNATOを維持し、ロシアへと東方拡大したのかと怒りにも似た疑問をぶつけ、それを排除する「特別軍事作戦」に踏み切ったが、習近平主席も全く同じ疑問を投げかけているのである。

NATOで浮き上がったゼレンスキー大統領――反転攻勢の頓挫

習近平の「戦え！」訓示は、NATO東京事務所設置問題が議題とされた1週間後のNATO首脳会合（7月11～12日）を睨んでいた。NATOを東アジアにまで拡大しようとのバイデン大統領の飽くなき策略を警戒していたのであるが、買いかぶりすぎとなった。

ウクライナ同様に旧ソ連構成国の一つであったリトアニアでのNATO首脳会合では首脳宣言でウクライナ加盟の具体的な日程が示されると観測されていたが、一悶着起きた。NATO首脳会合初日の11日、ゼレンスキー大統領が草案を見てウクライナのNATO早期加盟に関する文言がないことに落胆し、ツイッターで「馬鹿げている」と怒りをぶちまけた。そこまでは日本の各メディアも報じたが、どれもロシアを利してはならないと言葉を濁した。出色なのが韓国日報の記事で「背恩忘徳のゼレンスキー、西側が歯軋りしながらも支援を打ちきれない理由」(7月15日)で、「最も強烈に反応したのが最大の支援国である米国であった」と波乱の深層をズバリ抉《えぐ》った。ブリンケン国務長官と共にバイデン政権のウクライナ支援を主導してきたサリバン大統領補佐官がウクライナ大統領補佐官に感謝することを知らないのかと詰問し、米国内でウクライナ支援に反対する声が高まっているとして支援打ち切りまで口にしたようだ。動転したゼレンスキー大統領はバイデン大統領に平身低頭して謝罪し、NATO首脳らに感謝の意を伝えて回ったが、感情的な溝ができたのは確かである。ロシア軍に敢然と立ち向かう姿が世界中の同情を集め、クリミア半島を含む全領土奪還の主戦論をリードしてきた40代の新進気鋭の大統領は、前職のコメディアンに戻ったように各国首脳の顔色を神妙に伺うようになり、首脳会合でひとりポツンと佇む写真がSNS上に流れた。

ウクライナの戦局は停戦交渉を見据えた大きな曲がり角に来ている。それは最後の賭けと言うべきものであるが、ウクライナ疲れに苦しむNATO諸国はゼレンスキーが高唱する「反転攻勢」にチャンスを与え、ロシアの目を気にして慎重であった戦車、装甲車などの供与に踏み切り、6月3日からの戦況に目を凝らした。ウクライナ軍はウクライナ東南部に張り巡らされたロシア軍の防御陣地への攻撃を開始するが、3週間過ぎても奪還した地域は小さな8集落に止まった。ニューヨーク・タイムズ（7月15日）が米欧当局者の話として「反攻作戦の最初の2週間で米欧から供与された戦車や兵員輸送車など兵器の20％を失った」と報じ、米欧主要国は「反攻作戦は緒戦で頓挫」と判断した。ウクライナの疲弊を待つ防御戦に重点を移したロシア軍の圧倒的な空軍機と砲兵の集中的な砲爆撃を浴び、甚大な損害を出し続けているのが現状だ。ゼレンスキー大統領は「（米製の）F16戦闘機の第一陣が早ければ6～7ケ月後に到着する」と最後の望みを託すが、それまでウクライナ軍が持ちこたえる保証はない。ゼレンスキーは英BBCとのインタビュー（6月21日）で「映画のようにはいかない」と珍しく弱音を吐いたが、その前日、盟友と頼むストルテンベルグNATO事務総長から来月のNATO首脳会合に招待する計画はないと伝えられ、「足元が叩き落される」と嘆いた。ストルテンベルグはバイデン大統領が17日に遊説先で記者に「（ウクライナのNATO加盟条件緩和は）あり得ない」と述べたことを受けて豹変し、NATO首脳会合宣言文草案からウクライナの自動的な早期加盟に関する文言を削除した。NATOを巻き込むゼレンスキーの目論見は断たれ、ウクライナのNATO加盟は事実上、来るべきロシアとの停戦交渉の条件とされたのである。

駒を弄ぶようなNATO首脳の態度も褒められたものではないが、どこもエネルギー価格高騰・高インフレ対策で余裕を失っている。政治不信に乗じて反移民感情を煽る極右ポピュリズムが台頭し、イタリアでは22年10月に極右政党連立政権が誕生した。ウクライナ戦争が勝てず負けることも許されない泥沼の中長期戦の様相を帯びると、さらなる負担を求められる欧州国民の不満は沸騰する。一時はウクライナ支援の急先鋒と脚光を浴び、次期NATO事務総長が有力視されたウォレス英国防相が国防相辞任と政界引退表明へと追い込まれた。半パニック状態でNATO加盟に走ったフィンランドでも極右連立政権が発足（6月20日）し、フランスでは警官による少年射殺事件をきっかけに暴動が全国に広がりと、欧州の動揺は広がるばかりである。

勝てないが負けるわけにはいかない、と余裕を失ったバイデン大統領は節操がなくなってきた。かねてからウクライナ戦争は「バイデンの戦争」と批判し、来年の大統領選挙の争点化を図るトランプ前大統領が責任追及の声を張り上げると、即日（7月7日）、国際条約で使用が禁止されているクラスター爆弾を「ウクライナの要請に応じて供与する」と発表し、最も近い同盟国である英国のスナク首相からも「反人道的」と辛辣に批判された。NATO首脳会合後のヘルシンキでの記者会見（7月13日）では「プーチン大統領はすでに戦争に負けている。交渉による決着が私の希望であり期待だ」と、強がり半分、本音半分を漏らした。同日、プーチン大統領は従軍記者らを集めた席で「ウクライナの損失は壊滅的」と反論し、勝利に自信を見せた。余裕すらのぞかせたのは、民間軍事会社ワグネルを率いるプリコジンの乱（6月23日）を収束させたこともあった。プリコジンはウクライナ東北部のバフムト攻略の功を盾に継続的な攻撃を主張して防御優先のショイグ国防相やゲラシモフ参謀総長と衝突し、その解任を直訴するためモスクワへと進軍した。バイデン大統領は「内乱でロシア崩壊」と狂喜したが、プーチン大統領は1日余で収束する辣腕を見せ付けた。プリコジンは自分が一介の料理人から引き上げた人物であり、弱点も何も知り尽し、造作もない。雨降って地固まる格言通り、緒戦のキーウ攻略の失敗を引きずってスッキリとしなかったロシア軍の指揮系統は一本化され、世論支持率は80％前後と来年3月に控えたロシアの大統領選挙の備えも盤石となった。

人道、人権、民主主義を熱く語るバイデン大統領によるゼレンスキー政権へのクラスター爆弾供与は、逆説的な意味で、来るべきものが来たと言える。ゼレンスキー政権は発足当初の側近たちの大半が汚職疑惑などで消え、ゼレンスキー大統領の独演になっている。ラマポーザ南ア大統領らアフリカ7カ国首脳使節団がキーウを訪れて交渉による戦争終結を求めても、応じない。反転攻勢の最終目標にクリミア半島奪還を頑として掲げて譲らず、昨年11月に奪還した南部ヘルソン州のドニプロ川西岸地域から東岸に攻め上がり、隣のザポリージャ州の戦線と合わせてミリウポリ市を攻略し、アゾフ海に達してロシア軍占領地を分断する青写真を描き、無茶な攻撃を仕掛ける。

環境破壊を引き起こしているドニプロ川のカホウカ水力発電ダム爆破（6月6日）は「ロシア軍がダム内部から爆発させた」と非難するが、ロシア側は「ウクライナ軍がミサイルでダムを破壊」と反論して対立している。だが、米情報当局は「人工衛星で爆発の瞬間をとらえた」としながらも、この時点でもロシアの仕業とは明言しない。前年（22年）のポーランドへのミサイル落下事件やノルドストリーム爆破事件の前例からゼレンスキー側を疑っているとみられる。SNS上に戦地からアップされる戦争のリアルを追っている私は、「ゼレンスキーの自作自演の可能性大。6日正午に国家非常委員会を招集したゼレンスキー大統領は『午前2時50分にロシアのテロリストたちが発電所を内部から爆発させた』と述べ、SNSの画像で発信した。爆破犯しか知り得ない秘密の暴露である」とフェイスブック（6月6日 21：50）に投稿した。ロシア側はウクライナ軍の渡河に備えてドニプロ川沿いに地雷原や塹壕など防衛陣地を築いたが、ダム決壊で多くが水没し、ウクライナ軍は上流の川の水面低下に乗じて大規模渡河作戦を敢行した。成功こそしなかったが、動機は明らかである。憂慮されるのは、ゼレンスキー大統領が「ロシア軍が（占領する）ザポリージャ原発をテロ攻撃する可能性がある」（ビデオ演説6月22日夜）と言い出したことである。原発まで反転攻勢に利用しかねない無謀さを帯びてきた。ゼレンスキーにある弱味を握られているバイデン大統領はクラスター爆弾供与でなだめようとしているが、扱いかねているようだ。

そもそもゼレンスキー大統領には米国を信じすぎてロシア軍の侵攻を招いた外交失敗の重大責任がある。ある日突然ウクライナ国民は空襲警報が鳴り響く戦火に投げ込まれ、国民の2～3割が避難民と化し、生活は窮乏化している。当然、政府への不満や怒りは高まり、ウクライナの調査研究機関「キーウ国際社会学研究所」の最新世論調査（6月19日公表）ではウクライナ政府閣僚の更迭を求める声が73％に達し、ゼレンスキー大統領の退任を望む声も23％と増えている。最近も「自分の発言を批判した駐英ウクライナ大使を解任した」とウクライナメディアに報じられたが、いよいよ裸の王様になってきた。当人が迷いの中にある。BBC記者がプーチン大統領から「ユダヤ人の恥だ」（サンクトペテルブルグ国際経済フォーラム6月16日）と「ネオナチ」批判されたことについて尋ねると、ゼレンスキー大統領は驚愕の表情を浮かべ、深呼吸をしてうつむき、数秒後、「どう答えていいかよく分からない」と声を絞り出した。「ウクライナに栄光を！」とロシア軍に対する徹底抗戦の陣頭に立った熱も冷め、当人も自分は何者なのか、誰のために戦っているのか分からなくなっているのだろう。

プーチン大統領にとっても、同じ東スラブ民族で言葉も方言の違い程度でしかないロシア人に言葉を極めた人種的な憎悪をぶつけ、「鬼畜米英」を叫んだ旧日本軍の肉弾戦、玉砕戦さながらの戦いをウクライナ軍に求めるゼレンスキーは理解しがたい。そもそもロシアとウクライナの間には太平洋戦争での米日以上の国力差、戦力差がある。ショイグ国防相はロシア軍幹部らとの会議（6月20日）で、ウクライナ政府が米英から供与された高機動ロケット砲システムや長距離巡航ミサイルでクリミア半島などへの攻撃をすれば、「意思決定の中枢をただちに攻撃する」と警告した。戦術核に頼らなくとも、地下深く貫通する特殊爆弾のバンクバスターを使用すればキーウの大統領官邸を地下壕もろとも吹き飛ばすことが出来ると示唆したのである。

マクロン大統領が「時間がロシアに味方すると、戦争の長期化を期待している」（6月23日）とプーチン大統領を評したのは蓋《けだ》し、慧眼《けいがん》である。プーチン大統領が防御に重点を移す最大の狙いは対露経済制裁ブーメランが米経済を痛めつけているのをみて、戦局の膠着、長期化がバイデン大統領の政権基盤を揺さぶると計算してのことである。トランプ政権のコロナ政策の失敗に乗じて大統領になっただけと、バイデンの政治力は大して評価していない。このまま行けば、２４年11月の米大統領選はトランプ前大統領の当選の確率が高くなる。トランプには貸しがあり、ウクライナ停戦交渉はその後でいい。そう考えるプーチン大統領は、資源大国ロシアの特性を活かした資源外交が効果を発揮していると自信を深めている。ソ連崩壊期の混乱は今は昔である。「ロシア経済が予想以上に好調だ。今年のGDP成長率が2％を上回り、消費者物価指数（CPI）の上昇率が5％以下にとどまる見込みだ」（7月4日）と最新のデータを記者会見で示した。「2％」は、米連邦準備制度理事会による米国の今年の成長率見通し1・8％を上回る。堅調な内需に支えられて製造業が上向き、輸出も増加に転じ、自動車も中国製が欧米車撤退の穴を埋めており、プラス成長は決して不可能ではない。

欧州主要国の米国への視線が厳しさを増し、習近平主席が懸念したNATO東京事務所設置問題も流れた。バイデン大統領はNATOを「台湾有事」などに備えた対中戦略の戦略資産に加える秘策を巡らし、早くからストルテンベルグ事務総長を動かしていた。だが、マクロン大統領が「NATOは北大西洋地域に重点を置くべきだ」と真っ向から反対し、「将来的な検討課題」とされた。バイデン大統領はストルテンベルグの任期を1年延長させ、次の機会をうかがうが、欧州主要国の同意を得るのは難しい。バルト海に面した小国まで馳せ参じた岸田首相は、米欧のバトルに呆然とした。ゼレンスキー大統領との予定された会談を「日程が立て込んでいる」と立ち話に切り替えたが、明日の自分が映し出され、言葉を失ったのであろう。

プーチン、バイデン、習近平〝ビッグ3〟の因縁——30年前のNATO東方不拡大約束

プーチン大統領がウクライナ侵攻に踏み切ったのは何故か？　いまだに「ウクライナ支配の

ため」（プロヒー・ハーバード大ウクライナ研究所長　朝日新聞7月19日）と侵略性を強調する声があるが、NATO加入問題が主因であることは当事者たちが明かしている。プーチン大統領がウクライナのNATO加盟の動きに反発したためであり、「特別軍事作戦」と命名したのもそれを阻止する自衛的措置との意味が込められている。遠因はソ連崩壊（1991年12月26日）後のNATOのなし崩し的な東方拡大にあり、それを誰よりも良く知っているのがプーチン大統領とともに、半世紀に近い政治・外交経歴を誇るバイデン大統領その人であり、〝当事者〟もしくは〝歴史の証人〟と言っても過言ではない。

かく言う私も「歴史の証人」の末席を汚している。全くの偶然であるが、国際学術会議が予定されたフランクフルトへのトランジットでモスクワに一泊した1991年夏のある日、赤の広場にある「レーニン廟」参観後、ぶらっと一人、ソ連共産党中央委員会が置かれたクレムリン宮殿の見学としゃれこんだが、何故かゲートに警護兵も番人もいない。不思議に思いながら中に足を進めたが野球場ほどの大きさの中庭には人っ子一人見えなかった。後にソ連崩壊の引き金となった「8月19日クーデター」の前日であったことを知るが、はからずも「権力の空白」とは「権力の中枢部から人が消えること」を目撃したことになる。

同じ光景を歯ぎしりしながら見ていたのが、ソ連国家保安委員会（KGB）のエリート情報将校であったプーチン中佐であり、政治家に転身する原点となる。遠く離れた北京でも、国務院弁公庁に勤務していた習近平が心配げに見守っていた。国籍と立場こそ違え、同年齢の二人はソ連と社会主義の未来を真剣に憂えていた。バイデンはと言うと、外交通の有力上院議員としてソ連崩壊に乗じたＮＡＴＯの東ヨーロッパへの拡大を強く主張していた。

その30年後、必然の糸に導かれるように、プーチン大統領は米ソ首脳間で合意した「ＮＡＴＯを1インチたりとも東方に拡大させない」との約束違反と、積年の怒りをバイデン大統領に向けて爆発させ、ロシア軍の大部隊を三方からウクライナ国境を越えさせた。思う壺とばかりにバイデン大統領は「侵略」と非難し、必殺技の対露経済制裁を繰り出し、プーチン政権の息の根を止めようとする。漁夫の利を得るのが習近平主席で、経済制裁自体には「中立」と関わらず、他方でバイデン大統領が固執する「米一極主義」排除でプーチン大統領と足並みを揃える。プーチンの陰謀、バイデンの策謀、習近平の遠謀が人類の運命を掛けて激しく火花を散らすが、詳細は第四章「ウクライナ戦争の真実――プーチンの陰謀、バイデンの策謀、習近平の遠謀」に譲る。

バイデン大統領最大の誤算――対露経済制裁ブーメラン

「社会主義の祖国」と言われ、米国以上の強大な軍事力を誇ったソ連が無様に自壊した原因については今なお諸説紛々であるが、ソ連崩壊時（１９８８年～９１年）にモスクワ周辺、極東のウラジオストク、中央アジアのカザフスタン、ウズベキスタンなどソ連各地を見て回った私の目には、ゴルバチョフ共産党書記長が唱道した経済改革「ペレストロイカ」による混乱が鮮明に映った。それが最大の要因であることは間違いない。ゴルバチョフは競争原理の市場経済を導入してマンネリ化した非能率非効率な社会主義経済を活性化しようとしたが、彼自身が市場経済の何たるかを知らず、下部組織は曖昧な指示に混乱を深めるばかりであった。

「ペレストロイカ」を反面教師に経済を建て直したプーチン大統領は、周到に練った独自の資源戦略でバイデン主導の対露経済制裁を跳ね返す。世界最大の国土に豊富に眠る原油・天然ガスなどの資源を戦略的に活用した。石油輸出機構（ＯＰＥＣ）プラスとして、サウジアラビアなどに呼びかけて原油を減産し、オイルマネー（ペトロダラー）と言われるドルが国際基軸通貨として通用する基となる原油の安定供給を脅かし、エネルギー価格高騰の超インフレ、ドル不安、通貨不安を引き起こした。ロシア経済は早晩、旧ソ連経済の二の舞になると見込んでいたバイデン大統領の鼻を明かしたのである。

バイデン大統領の最大の誤算は対露経済制裁ブーメランである。ロシア産原油、天然ガスなどを世界市場から締め出し、ロシア経済を破綻させるとのバイデン大統領の案に相違して、逆に米欧日がエネルギー・食糧価格高騰に直撃され、コロナ・パンデミックからようやく立ち直り始めた経済を直撃した。どこもインフレ抑制の大幅利上げを余儀なくされ、景気対策のために２０００年代から長期にわたって実施してきたゼロ金利・量的緩和政策から転換せざるを得なくなる。銀行の連鎖倒産と金融不安が広がり、バイデン大統領は債務上限問題に頭を痛める。インフレと不況が同時進行するスタグフレーション再発に米連邦公開市場委員会（ＦＯＭＣ）は先が見えなくなり、政策金利を５・25％に据え置くとしながら「見通しは引上げ」と中途半端な日和見決定（６月14日）を全会一致で行った。前代未聞の半パニック状態である。１９７０年代に発症したスタグフレーションは資本主義の癌と恐れられたが、長期の潜伏期間を経ての再発はステージ4か5だろう。米中GDP逆転のXデーを国際通貨基金（IMF）は2030年と予測したが、対露経済制裁ブーメランが時計の針を進めている。Xデーを起点に各国は雪崩を打つように国際決済の通貨をドルから人民元に切り替え、世界経済は第2次世界大戦後最大の地殻変動に見舞われよう。

人民元の国際基軸通貨化が進み、習近平主席はほくそ笑む。米露対立の狭間で中国の存在感が高まっていることを実感させられ、資本主義の総本山である米経済に中国経済が追い付き、追い越すのは時間の問題と自信を深めている。独自に提唱した地球規模の巨大経済圏構想である「一帯一路」に弾みがつき、上海協力機構やBRICSなどをプラットホームにユーラシア大陸とグローバルサウスで急速に影響力を拡大している。中東ではサウジアラビアとイラン、シリアとの関係正常化を仲介して米国なき新秩序の道筋をつけ、米国の裏庭とされた中南米でもブラジル、アルゼンチンなどとの人民元決済を開始した。

習近平主席は焦眉のウクライナ問題でも、ロシア、ウクライナ双方に和平案を提示して停戦協議をリードする。事実上のG2である「米中新型大国関係」がハッキリと姿を現している。それはバイデン副大統領（当時）の助言もあって、オバマ大統領との首脳会談（2013年6月21日）で一度は合意しながら反故にされた10年来の念願である。

「慢心は人間の最大の敵だ」と述べたのはシェークスピアだが、バイデン大統領は大統領就任第一声で「中国は国際秩序を変える意思と能力を兼ね備えた唯一にして最大の競争相手」と対抗意識を剥き出し、「力による一方的な現状変更を許さない」、「法の支配」を維持すると同盟国や同志国に呼びかけた。習近平主席からすれば、現状固定で既得権益を守ろうとする傲慢不遜でしかないが、バイデン大統領には戦後世界をリードしてきた米国が中国に取って代わられることは我慢しがたい。何でいまさらと、中国の社会主義回帰に対する強烈なアレルギーをもっている。同じアイルランド系カトリックの上院議員（共和党）で、1950年代に約9万の米共産党員を公職や職場から葬ったマッカーの赤狩り（マッカーシズム）から自由ではありえない。

バイデン大統領は悪夢でしかないXデーの時計を止めようと「経済安全保障」と称して中国包囲網を拡大し、中国経済をグローバル経済から切り離す「デカップリング」を強引に進めた。しかし、対露経済制裁ブーメランに苦しむ仏独伊などに重要貿易国である中国まで失う選択肢はない。ドイツ政府が初めて策定した「包括的な安全保障戦略」（6月14日発表）は「世界的な課題は中国なしに解決できない」と明記し、ショルツ首相は「（中国とは）バランスを取っていく」と記者会見で述べ、バイデン大統領と距離を置いた。

前年（22年）の上海ロックダウンやウィズコロナ政策への急転換による混乱を理由に中国の経済不振を指摘する声もあるが、統計数字は正直である。IMFが3ヵ月に一度改訂する直近の「世界経済見通し」（7月25日発表）によると、23年度の主要国の経済成長率は中国5・2％、米国1・8％、日本1・4％、英国0・4％、ドイツマイナス0・3％、ユーロ圏0・9％となる。中国は米国の約3倍と差は歴然としている。なお、世界平均は3％である。

なっている。

北京詣でのバイデン政権の閣僚たち

バイデン大統領は形勢不利と見て「今後数カ月の間に習近平主席と話し合いたい」（6月17日記者会見）と9月のインドでのG20サミットでの対面首脳会談を呼び掛けた。実現すれば22年11月のインドネシアのバリG20サミット以来となるが、おいそれと応じる相手ではなくなっている。

その下均しにバーンズCIA長官が秘密訪中（5月）し、対立を制御することで合意したが、昨年の「重要軍事演習」で断ち切った国防当局間のハイレベルの対話には応じなかった。続いて、ブリンケン国務長官が米国務長官として5年ぶりに訪中し、秦剛外相、王毅政治局員と計10時間にわたって会談し、「米中間の意思疎通のチャンネルを確立する」と合意した。ブリンケン長官は米中経済の「デカップリング（切り離し）」は求めず、「デリスキング（リスク軽減）」とトーンダウンした。それが評価され、離中直前に習主席との面会（6月19日）が実現したが、もろに格の違いを見せつけられた。3日前に会談したマイクロソフト創業者のビル・ゲイツとは椅子を並べて和やかに対談したにもかかわらず、「国務長官は主席の交渉相手ではない」と露骨に冷遇した。習主席は大きな風景画を背にしたコの字テーブルの中央に座り、ブリンケン長官は右側のテーブルに王毅政治局員・国務委員、秦剛外相らと向き合うように座らされ、習主席の講話に神妙な表情で耳を傾ける様子が中国国営テレビに流された。習主席は「中米関係の安定のために積極的な役割を果たすことを希望する」と述べ、ブリンケン長官は「バイデン大統領は米中関係を管理する義務と責任があると信じ、訪中を指示した」と答えた。

習主席は「大国間の競争は時代の流れに合わない」とバイデン大統領の反中政策、特に台湾への干渉に厳しく注文を付けた。ブリンケン長官は「米国は台湾独立を支持していない」と明言しつつも、「中国の台湾海峡での挑発的な行為に懸念が高まっている」と指摘し、意地を見せた。

習・ブリンケン面会の映像を米各メディアが流し、「中国に主権を侵害された」と大騒ぎになったさる2月の「気球撃墜事件」が蒸し返され、共和党は弱腰対応と批判する。その翌日(6月20日)、バイデン大統領はカリフォルニア州での選挙資金調達イベントで「(むしろ自分が)独裁者を手玉に取った」と習主席を「独裁者」呼ばわりして強がった。翌日、中国外務省報道官が「政治的挑発」と非難し、米中関係再構築の動きは急ブレーキが掛かったかのように見えた。……が、中国側は寛容であった。

7月6日、債務上限問題の担当者でもあるイエレン財務長官が急遽、訪中する。習主席が「戦争に備えよ」と檄を飛ばした当日である。数日前に中国政府がコンピューターチップの製造に必要な二つの主要材料の輸出を規制すると発表していたこともあって、CIA、国務長官に続く財務長官の訪中に世界の注目が集まる。イエレン長官は9日まで4日間滞在するが低姿勢を貫き、李強首相や中国人民銀行の潘功勝副総裁以外にも現地の米企業関係者らと幅広く会談した。訪中最終日の会見で「中国当局者との10時間に及ぶ会談は直接的かつ生産的であった」と振り返り、「米中経済のデカップリングは両国にとって悲惨であり、世界の不安定化につながる」として反対の立場を明言した。イエレン長官は訪中に先立って謝峰駐米大使と会談し、「2大経済大国は対立よりも、協力すべき」と伝えていた。バイデン政権内は対中強硬派と対話派に割れているが、経済優先の対話派が主導権を握りつつある。

それもそのはずで、米経済は文字通り崖っ縁に立たされている。債務上限問題に世界三大格付会社のフィッチ・レーティングスが8月1日、米国債の格付を最上位のＡＡＡからＡＡ＋に一段格下げしたのである。「借金を膨らむに任せたガバナンス（統治）の劣化」を理由に挙げた。米政府債務は２０１１年会計年度の約10兆ドルから２０２２年会計年度に約31兆ドルと3倍にもなった。バイデン政権は対中経済デカップリングのために半導体企業に巨額の補助金をバラまく放漫財政で政府借金は雪ダルマ式に増大している。デフォルト（債務破綻）が現実化しているのである。イエレン財務長官は「恣意的」と強く反対する声明を出し、「米国債が世界でも傑出した安全性と流動性を誇ることは世界中が知っている」と強がったが、米国債格下げは２０１１年の別の格付会社スタンダード・アンド・プアーズ（Ｓ＆Ｐ）に続くものであり、信用低下は否めない。

実は、イエレン財務長官の緊急訪中は格下げと無関係ではない。フィッチは米政府に事前に格下げの方針を伝えていた。米国債の買い手がなくなったら暴落となるが、米国債の最大保有者は日本と並ぶ中国なのである。ドルは依然として世界の基軸通貨であり、米国債暴落➡ドル不安は中国の利益にもならないため、中国は条件付きで協力を約したと考えられる。ちなみに、主要国の国債格付けはＡＡＡがドイツ、ＡＡ＋が米国、カナダ、ＡＡ－が韓国、フランス、英国、Ａ＋が中国、Ａが日本、ＢＢＢがイタリアとなる。

「矛」へと前面に出される自衛隊――背後に「日米合同委員会」

米中は曲がりなりにも外交のチャンネルを維持しているが、ほぼ没交渉なのが日中である。偶発的な衝突のリスクが高まるしかない。横須賀に司令部がある米海軍第7艦隊は7月16日に、米海軍のP8A哨戒機が台湾海峡を通過したとの声明を発表した。3日前のことであるが、中国軍東部戦区の報道担当者は米国機を追跡、監視したと発表した。

奇妙なのは、自衛隊が米軍の指揮下で動員されていることである。去る6月7~10日に海上自衛隊と航空自衛隊は米軍との共同訓練を沖縄東方から東シナ海で実施したが、米軍からは原子力空母ロナルド・レーガンとニミッツに駆逐艦、巡洋艦7隻、核搭載可能のB52戦略爆撃機、海自は事実上の空母である護衛艦「いずも」、空自のF15戦闘機4機がそれぞれ投入された。仏海軍のフリゲート艦も加わったが、これは外交的な偵察目的の域を出ない。自衛隊がそれを発表したのは共同訓練2日後の12日であり、国民の知らない所で際どい状況が醸《かも》されていたことになる。

米日合同演習の表向きの理由は北朝鮮への「抑止」だが、中国、ロシアは隠れ蓑としか取らない。それに対抗してロシア太平洋艦隊が日本海やオホーツク海で海軍歩兵1万人以上参加の大規模演習（6月5日~20日）を実施した。中国軍も6日、7日、「ロシア軍との年次協力計画に基づき共同航空戦略パトロールを実施」と発表し、H6爆撃機2機がロシアの爆撃機Tu95 2機と一緒に十数機の戦闘機の護衛で東シナ海、日本海、西太平洋へと日本周辺を飛行したことを明かした。ロシア軍のゲラシモフ参謀総長は中国の劉振立中央軍事委員会統合参謀本部参謀長とビデオ会談し、「ロシアと中国の戦略的な防衛協力関係を強化し、合同軍事演習をその主軸にする」（6月9日）と言明した。中露爆撃機ともに核兵器搭載可能であり、従来の年次協力の域をとっくに超えている。また、ロシア太平洋艦隊には「核の三本柱」とされる核弾道ミサイル搭載の最新型原子力潜水艦「ゲネラリシムス・スボロフ」の配備が決まっている。プーチン大統領はベラルーシにまで戦術核を配備したが、東方でも戦術核の前方配備が進められている。「戦術核保有数ではロシアが米国に勝る」と一歩も譲らない。米国との唯一の核軍縮合意である新戦略兵器削減条約（新スタート）は2026年に期限が切れるが、現時点では更新に否定的である。

中露と米日の軍艦や戦闘機が交錯するケースも珍しくなくなり、日本の防衛省は同月6日、中露の爆撃機編隊に「航空自衛隊の戦闘機がスクランブルした」と勇ましく発表したが、尖閣諸島（釣魚島）や北方四島など領土・領空解釈が異なる中露機と偶発的な衝突が起きたら一体どうするつもりなのか。中露との危機管理メカニズムは存在せず、偶発的な衝突がいきなり「日本有事」へと発展しない保証はないのである。

そのシナリオは習近平主席の中では何回も練られているだろう。海上自衛隊が再び事後（6月15日）に発表したところによると、自衛艦が6月10日から14日にかけて沖縄南方から南シナ海にかけて軍事演習を行っていたのである。「いずも」など護衛艦2隻が「ロナルド・レーガン」など米艦6隻と対水上戦、対空戦、対潜水艦戦を実施した。米国主催の大規模広域訓練2023（LCGE23）の一環としてカナダとフランスのフリゲート艦各1隻が加わったという。事後発表の形で南シナ海まで進出した自衛隊の訓練は、旧日本軍お家芸の奇襲攻撃を中国側に想起せしめ、先制攻撃である「積極防御」の理由になりうる。

その予行演習のような衝撃的な映像が6月3日、流れた。米インド太平洋軍が「米国のミサイル駆逐艦がカナダのフリゲート艦と台湾海峡通過中に中国軍艦が船首の前140メートルを2回横切った。国際水域で安全に航行するルール違反」と抗議し、証拠として映像を流したのである。航行妨害は準戦闘行為であり、一触即発の状況であったが、中国外務省報道官は「アメリカ側が先に挑発したため中国は法に則って処置した。深く反省し、誤りを正すべきはアメリカだ」と一歩も引かない。激しい剣幕で、言外に中国艦がフロリダ海峡を航行したら米国は黙っているのかと反問していた。実際、接触事件5日後、米紙ウォール・ストリート・ジャーナル（6月8日）が「中国は（フロリダから160キロの）キューバに数十億ドル規模の通信傍受施設を建設することで原則合意した」と、米当局者の情報として報じた。米国の「裏庭」に中国の「スパイ施設」が設置されると米国中が上へ下への大騒ぎになったが、中国に言わせれば、米国はずっと前から日本に多数の米軍基地を置いて通信傍受しているではないかとなる。

さらに言えば、岸田政権の「敵基地攻撃能力」保有はキューバ政府がメキシコ湾沿岸の米軍基地を念頭に「敵基地攻撃能力」を保有するのと同じことであり、許容できるのかとなる。キューバへのミサイル基地建設で米ソが核戦争寸前まで行ったキューバ危機（1962年）ではフルシチョフ・ソ連共産党書記長がケネディ大統領に譲歩してミサイル基地を撤去し、弱腰と批判されて2年後に失脚した。フルシチョフを修正主義者と批判した毛沢東の思想を受け継ぐ習近平に米国の「挑発」に屈する選択肢はない。自衛艦が台湾海峡に入ることがあるなら、即、中国軍の攻撃を受けよう。中国軍の機関紙「解放軍報」が8月1日、ミサイル部隊の司令官、政治委員が交代したと報じた。「ロケット軍」は習主席が「第2砲兵」から陸海空軍と同格の「軍」に昇格させたものであり、トップ2人を浙江省、福建省時代からの子飼いの幹部に電撃的に入れ替えたことは、来る対日作戦と無関係とは言えない。

問題は日本側にそうした認識が皆無なことである。ことは日本の安全保障の根幹に関わる構造的な問題である。すなわち、日本占領連合軍総司令部（GHQ）が日本占領を解いた1951年に同時に設立された「日米合同委員会」である。韓国などにはない、敗戦国日本独特の占領統治の遺産であるが、自衛隊の生みの親であるGHQの安保観と組織体系をそのまま継承し、日米安保条約締結→「日米同盟の強化」へと日本の安保政策をリードしてきた。委員は日本側が各省トップクラス6人、米側7人で構成され、議決権を有する米側の意図通り動く。超法規的な存在であったGHQの権威を暗黙のうちに受け継ぎ、首相官邸といえども異議を差し挟むことは難しい。卑近な例では米軍と一体化した自衛隊の南西諸島（沖縄）展開、事後公表の合同演習など官邸頭越しの動きはそこに由来するだろう。

こうした惰性的な米国依存は一見して楽であるが、いつ何時、米側の都合で梯子を外されかねない。

岸田イニシアティブは可能か？

バイデン大統領は中国との正面衝突は避けながらも、北朝鮮の核・ミサイル開発問題で韓国の危機感を刺激し、反中網に組み入れようと新手を繰り出している。左派色の野党に監視されているユン・ソギョル（尹錫悦）韓国大統領は「台湾有事は韓国有事」などと口を滑らしそうもないが、日本の岸田首相には歯止めがない。岸田首相は先の国会閉会後の記者会見（６月13日）で「金正恩委員長との首脳会談を早期に実現するべく私直轄のハイレベルの協議を行っている」と述べた。バイデン政権も水面下で北朝鮮に対話を呼びかけるくせ球を投げており、それと連動しているとみられる。だが、北朝鮮側は無視しており、米国の紐付きでは無理がある。ここは独仏首脳に倣って同盟国幻想から自由な自主外交へと転換すべきであり、絶好の機会である。日朝間にはすでに「日朝ピョンヤン宣言」（２００２年）が締結されており、日本側の主体的な行動のみが残されている。

そもそも日本の安全保障問題がここまで拗《こじ》れたのは、日朝対話の失敗に原因がある。北朝鮮の核開発を「抑止」すると国民に吹聴しながら憲法９条を形骸化して集団的自衛権へと走った。有事の際に国会議論を短縮して自衛隊を派遣するとした安保法案を安倍政権が強行採決（２０１５年）したのも、「北朝鮮」を名分にした。それが「台湾有事」へと拡大され、「日本有事」へとブーメラン化した。この負の連鎖を断ち切り、根本から立て直すのが、今、である。「日本有事」になってからでは遅すぎる。

ウクライナ戦争は北朝鮮と中国、ロシア（旧ソ連）との旧同盟関係復活へと作用しており、それを踏まえて北朝鮮側は岸田訪朝を真摯に待ち望んでいると、北朝鮮・東アジア国際問題を長年研究してきた私が１００％保証する。キム・ジョンウン（金正恩）委員長は岸田首相が思っている以上に現実主義者であり、スイス留学で西側社会をよく知っている。母親は元在日（大阪・鶴橋生まれ）であり、日本に対して望郷の念に似たものを覚えている。金委員長はロシアのショイグ国防相、中国の李鴻忠政治局員（全人代副委員長）を迎えて朝鮮戦争休戦協定70周年記念の大規模閲兵式（7月27日）を開催し、強純男《カンスンナム》国防相が演説で、韓国を正式の「大韓民国」と呼んだが、画期的なことである。私の見たところ、東西ドイツをモデルに朝鮮南北が相互承認し、日本、米国との国交正常化につなげて38度線を安定化させる意図がある。南北関係を「統一を志向する特殊な関係」から平和統一を可能とする物質経済的な環境を醸成する現実志向である。経済再建に本腰を入れ始めた証であり、いよいよ日本の出番である。

蛇足であるが、1991年夏に私が紛れ込んだクレムリン宮殿はその後、ロシア大統領官邸となり、前庭は整備されて聖堂前広場として観光客に一般開放されている。

第一章 「台湾有事」ならぬ「日本のウクライナ化」

2023年春、習近平体制の確立と対日観の硬化――緊迫の日中関係

「台湾有事」と「日本有事」は主客の関係と見なされてきたが、ウクライナ戦争の進展とともに主客転倒している。それが「日本のウクライナ化」である。

「中国の内政問題を日本の安全保障と結びつけることは極めて有害だ。日本の民衆が火中に引きずり込まれることになる」。この、過激な呉江浩《ウージャンハオ》中国大使が4月に東京都内での記者会見で発した言葉は、意訳すれば「日本攻撃もありうる」となる。それに対して林芳正外相は5月10日の衆議院外務委員会で立憲民主党議員に対応を問われ、「極めて不適切」と外交ルートを通じて抗議したと答弁した。だが、中国側は「台湾有事は日本有事」と公言しながら、「敵基地攻撃能力（反撃能力）」保有を進める日本を「極めて不適切」と怒っている。怒髪天を衝く、と言っても過言ではない。同日、ベルリン郊外のポツダムを訪れた中国の秦剛《しんごう》外相・国務委員が第二次大戦で日本が無条件降伏を受け入れたポツダム宣言に言及し、「日本軍国主義が盗んだ台湾を含む領土を中国に戻したが、米国がそれを忘れ去り、戦後の国際秩序を破壊している。

あらゆる干渉を排して中国の国家統一は必ず実現しなければならない」とする談話を発表したと中国外務省が伝えた。ドイツより7時間早い時差の日本国会での林外相答弁を念頭に置いた新たな警告と考えられる。

岸田首相は「日本を取り巻く安全保障環境は一変した。ウクライナは明日の東アジアかもしれない」と繰り返す。勝ち馬に乗った気分なのであろう。バイデン大統領に約束された「日米同盟の抑止力」を機会あるごとに吹聴し、安倍晋三元首相が唱えた「台湾有事は日本有事」に備えるとして防衛力増強路線を突っ走るが、実は、負け馬に乗せられているのである。当人はなかなか気付こうとしないが、「台湾有事」ではなく、「日本有事」が足早に迫っている。このまま行けば、最悪、日本全国の自衛隊基地、空港、港、水・火力発電所などのエネルギーインフラに中距離ミサイルが集中豪雨のように降り注ぎ、太平洋戦争中のB29爆撃機による大空襲を思いださせる大惨事となろうが、岸田首相は自身がそれを招いている〝亡国のスパイラル〟になかなか気付こうとしない。福島原発事故のように「想定外」で責任回避できる話ではない。中国などを仮想敵とした「敵基地攻撃能力」保有で挑発し、危機を引き寄せているのは、誰あろう岸田首相である。

思考方式がワシントンに偏り、「防衛」、「抑止」、さらに「拡大抑止」なる言葉に酔っているが、肝心の相手がそうは思っていない。ＧＤＰで米国を追い越そうとしている中国、ウクライナ危機で米国を露骨に核恫喝しているロシアは、もはや米国を全く恐れていない。岸田政権による軍拡に対して「日本軍国主義復活の動き」との認識を共有しながら、沖縄から北海道に至る日本周辺で合同軍事演習を活発化させて、機会をうかがっている。認知バイアスさえ解ければ、事態は単純明快である。敵が攻撃能力を備えるのを座視する馬鹿はいない。子供にも分かる理屈だが、習近平主席とプーチン大統領が対日姿勢を日増しに硬化させているのは、要するに、そういうことなのである。

岸田首相のウクライナ電撃訪問はバッドタイミングであった。ゼレンスキー大統領との会談に臨もうとする矢先（2023年3月21日）、ロシア国防省が「ロシア軍の長距離戦略爆撃機ツポレフ95MSが2機日本海の上空を飛行した」と発表し、映像を公開した。飛行は7時間以上に及び、戦闘機の護衛がついていた。ツポレフ95MSは核兵器搭載可能で、弾道ミサイル、核ミサイル搭載潜水艦とともにロシアの核戦略の三本柱と位置付けられている。おりしも、ウクライナ和平案を発表して世界を驚かせた習近平国家主席が訪露中（3月20〜22日）で、「親友」「盟友」と呼び合うプーチン大統領と通訳だけを交えた4時間半の非公式会談で「米国主導の世界秩序に共同して対抗」することを再確認した。ブリンケン国務長官は「世界はだまされてはならない」と反発したが、岸田首相が神、仏と仰ぐ米国の衰退は覆うべくもなく、「日米同盟の抑止力」は幻想と化しつつある。米国の同盟国とされていた中東の大国・サウジアラビアが習主席の仲介でイランとの積年の対立を解消し、国交正常化で同意するなど歴史は米国抜きで動き出し、ソ連解体（1991年12月26日）後の米一極主義体制は音を立てて崩れている。核搭載可能なツポレフ95MS2機の日本近海での長時間飛行も習近平・プーチン会談と無関係ではない。自衛隊機がスクランブルすれば、偶発的な衝突が一挙に「日本有事」へと発展する事態も否定できない。それが日本周辺で繰り返されている中国軍とロシア軍の合同演習がそのまま実戦となる「対日特別軍事作戦」であるが、米国にはそれを抑止できる軍事的物理的な力はなく、日本に対する中露の戦略的な判断次第である。

岸田首相はバイデン政権に能力以上のものを期待して前門の虎、後門の狼をいたずらに刺激し、自ら危機を招いている。「台湾有事は日本有事」といった「厳しい安保環境」への備えと位置付け、「敵基地攻撃能力（反撃能力）」保有のために6兆8219億円の防衛費を骨子とする総額約114兆円の2023年度予算案を2月28日に衆議院本会議で自民、公明の賛成多数で可決させた。今後5年間にわたり防衛費を1・6倍増の総額43兆円とし、新型中距離ミサイルなどを自衛隊に装備する。しかし、自分を「仮想敵」とみなす相手が攻撃力を備えるのを指をくわえて見ているお人好しの「敵」は、まずいない。前年秋の中国共産党第20回大会で総書記に三選され、さらに23年の全国人民代表大会（3月5日～10日）で国家主席にも三選されて長期政権の土台を固めた習主席が外相に抜擢したのが秦剛駐米大使であるが、秦新外相は初の記者会見（3月7日）で「中国を封じ込めるための『新冷戦』に日本が参加するならば、癒えていない両国の古い傷に新しい痛みが加わることになる」と異例の警告を発した。「古い傷」とは「中国を侵略した日本軍国主義を忘れるな！」という中国人の歴史的な対日感情であり、米欧日のメディアが「戦狼《せんろう》外交の先駆的存在」と警戒する新外相は日本に「新しい痛み」と報復を示唆した。事は具体的であり、岸田政権が日中が領有権を争う尖閣諸島（釣魚島）に近い沖縄県・石垣島に「敵基地攻撃能力」保有の一環として「12式地対艦誘導弾」装備の自衛隊ミサイル部隊駐屯地を新規開設したことなどを敵対的行為と認識しているのである。

秦剛新外相の対日強硬発言は、政治協商会議分科会（3月6日）での習主席の「重要講話」を受けて行われたものであった。「人民の領袖《りょうしゅう》」と毛沢東に次ぐ権威を確立した習近平主席は「米国を頭とする西側諸国は我が国に対して全方位的な封じ込めや包囲、抑圧を行い、我が国の発展に未曾有の厳しい試練を与えている」と訓示した。これまではバイデン大統領との長きにわたる個人的信頼関係を考慮し、米国への名指し批判を避けてきたが、いよいよ遠慮がなくなってきた。全人代で新国防部部長に米国の制裁リストに載せられた李尚福《りしょうふく》・中央軍事委員会委員が選任されたことが象徴的である。李新国防相は中央軍事委装備発展部長であった2018年に米政府が取引を禁止しているロシアからスホーイ35戦闘機、S400防空ミサイルシステムなどを購入したとして米国からビザ発給や金融システムへのアクセス停止、米国内での資産保有禁止の制裁処分を受けていた。その人物の軍要職への登用は、一国の国内法でしかない米国による制裁は独善的な「内政干渉」でしかなく、一切応じないとの断固とした意思表示にほかならない。中国は米軍の台湾接近を実力で封じた2022年の「重要軍事演習」の最中、訪台したペロシ下院議長らへの制裁措置を発表していたが、目には目、歯には歯と米国と真っ向から張り合う習近平路線の本領発揮である。

激化する国際的な体制競争——資本主義か社会主義か

その背景にあるのは熾烈な体制競争であり、バイデン大統領が最も警戒する習近平主席の

「社会主義現代化強国」路線である。習主席は全人代で国家主席に選任された3月10日、演台に立って憲法書に左手を置き、拳を掲げて憲法宣誓を行った。以前にはなかった習近平時代の新儀式であるが、「不正を働かず公務に専念し、……富強・民主・文明・調和の美しい社会主義現代化強国を建設するために努力奮闘することを誓う」と宣誓した。習近平思想全開と言うべきであり、社会主義が中国が目指す建国以来の目標であると再確認し、バイデン大統領が「権威主義」「専制主義」と挑発するのを許さないと厳粛に宣言したのである。それを神妙な面持ちで聞いていたのが、李強《りきょう》・共産党政治局常務委員にその座を譲った李克強《りこくきょう》前首相である。幹部人事で自分同様に共産主義青年団系列の胡春華《こしゅんか》副首相らが罷免され、浙江省、福建省時代から志を同じくする習近平側近たちと総入れ替えされた。党の幹部候補生とされた共産主義青年団は改革開放路線を曲解し、市場経済の水に染まりすぎたと批判的に認識されているのである。

その約1週間前、米下院金融委員会は「台湾紛争抑制法案」を可決した。財務省に中国共産党幹部・親族の在米資産調査と金融機関による金融サービス停止を求めるというもので、法案提案者のヒル共和党議員は「中国が台湾を危険に晒し出したら、共産党幹部の資産状況が中国大衆の知るところとなる」と抑止機能を期待する政治的狙いを明かした。それを聞いてバイデン大統領は「短慮な！」と地団太を踏んだことであろう。「国家資本主義」の中国を望んでいたバイデン大統領にとって、多くの東欧諸国でそうしたように在米資産を隠し持つ共産党幹部こそ中国を内部から懐柔する手づるなのである。

反対に習主席はそれら腐敗幹部たちを整理し、改革開放政策の負の側面を一掃する好機と考える。「優れた指導者となる人材を輩出できるかどうかが、党や国の存亡を左右する」と檄を飛ばしたが、共産党幹部養成団体でありながら米欧流のエリート主義、拝金主義、享楽主義に染まる風潮が絶えない共青団が念頭にある。中国のいわゆる改革開放世代の米国式金満生活への憧れは根強い。昨年夏に国有投資会社の中央国際金融に勤める40代の証券ディーラーの妻がSNSで「夫の給料は月収8万2500元（160万円）」と自慢気に投稿して図らずも金融業界の金満体質が露呈し、「共同富裕」を妨げると社会問題化して共産党中央規律検査委員会が調査に乗り出した。国有銀行、大手ファンドのトップクラスが次々と不正問題で摘発され、問題の中央国際金融は今年3月に「昨年の社員の平均年収は前年比2割減の80万元（1520万円）」と公表した。それでも中国の1人当GDP（名目）8万976元（約145万7600円、2021年現在）の10倍である。問題はそうした高給の業界に就職する切符として共青団活動を考える青年学生が増えていることにある。3月に「党中央金融工作委員会」が設置されて「金融腐敗のネズミ退治」に乗り出したが、同時に、共青団を思想面から立て直す社会主義・共産主義教育が再強化されている。

それは鄧小平の改革開放政策の必然とも言える。米国と競う超大国であったソ連を自壊させたゴルバチョフ書記長の「ペレストロイカ」の失敗の原因を長く探っていた私は『〝二人のプリンス〟と中国共産党』（彩流社、2015年刊）で鄧小平の改革開放路線の本質は市場経済を部分導入し、長期経済停滞の罠に嵌《は》まったソ連式社会主義の構造的欠点を克服して生産力向上を図る社会主義再建・共産主義建設へのプロセスであり、その正統な継承者が習近平と指摘した。そのうえで、やがて格差問題をキーワードに米資本主義との体制競争が熾烈になり、習近平が掲げた「共同富裕」政策が存在感を高めていくだろうと予測した。結果的に「米中新冷戦」を世界に先駆けて予測することになったが、それはあくまでも武力を用いず、経済や外交上の手段で競う平和競争的な「冷戦」を肯定的なレトリックで想定したものである。中国に貿易・関税戦争を仕掛けたトランプ前政権までは想定内であったが、バイデン大統領が登場し、新局面となる。バイデン大統領が「中国は最大にして唯一の競争相手」と習近平主席との積年の対抗心を剥き出しにしながら「民主主義と権威主義（専制主義）との闘い」と争点をずらしてNATOなどの軍事同盟拡大強化に奔走した挙句、因縁の関係であるプーチン大統領の戦線布告なき「特別軍事作戦」（2022年2月24日～）を誘発し、世界を熱く二分させる事態は思いもよらなかった。思えば、私がたまたま迷い込んだクレムリン宮殿で目撃した「権力の空白」がソ連解体（1991年12月26日）→東西冷戦終了へと続くが、このなし崩し的なプロセス自体に無理があったのであり、その歪みが今噴き出して世界は悩まされている。プーチン大統領一人を悪者にして事態を単純化するのは、米国で流行っている陰謀論の域を出ない。

ポスト冷戦の新潮流の真の主役と言うべき習近平主席は23年6月で70歳、一回り年上のバイデン大統領とは副主席、副大統領時代から腹を割って未来を語り合った知己であり、掌を返したようなバイデンの反中政策の真意を習近平は測りかね、距離感の取り方に苦心した。それが一気に対抗姿勢に転じたのは、プーチン大統領の「特別軍事作戦」の背景にバイデンの策謀を観たからである。「世界の安全保障環境が一変」と米欧日のマスコミは枕詞のように声を揃えるが、ウクライナ戦争の本質が米一国主義的な国際政治秩序の終焉であることが全く見えていない。ゼレンスキー政権への武器・財政支援に全力を注ぐ米国とロシアとの「代理戦争」であり、長引くほど総力戦の様相を帯びて米露双方ともに消耗が激しい。図らずも漁夫の利を得る立場に立たされ、軍事的な「中立」を標榜して政治的経済的な実利を確実に掌中に収めているのが中国である。米国と中国の力関係は逆転しつつあり、習近平主席の宿願である「中米新型大国関係」、すなわちG2が日々現実化している。そこにG7、G20、BRICSなどが絡み、G2の綱引きは世界を二分して激しさを増すばかりであるが、大勢はほぼ決しつつある。

対露経済制裁ブーメランと米中GDP逆転のXデー

バイデン大統領が密かに恐れるのは、米中GDP逆転のXデーである。IMFの従来の予測では2030年に米中のGDPが名目でも逆転するが、早まりそうである。IMFの世界経済の改訂見通し（23年4月11日）で前年実績と23年度予測の成長率を比較すると、米国は2・1%↓1・6%と中国の3・0%↓5・2%よりもかなり低い。世界銀行はゼロ・コロナ政策からウイズ・コロナ政策への急転換に伴う混乱を理由に中国を悲観的に予測していたが、蓋を開けてみれば米国の3倍超である。

ウクライナ戦争によるインフレの影響がはっきり表れている。2023年の世界のインフレ率は7・0%と前年の8・7%から幾分鈍化するとIMFは予測するが、対露経済制裁に同調した欧州主要国のインフレは止まらず、ＩＭＦ予測での23年および24年の経済成長率は英国0・3％↓マイナス0・3％、独1・9％↓マイナス0・1％、仏2・6％↓0・7％、イタリア3・7％↓0・7％と世界全体の成長率2・5％（23年）よりもかなり低い。対露経済制裁がブーメランとなって自国経済を直撃しているのが統計上、明白である。対露経済制裁を主導している米経済は2021年は前年比5・9％増とコロナの直撃で大きく落ち込んだ前年から持ち直すかに見えたが、対露経済制裁後のエネルギー危機で10％前後の超インフレに襲われて政策金利を2007年以来の高水準に引き上げる羽目となり、不況に転落した。新年早々、イエレン財務長官が米連邦債務は31兆4000億ドルの上限に到達したと債務不履行（デフォルト）の警鐘を鳴らし、世界金融危機と基軸通貨としてのドルの地位低下もありうると異例の見解（1月20日）を示した。対露経済制裁ブーメランに苦慮し、「侵攻前の（境界）線で戦闘をやめ、米欧とロシアが話し合うべきだ」と管轄外のウクライナ停戦案まで緊急提示した。

バイデン政権のウクライナ関与政策は、財政上も限界に近付いている。バイデン大統領は2024会計年度（23年10月〜24年9月）予算教書を発表（23年3月9日）し、歳出要求額を前年度比8％増の6兆8830億ドル（約936兆円）としたが、同日、イエレン財務長官が下院歳入委員会で世界金融危機が迫っているとして議会が財務省に科す債務上限を無条件で引き上げるように改めて訴えたことが窮状を物語る。因みに、中国の予算総額は27兆5130億元（542兆61億円）、日本は114兆3812億円となる。また、米国の政府総債務残高（2022年12月現在）はＧＤＰ比123・4％に達し、日本225・9％よりましだが、中国76・89%にはかなり劣る。

財源確保に四苦八苦するバイデン大統領は、年収40万ドル超の富裕層への最高税率を39・6%とトランプ前大統領の減税以前に戻す、法人税率を21%から28%に上げる、企業の自社株買いへの課税率を4%に引き上げる……など富裕層や大企業への増税により今後10年で約3兆ドルの財政赤字削減を図ろうとするが、下院多数派となった共和党の反対で思うに任せない。さらに厄介なのが、バイデンと民主党大統領候補の座を争ったサンダース上院議員が指摘する「1%VS99%」の極端な格差という構造的な問題である。「米国納税者のうち、一握りの超富裕層が数兆ドル（数百兆円）もの資金を『パートナーシップ』を悪用してタックスヘイブン（租税回避地）の口座に預けている、と国外の金融機関から米内国歳入庁（IRS）に寄せられたデータを基にした研究で明らかになった」と米誌フォーブス（電子版23年4月7日）が報じたが、金権優位、つまり、カネ次第の米国の民主主義でそれを解決するのは水中に火を求むに等しい。

他方、制裁される側のロシアはというと、前記のIMF改訂見通しは22年はマイナス2・1%だが、23年は0・7%とプラス成長に転化すると予測した。世界銀行（23年4月6日発表）も23年はマイナス0・2%と以前のマイナス3・3%を大幅に上方修正しており、ロシア経済復調は間違いないだろう。バイデン大統領の目論見は完全に裏目に出た。米欧が輸入禁止にしたロシアの主力輸出品の原油、天然ガスがそのまま中国、インドなどに流れ、プラス効果をもたらしたのである。人民元が決済に用いられてロシアの輸出に占める割合は従前の0・4%から22年9月までに14%に急上昇し、イエレン財務長官が危惧したドルの国際基軸通貨からの転落が確実に進行している。Xデーは一段と早まり、国際経済システムのみならず国際政治力学に地滑り的な影響を与えるであろう。

窮すれば鈍するではないが、バイデン大統領が必殺技と繰り出すいわゆるデカップリングは墓穴を掘る。米国の一人勝ちをもたらしたソ連崩壊後、世界は米国系の多国籍企業が利潤を極大化する投資先を求めて世界中を我が物顔に物色するグロバリーゼーションで国境線が限りなく低くなっていった。その恩恵で中国は世界の工場となったが、ほかならぬ米国からクレームが出される。対中貿易赤字を強引に解消しようと、トランプ大統領が関税・貿易戦争を仕掛けたのである。しかし、新型コロナウイルス・パンデミックで世界最悪の感染地となった米国の苦境は深まるばかりであった。米社会は格差拡大で中産階級が没落して分断と対立が深刻化し、「不正選挙」を主張するトランプ大統領派の群衆が連邦議会を占拠する異常事態の中で米国の再生を訴える老練なバイデン大統領が誕生するが、その対外政策は国内の党派的な対立をそのまま反映した性急にして極端なものであった。トランプ前大統領の経済的な反中政策に政治と軍事を絡めた中国包囲網構築を外交の軸に据える。「統合抑止」「拡大抑止」と称してNATO諸国、日本などの同盟国や「有志国」を自陣営に引き入れ、対中投資や取引に箍《たが》を嵌《は》め、国境を越えたモノの流れをデカップリングするが、中国経済へのブレーキどころか米欧日経済悪化へのアクセルとなり、結果的に中国の台頭に力を貸している。ウクライナ侵攻を理由にしたロシアへの経済制裁もバイデン流デカップリングの一種と考えられるが、米欧日はインフレ↓金利上昇↓不況↓金融不安と自分で自分の首を絞めているのである。

米国が対中優位を保つ最後の砦が軍事力だが、それも経済力があっての話である。国防予算捻出に四苦八苦し、先行きは暗い。バイデン大統領は2024年会計年度の予算教書で国防費を前年度比3・3％増の8864億ドル（約121兆円）と一見して大幅増としたが、ウォール・ストリート・ジャーナルが皮肉たっぷりのタイトルの社説「米国防予算『過去最大』というが」（23年3月10日）で「インフレ率が6％であり、実質的な削減である。国防総省の購買力は低下する」と噛み付いた。さらに、連邦政府予算のうち国防費が占める割合は13％、GDP比で約3％と冷戦期の5～6％を下回るとして、国防費増額が見せかけに過ぎないと畳みかけた。米金融街の利益を代弁する同紙は米国が国際金融界のセンターであり続けるには軍事的覇権が不可欠であると声を上げるが、無いものねだりである。冷戦期には米製造業が世界を席巻し、ソ連自壊へと追い込んだが、その海外移転と国内産業空洞化で今は昔である。代って世界の工場となったのが中国で、全人代で決定された23年度国防予算は前年比7・2％増の1兆5537億元（約31兆円）と過去最大規模となった。米国の国防予算の約4分の1だが、国防費の対GDP比率は1・74％と米国の3％に比べかなり低い。つまり、余裕がある。米国が「力による現状変更を許さない」と同盟国を糾合して中国包囲網構築に向かうと、逆に中国は力には力と既得権益打破の逆米国包囲網構築で対抗するだろう。

米社会をパニック状態にした中国の「気球撃墜事件」

世界に冠たる米国一国主義は幻想、と米国人に認識させたのが米社会を2週間も半パニック状態にした「気球撃墜事件」である。その逆は枚挙にいとまがないが、米議会が「中国に主権侵害された」と紛糾したのは真珠湾事件以来初の屈辱的な事件であった。

その伏線はあった。何故か日本ではあまり報じられなかったが、「中国が２０２５年に台湾に侵攻し、（米国は）中国と戦うことになる」との衝撃的な米軍内部メモを米ＮＢＣテレビが２３年1月27日に報じた。前インド太平洋軍副司令官で、自衛隊とも関係の深いミニハン米空軍航空機動司令官が指揮下の将校らに送った内部メモである。「大統領選で気の抜けた米国を見た中国が……」と、来年秋の米国大統領選挙が迫るにつれて米国の有権者の関心が内向きになり、中国の侵攻を招きやすくなると警告したのである。中国軍が台湾を軍事封鎖し、米軍を寄せ付けなかった２２年夏の「重要軍事演習」の衝撃のトラウマがフラッシュバックしたのであろう、ウォールストリート・ジャーナルの社説は「米国は侵略を撃破する手段と意志を持っていることを中国に示す必要がある」と歯ぎしりした。バーンズＣＩＡ長官もワシントンでの講演（２３年2月2日）で「習近平主席が２０２７年までに台湾を制圧する準備を人民解放軍に指示したと把握している」と、「ミニハン内部メモ」への関心を喚起した。

そんな地上の騒動をあざ笑うように、２月1日、一つの気球がカナダと国境を接する米国北西部の青空高く飛んできた。白い物体がモンタナ州の快晴の空に漂っているのをビリングスの住民が目撃し、ＵＦＯか白昼の月かと地元メディアをにぎわせた。耳聡い米国防総省が翌日、米空軍の最新鋭ステルス戦闘機Ｆ22を急派し、「中国の偵察気球が米本土上空を飛行しており、監視、追跡している」と発表した。高度２万メートル近い上空に一見のんびりと浮かぶ風船は、バス3台分、60メートル大の観測気球であった。この時点では「中国の偵察気球」は推測に過ぎなかったが、下界にはロッキー山脈に連なる豊かな自然が広がり、その一隅にマルムストローム空軍基地がある。核弾頭搭載可能な大陸間弾道ミサイル「ミニットマン3」が地下発射サイロに保存される米三大核基地の一つであり、気球が通信傍受可能な地下探索用の電磁波レーダーで核サイロを探っていた可能性が浮上し、国防総省はバイデン大統領に「機密情報を収集している」と報告した。

ホワイトハウスに記者たちが押し掛けたが、バイデン大統領は何故か、「様子を見る」と平静を装い、「撃墜」とは一言も口にしなかった。中国外務部も3日夜の報道官談話で「民間の無人気象観測飛行船が偏西風に流されたもので、不可抗力であった」と釈明し、「遺憾」の意を表明した。3日に訪中する予定であったブリンケン国務長官は中国の王毅《おうき》共産党政治局員に緊急電話し、「米国の主権に対する侵害」と抗議して訪中延期を通告したが、「条件が整えばなるべく早い時期に訪中したい」とトーンダウンして付け加えた。メディアに対しても「米国の空域から出すことが第一のステップ」と述べ、穏便に収める意向を示した。訪中では習近平主席との会談を要望し、正念場に来たウクライナ問題で中国の協力を引き出す算段をしていた。対露経済制裁に加わらない「中立」などありえないと直談判し、何とかしてロシアと引き離したい。

遥《はるか》の空の気球はじゃじゃ馬のように放縦で、挑発的ですらあった。米国の戦略的な重要基地が点在する地域をなぞるように米大陸を飄々と横断し、大西洋に抜けようとした。すかさずトランプ前大統領が「スパイ気球を撃ち落とせ！」と自分のＳＮＳに書き込み、号砲となった。

共和党からバイデン大統領への「弱腰批判」が噴き出し、様相は一変する。4日、オースティン国防長官が気球を「サウスカロライナ州沖の領海上空でミサイル攻撃で撃墜した」と発表し、「米本土の戦略的拠点を偵察する目的で中国が使用していた」と説明した。バイデン大統領は同日、記者団の質問に「撃墜」は認めたが、相変わらずトーンは低めで、思案気な表情を浮かべた。「撃墜」と報じられると、中国外交部は「過剰反応に強烈な不満と抗議を表明する」と猛抗議した。翌日、中国国防部が前面に出て、「必要な手段を講じる」と報復措置を示唆する声明を出した。米国の主要メディアが「米中関係の悪化は必至」と声を上げ、翌6日にホワイトハウスに記者団が押し掛け、バイデン大統領に質問を浴びせたが、「ノー」の一声が返ってきた。少し置いて、「中国に我々が行うことを明確に伝えた。彼らは米国の立場を理解している」と、習近平主席に電話で直接に確かめたことを示唆した。翌7日、米国国防総省は撃墜直後にオースティン国防長官と中国の魏鳳和《ぎほうか》国防部部長（当時）との電話協議を提案したが、拒否されたと明らかにした。中国国防部も「米側から国防長官電話協議の提案があったが受け入れない」と、報道官談話（9日）で確認した。中国軍は対米強硬派一色に染まっている。

中国国防部が米軍とのホットラインを切っている状況下、水面下の米中首脳接触はあったのか、なかったのか？　偶発的な米中軍事衝突に直面した全人類にとって幸いなことに、それはあった。バイデン大統領はPBSとのインタビュー（8日）で「中国とは競争するが、衝突は望んでいない。私は彼らと話をしている」と、習主席との電話会談があったことを事実上認めた。2022年11月にインドネシアのバリ島で開催されたG20で習主席と対面会談し、「意見の違いをコントロールする対話の継続」で合意していたことが、衝突寸前のところで活きたのである。米中間に辛うじてつながる希望である。80歳の老練な大統領はかねがね、「中国トップを自分以上に理解しているものは西側にはいない」と高言してきた。習近平副主席（当時）が自分を「朋友」と呼び、「中米はトゥキディデスの罠に陥ってはならない」と語りかけた言葉をバイデンは忘れていない。相互不信、相互誤解の罠に陥ることを避けるのに異論はないが、習近平は共産党総書記になってから人が変わったように「中国の夢」を語り始めた。自分の「アメリカン・ドリーム」をもじったのかもしれないが、米国が推奨してきた「国家資本不義」を惜しげもなく投げ捨て、旧ソ連をバージョンアップした「社会主義現代強国」へと驀進《ばくしん》していることがバイデンの目には不気味に映る。この微妙な時期に気球を米領空に飛ばした狙いは何か？　習近平主席はウクライナ問題に翻弄される「朋友」の足元を見ていた。国際社会での主導権を奪取する好機到来と、ウクライナ和平案の構想を練り始めていた時期である。

２０２３年２月７日、バイデン大統領は議会での一般教書演説に臨む。「米国の物語は、進歩と再起の物語だ」と語りだした演説の大半は、外交ではなく、内政に費やされた。「取り残され、透明人間のように扱われた多くの人々」と没落した米中間層の困窮問題を取り上げ、「競争のない資本主義は資本主義ではない。搾取だ」と格差是正を強調し、超富裕層や自社株買いへの大幅増税などを提案した。「共同富裕」で格差解消に向かう社会主義中国との体制競争を意識し、「私が就任する前、中国が力を増し、米国が世界で失敗しているという話だった。今は違う」とライバル意識を迸《ほとばし》らせた。さらに「ＮＡＴＯを結束させ、世界規模の連合を構築し、プーチンの侵略に立ち向かった」と外交上の成果を誇示したが、共和党席からブーイングが湧いた。切り返すように、「我々は紛争ではなく、競争を求めている。中国が我々の主権を脅かせば、我々は国を守るために行動するし、実際にそうした」と「気球撃墜問題」に言及すると、共和党席は嘲笑の渦となった。

2024年秋の大統領選出馬への意欲を込めた熱弁であったが、反対討論に立ったアーカンソー州のサラ・サンダース知事は「最も恐ろしい敵である中国に立ち向かうことを拒否している」と、弱腰を辛辣に批判した。上院情報委員会のルビオ副委員長は一般教書演説に先立ち、「米領空の気球を防げないならば、（中国が）台湾を侵攻し、日本の島を奪った場合、米国は助けることができるのか」（ABC放送同月5日）と、岸田首相が聞いたら真っ青になりそうな言葉を発していた。さらに、トランプ前大統領に近いクルーズ上院議員が「アメリカ上空でのスパイ活動を大統領は1週間も許してしまった。習（近平）と中国に対する弱さを示す」と、アフガニスタン外交の失敗と重ねて畳みかけた。弱腰外交批判をこれ以上許せば同盟国の不安を掻き立て、とりわけ台湾有事に神経をピリピリさせている岸田首相を動揺させかねない。

バイデン大統領は強硬へと急ハンドルを切る。一般教書演説翌日、国務省は日本など「約40カ国の大使館と情報共有を始めた」と明らかにし、同日のネバダ州での米英豪空軍の合同演習では中国の戦闘機や防空網に対する仮想戦闘作戦が急遽、取り入れられた。同日、シャーマン国務副長官は米議会での証言で「偵察気球を使って米領空へ侵入したことは、国際秩序の再構築に向けた中国政府による取り組みの一環である」と断定した。続く翌9日、米下院は「主権侵害」との非難決議を全会一致で採択し、共和党のマッコール下院外交委員長は「中国共産党による意図的な挑発であり、我々は力と強さを誇示する必要がある」と、中国共産党への名指し批判まで行った。

ハリウッドのアクション映画さながらの乱れ打ち三連発が始まる。2月10日、アラスカ州の上空を飛行した正体不明の気球が撃墜され、翌日、「カナダ北部に進入した物体を米軍のF22戦闘機が撃墜した。バイデン大統領の承認を得た」と、カナダのトルドー首相まで担ぎ出されたが、どれも中国の気球かどうか物証で確認されない。翌12日にヒューロン湖上空で撃墜された小さな気球を各メディアが問題視し、撃墜直後の記者団へのブリーフィングで「物体は地球外のものではないか」と珍質問まで飛び出すが、アメリカ北方軍の司令官が「あらゆる可能性を排除していない」と真面目顔で答えた。中国も黙っておらず、12日夜、山東省青島市の海洋当局が「正体不明の飛行物体の撃墜準備」を発表し、場外乱打戦の様相を帯び始めたが、「ここ最近撃墜された飛行物体がエイリアンや地球外生命体である兆候は一切ない」と大統領報道官がホワイトハウスの記者会見（13日）で宇宙人説を公式に否定すると、室内は渇いた笑いに包まれた。翌日の記者会見で米国家安全保障会議（NSC）のカービー戦略広報調整官が「撃墜された3つの飛行物体は商用や研究用など完全に無害だった可能性がある。国籍は分からない。航空交通に危険をもたらす可能性があるため撃墜した」と言語明瞭、意味不明な公式見解を明らかにし、「気球撃墜事件」はとりあえず幕となった。

その間、バイデン大統領は3千万超のフォロワーを擁するツイッターで「気球撃墜事件」に一言も言及せず、インフレや雇用対策など専ら国内問題を扱っていた。無関心なわけがなく、意図的な無視である。ロシアにも手こずっているのに、二正面同時に中国と戦う余力は残されていない。そこで日本の役割に注目する。おりしもブリンケン国務長官が訪日を終えてワシントンを訪れたストルテンベルグNATO事務総長と会談した後の共同記者会見（2月8日）で、「同盟国や国際秩序に対する中国の体系的で戦略的な挑戦に関して話し合った」と明かし、東京で岸田首相と会談したストルテンベルグ事務総長は「中国が核兵器を含む軍拡を不透明な形で続けており、欧州で今日起きていることはアジアで明日起き得る」と相槌を打った。戦争仕掛け人と陰口を叩かれる所以であるが、バイデンの代理人と化したNATO事務総長がロシアを不用意に刺激してしまったことは間違いない。

ロシアのルデンコ外務次官は「岸田首相が軍国主義に傾いていることに注目し、アジア太平洋地域の安全保障への深刻な脅威と受け止めている。適切な対応措置を取ることを警告する」（国営タス通信との新年インタビュー、23年1月3日）とかねてから牽制していたが、ブリンケン・ストルテンベルグ会談2日後、ロシア外務省のザハロワ報道官が、日本に米国が（開発中の）極超音速兵器を配備するようなことがあれば「地域の安全保障状況の質的変化を意味する」と対抗措置を示唆した。その約1カ月半後、「ロシアは核兵器搭載型のスーパー魚雷『ポセイドン』を発射できる原子力潜水艦基地を（北海道に近い）カムチャツカ半島に2024年初めまでに建設する」と、タス通信（3月27日）が国防関係者の話として報じた。23年1月に生産されたとされる最新兵器の「ポセイドン」をいち早く日本周辺に配備するのは、日本がアジアにおける米国の最前線と化していると認識した上での厳しい対抗措置であることは二言するまでもない。

「気球撃墜事件」は宇宙人に責任転嫁して何とか収めたが、米中の力関係の変化を見せ付ける派手な天空ショーであった。中国の意図がどうであれ、米国中が中国に主権を侵害されたと大騒ぎになる事態は一昔前には考えられなかった。米国屈指の米中関係のエキスパートと評されるCSISのケネディ上級顧問は「中国が米国の国家安全を脅かしたことに対する代償を払わせることなく、恥辱も与えることなく軟着陸させられるか」と憤慨したが、その通りになってしまった。米国人の対中感情に大きな影響を与えたことは間違いない。トランプ前大統領が新型コロナウイルスのパンデミックを「チャイニーズ・コロナ」と責任転嫁し、米国民の反中感情に火を点けたが、これは中国への侮蔑と優越感が混じったものであった。しかし、「気球撃墜事件」で状況は一変した。中国の気球を肉眼で目撃したり連日のニュースに接した米国民は時代の変化を感じ取ったことであろう。似たような事件は、遠くは日本軍の真珠湾奇襲攻撃（1941年）、近くは同時多発テロ事件（2001年9月11日）があったが、いずれも反撃して強い米国を誇示した。今回の事件は「主権侵害」と抗議しながら「国際慣例違反」と言い返され、超大国米国の面目丸潰れである。

対米追随で群を抜いたのが日本である。「気球撃墜事件」に防衛省が条件反射のように反応し、「気球などへの武器使用の要件を緩和する」との新方針（2月16日）を表明した。あまりに唐突で岸田首相が事前に承知していたのかシビリアンコントロールが心配になるほどであるが、防衛省は「要件緩和は無人機にも適用」と攻撃的な姿勢を隠さない。各テレビ局が飛びついて数年前の日本上空での気球目撃情報まで資料庫から掘り出し、対中警戒論を面白おかしく囃し立てた。おりしも高市早苗・経済安全保障担当相が安倍政権の総務相時代に政権に批判的な番組に圧力をかけようとした放送法解釈変更問題が国会で俎上《そじょう》に載せられていたが、報道の命とされた批判精神が委縮し、「大本営発表」に倣《なら》えした旧習がまたぞろ復活している。防衛省＝自衛隊という今の〝日本軍〟に日本中が引きずられるのはいつか来た極めて危険な道である。米国相手に一歩も引かなかった中国が黙っているはずもなく、「米国追随」「挑発的」と火に油を注ぎ、日本周辺での中国軍の艦艇、飛行機の活動を一レベル上げた。それを警戒、監視する自衛艦、自衛隊機の出動の回数も増え、日中間で偶発的な衝突が起きる危険性が一挙に高まった。「日本有事」の足音が聞こえてきた。

ウクライナ和平案を掲げた習近平のグローバルイニシアチブ――ＢＲＩＣＳを味方に

ポスト冷戦に区切りをつけるＧ２時代の幕開け、と後世に評されるであろう習近平主席のグローバルなイニシアチブが始まる。そもそも秦（紀元前９０５年～紀元前２０６年）から始まる中華の歴史からすれば新興国でしかない米国（１７７６年～）に対するコンプレックスや恐怖症などありえない。正常を取り戻した中国は「米一国主義」清算に臆せず突き進む。その格好のお披露目舞台がウクライナである。「中立」を標榜し、ゼレンスキー政権への軍事支援を主導して事実上の当事者となった米国と差別化してきた利点を最大限活用し、進むに進めず引くに引けなくなったバイデン大統領を後目《しりめ》に孫子の国ならではの中国独自の和平攻勢を仕掛ける。

その先兵が「重要軍事演習」後の人事異動で中国共産党政治局員・中央外事工作委員会弁公室主任と中国外交のトップに昇進した王毅主任である。欧米における民間主催の安全保障会議の中で最も権威あると評されるミュンヘン安全保障会議（２３年2月17～19日）に乗り込むが、ドイツ南部の古都で待ち受けたのは犬猿の関係となった米国のブリンケン国務長官である。約1時間の「非公式の接触」（新華社電）でブリンケン長官は「気球は主権の侵害」と改めて謝罪を求めたが、王主任はけんもほろろにかわし、逆に「米国の過剰な武力行使が中米関係に損害をもたらした」（新華社通信）と詰め寄った。以前から会うたびに口角泡を飛ばす激論を戦わせてきた両者は、激しい言葉で応酬しながらも微妙な距離感を保つ。ブリンケン長官は「ロシアへの軍事支援は重大な結果を招く」と棘のある言葉で威圧したが、王毅主任は思わせぶりタップリの含み笑いでいなした。

王毅主任はミュンヘン会議で基調演説（2月18日）を行い、ウクライナ紛争を終結に導く中国独自の「和平案」を近々示すと予告し、会場をどよめかせた。演説後、いの一番に会談を求めたのがウクライナ外相であった。クレバ外相は囲み取材の記者たちに「和平案」の概要を伝えられたと明かし、「慎重に検討する、と答えた」と困惑の表情を交えて述べた。王主任は目敏く、聞く耳を立てながら関係国を歴訪する。ミュンヘンまで来た目的は、米国の鼻を明かすウクライナ和平案の下均《したなら》しにあった。米国はゼレンスキー政権への武器支援で事実上の一方の当事者になり、動きが取れない。「中国は裏でロシアを軍事支援している」と諜報戦で揺さぶるが、中国の目には焦りとしか映らない。軍事と政治経済を峻別した「中立」は勝つことしか考えないバイデン大統領には発想からして不可能なことで、「善く戦う者は、先ず勝つべからざるを為して、以て敵の勝つべきを待つ」と負けない戦略を説く孫子の国ならではの深慮遠謀のイニシアチブとなる。ウクライナ紛争は一方が勝つことはもはや不可能であり、負けない準備が不可欠となっているのである。

そうした動きは2022年末から始まっていた。プーチン大統領は同年12月22日の記者会見で「我々はウクライナでの戦争を終わらせることを目標としている。ロシアに敵対する者がこうしたことを早く認識するのが望ましい」と語っていた。ウクライナへの侵略が「特別軍事作戦」の目的ではない以上、当然と言える。カービー米国家安全保障会議戦略広報調整官は記者会見で「バイデン大統領はプーチン大統領との会談を排除していないが、プーチン氏が交渉に真剣な姿勢を示した後、実現する」と応えた。勝利に全てをかけるゼレンスキー大統領が訪米してさらなる軍事支援を求めた直後であり、手を焼いたバイデン大統領はゼレンスキー抜きの和平案を模索し始めていた。

中国は、米露宇全てが戦争疲れで停戦を望んでいるが動きが取れないでいる、と読む。いよいよ出番と習近平主席は同年12月30日、プーチン大統領とのオンライン会談に臨む。プーチン大統領は「地政学的な緊張が高まる中、ロシアと中国の戦略的パートナーシップの重要性が増している」と述べ、「習主席が来年の春にモスクワを公式訪問する。両国の関係の強さを全世界に示すものになるだろう」と中国のイニシアチブに期待をかけた。

バイデン政権周辺からも、またぞろ停戦案が漏れ始めた。スイスでの「世界経済フォーラム年次総会（ダボス会議）」でキッシンジャー元国務長官（99歳）がオンライン講演（23年1月17日）で示した新妥協案がそれである。「これまではウクライナのNATO加盟に反対し、NATOとロシアの緩衝地帯とすると述べていたが、いまやウクライナの中立という考えは意味をなさない」と軌道修正した上で、「ロシアとの停戦合意後、ウクライナをNATOに加盟させる」とし、「侵攻前の（境界）線に達した時点で戦闘をやめ、欧米とロシアが話し合いをすべきだ」と親露派が実効支配するウクライナ東部のドネツク、ルガンスク両州に自治権を正式に付与するべきと提言した。ウクライナ戦争終結の鍵を握るバイデン大統領、プーチン大統領、習近平主席の〝ビッグ3〟が、一様に耳を傾ける唯一無二の策士が1971年の秘密訪中で毛沢東主席と会談し、米中和解の道筋を描いたリアルポリティックの先駆者キッシンジャー元国務長官にほかならない。いつでも訪中し、いつでも習主席に会える唯一の米国人である。

「侵略者」「犯罪者」「悪人」と口をきわめていたバイデン大統領のプーチン非難はすっかり影を潜め、舞台裏工作が活発化する。バーンズ米CIA長官が極秘にモスクワ、キーウを訪問し、「ウクライナ領土の20％と引き換えの停戦案を提示した」とスイスの有力紙ノイエ・チュルヒャー・ツァイトゥング（NZZ）が23年2月2日付で報じた。ワシントン・ポスト（電子版）もダボス会議2日後、「米当局者1人とその他の複数の関係者の話」として、バーンズ長官が極秘にキーウを訪問し、「米国の支援がある時点から難しくなると伝えた」と報じた。米軍制服組トップのミリー統合参謀本部議長も「年内に戦争を終わらせるのは難しい。戦場ではなく交渉で終結すべきである」と声を合わせた。米国は背に腹は代えられない問題に直面していた。ロシアは砲弾不足に苦しむが、事情は米国も同じで、ウクライナへの大量の武器供与により米国内の在庫が底を尽き、来る「台湾有事」や「日本有事」への対応に支障が生じかねない。

王毅主任は欧州各国を歴訪する。対露経済制裁ブーメランの超インフレやエネルギー危機などウクライナ疲れに苦しむフランス、イタリア、ハンガリーを歴訪して首脳と意見交換をし、総仕上げに欧州の盟主格であるドイツのショルツ首相との会談に臨む。両者の会談には有無《うむ》相通《あいつう》ずるものがあった。ドイツは6年連続して最大の貿易相手国である中国との関係を重視し、ショルツ首相は「重要軍事演習」で米中関係が緊張する中、ＥＵ諸国の先陣を切って訪中していた。ミュンヘン安全保障会議でも独自のイニシアチブを発揮し、米国が渋るウクライナへの戦車提供問題ではドイツ製戦車のレオパルト2を供与することをポーランドなどに認めた。米国の肩代わりは避けつつも一定限度で関与して発言権を維持しながら、「ＮＡＴＯが直接戦争に巻き込まれないようにする」と独自のスタンスを保っていた。メルケル前政権以来のドイツの戦略は、米国を盟主とするＮＡＴＯ、ドイツ中心のＥＵ、ロシア＋中国を頂点とする三角形の真ん中でバランスを取りながら独自性を発揮することにある。「ツァイテンベンデ（時代の転換点）」と繰り返し、ウクライナへの武器供与に前のめりになったショルツ首相も冷静さを取り戻した。国民の中で強まるウクライナ疲れを癒し、天然ガス・原油を依存してきたロシアとの過度の対立を避けるためにも中国の和平仲介は歓迎すべきだ。

欧州視察を終えた王毅主任は2月22日、欧州歴訪の総仕上げにモスクワを訪れた。満面の笑みで迎えられたプーチン大統領との会談で、「中国はこれまでと同様、客観的で公平な立場を堅持し、危機の政治的解決に建設的な役割を果たす」（タス通信）と伝えると、プーチン大統領は「全てが前進し発展している。我々は新境地に到達している」と上機嫌で応じた。「国家主席のロシア訪問を待っている」と、習近平主席の早期訪露への期待感を滲ませた。これに先立って王毅主任はラブロフ外相と会見し、「国際情勢がどのように変化しようとも、中国はロシアとともに大国間の関係発展における前向きなトレンドを維持する努力を続けてきたし、これからもそうする」と、中露の「新協定締結」を示唆していた。その内容はあえて伏されているが、プーチン大統領が「露中友好は中ソ論争を超えた」と公言していることから推して、中ソ友好同盟相互援助条約の新バージョンが浮上している可能性を否定できない。朝鮮戦争が勃発した１９５０年に中国とソ連が軍国主義復活の危険があるとして日本を仮想敵国として締結した軍事同盟であるが、社会主義圏の主導権を巡って争った「中ソ対立」が頂点に達した１９８０年代に廃棄された。「中ソ対立」さえなかったら無益に争うこともなく、ソ連崩壊も免れたと、今もソ連共産党員証を大事に保管しているプーチン大統領は考えていた。国籍こそ異なるが同様の試練に耐えてきた習主席も思いは同じであろう。

ロシアのウクライナ侵攻から1年となる２３年2月24日、中国外務省は「ウクライナ危機の政治的解決に関する中国の立場」を公表した。その前日、ブリンケン国務長官と並ぶ対露強硬派のヌーランド次官は「プーチン大統領とロシア軍をウクライナから追い出すことが出来れば、我々は皆称賛し、平和の対価を与えるのではないか」と昂ぶったコメントを出したが、状況を全く理解していなかった。注目の和平案は12項目から成り、「対話はウクライナ危機を解決する唯一の道だ。中国は引き続き建設的な役割を果たす」として紛争当事者を交渉のテーブルに着かせることを主眼とした。そのうえで「主権、独立、領土保全」の原則を強調しつつも「ロシアとウクライナが互いに歩み寄り、直接対話で全面的停戦で合意することを支持する」と、停戦協定の内容はあくまでも当事者の交渉に委ねた。あえてモデルを探せば南北朝鮮と中国、米国が調印した朝鮮休戦協定（1953年7月27日）となろう。「抗米援朝」の義勇軍を派遣した中国には米軍と「長津湖の戦い」などで激戦を交え、11万4000人（中国公式発表）もの戦死者を出しながら休戦に応じたが、それが貴重な血の経験値となっている。

主導権を奪われる形勢になってきたバイデン大統領は居ても立ってもいられなくなり、「ロシア以外に利益をもたらすものはない。中国が停戦交渉を行うのは理に適っていない」（ABCテレビインタビュー　2月25日）と苦しいコメントを出した。米国内で「外交下手」批判が再燃しており、トランプ前大統領はワシントン近郊で開かれた「保守政治行動会議」（3月4日）に駆けつけ「私の政権時代にはロシアが他国を侵攻しなかった。私は第三次世界大戦を阻止できる唯一の候補だ」と声を張り上げ、事実上始まっている次期大統領選挙戦の格好のアピール材料にしている。共和党は下院に新たに設置した中国特別委員会を活用してバイデン政権批判を強めており、ウクライナ問題はバイデン政権のアキレス腱になりつつある。

「中立」を強調した中国和平案の波紋は世界中に広がり、米露の板挟みになっていたグローバルサウスに歓迎される。インドのニューデリーで開催されたG20（23年2月23~25日）で米中は外交戦の火花を散らすが、ブリンケン長官がG7とともに採択を目指したロシア非難の共同声明は流れた。ブリンケン長官はG20会議場でラブロフ外相にやにわに歩み寄り、「ロシア軍のウクライナ侵攻後初の米露直接対話」と目敏いマスコミが報じた。正味10分程度の立ち話について、ブリンケン長官は「新戦略兵器削減条約（新START）復帰を求めた」と意義を強調し、ラブロフ外相は「歩きながらで、交渉はなかった」とそっけなかった。にわかにスポットライトを浴びたのが秦剛新外相で、ラブロフ外相との会談を見せ付けた後、米欧によるウクライナへの武器支援を「火に油を注ぐ」と批判し、習主席の訪露について協議したと明かした。それは特報となって世界中を駆け巡ったが、実現すればウクライナ紛争勃発後初の中露首脳会談となり、中露の離間を策したバイデン大統領の目論見は完全に破綻する。

米国は巻き返しを図るが、空回りは否めない。ブリンケン国務長官はG20後の2月28日からロシアの同盟国であるカザフスタンなど中央アジア5カ国を歴訪し、ロシアを内部から揺さぶる策を立てたが、直前の25日にカザフスタン外務省から「流血の停止に資し、支持に値する」と中国の和平案歓迎の声明を出され、出鼻をくじかれた。同地域への中国のテコ入れはブリンケン長官を唖然とさせる。中央アジア諸国と共にロシアの同盟国の一翼を成すベラルーシのルカシェンコ大統領を国賓で招き、習近平主席が首脳会談（3月1日）で「中国の立場の核心は政治的解決を目指すことである。バランスの取れた持続可能な安全保障構造を欧州で構築しなければならない」と外交のウイングを欧州まで広げる構想を示すと、ルカシェンコ大統領が「全面的に賛成する」と応じた。両国の共同声明「全天候型の全面的協力関係」は米主導の対露経済制裁を「違法な一方的制裁」と断じ、中国の「建設的な役割」を強調した。米国に残された対抗手段は中国の「中立」の欺瞞性を暴く諜報戦くらいであった。「ウクライナで中国製の弾薬を抽出」とメディアに流し、ロシア軍がウクライナで残した弾薬を分析した結果と強調するが、「弾薬の性質」や「入手経路」が不明で、ロシア支援を公言している北朝鮮製の弾薬である可能性が浮上してきた。ブリンケン長官はなおも「中国がロシアへの兵器、弾薬提供を検討している」と食い下がるが、他国には独りよがりなゴリ押しと映る。ＢＲＩＣＳの有力国であるブラジルはロシアのウクライナ侵攻を「国際法違反」とする国連決議に賛成していたが、2023年1月に就任したルラ新大統領は「ウクライナ戦争を長期化させているのは武器供与が原因の一つだ」と米国批判に転じた。

アメリカ排除による中東和平の流れ

いよいよ全世界を舞台にした習近平外交全開である。一般論として、和平案は中立の第三者から出されなければならない。ウクライナへの武器支援額の5割超を占める米国は公平、公正であるべき調停案を出せる立場ではない。ウクライナ戦争の一日でも早い収束を望む世界は中国の和平案に注目するところとなり、米一極下で長く国際政治から疎外されてきたグローバルサウス（南半球の新興国）で新機軸のうねりが起きる。ブラジルのルラ新大統領が中国案と同趣旨の和平案を新興5カ国グループのＢＲＩＣＳ（ブラジル、ロシア、インド、中国、南アフリカ）共同案として発表したが、ＢＲＩＣＳに加盟申請しているサウジアラビア外相までが

23年2月26日にキーウを訪問し、石油製品支援とともに中立的な立場からの和平仲介を申し入れた。

世界は米国抜きで回り始め、新たな主役として中国の存在感が高まる。それを可視化したのが「イランとサウジ、外交関係再開で合意　中国が仲介」とのロイター電（3月10日）である。スンニ派のサウジアラビアとシーア派のイランはイスラム世界の主導権を巡って対立し、米国はサウジに肩入れして地域の影響力拡大に利用してきたが、それに終止符を打つ離れ業を見せたのが習主席である。22年12月にサウジを訪問してイランとの間を取り持ち、イランのシャムハニ最高安全保障委員会事務局長とサウジのアイバン国家安全保障顧問を北京に招いた。そして今回、王毅主任を交えた会談で関係正常化で合意に至った。共同声明冒頭に「習近平国家主席の積極的な提案に応じた」と明記され、「過去4分の3世紀にわたって中東の中心であったアメリカは重大な変化の瞬間に傍観者となってしまった」（ニューヨークタイムズ）と米社会に衝撃を与えた。米国は「傍観者」どころか地域に不和と対立を醸成する邪魔者として排除の対象となりつつあり、サウジは23年4月12日、米国と共に10年以上も敵対してきたシリアのメクダド外相を招き、国交回復とシリアのアラブ連盟復帰で基本合意した。サウジとイランの代理戦争の場となっていたイエメンでも、サウジがフーシ派政権との内戦に終止符を打つ和平交渉に乗り出した。

スエズ危機（第2次中東戦争、1956年）以後、英仏に代わり、イスラム世界の宗教対立に乗じて影響力を増していた米国の時代の終焉である。それは中東石油利権の完全喪失を意味するもので、ウクライナ紛争後に原油取引の決済通貨を人民元に切り替えたサウジの動きが加速し、人民元が中東産油国全体に広がるのは必至である。原油を買える唯一の通貨、世界の基軸通貨としてドルを支えてきたペトロダラー体制が根底から揺らぎだし、インフレと利上げの負の連鎖に苦しむ西側世界にドル危機、金融危機がヒタヒタと忍び寄る。

ウクライナ支援で結束していたかに見えた欧州連合（EU）にも、国民のウクライナ疲れを無視できなくなった西欧と、ゼレンスキー政権が崩壊したら次は自分たちの番だとウクライナ支援に必死のポーランド、バルト三国など東欧の間に亀裂が走る。フランスではエネルギー・食品高騰下の年金受給年齢引上げ法案に国民の怒りが噴出し、燎原《りょうげん》の火のように反対デモが全国に拡散し、マクロン政権が窮地に陥っている。ドイツでは反米感情が頭をもたげている。22年9月にロシアがドイツに天然ガスを供給するガスパイプライン「ノルドストリーム」が爆破されたが、「独ロ関係断絶のために米国が爆破」とピューリッツァー賞受賞の米人ジャーナリストのハーシュが暴露した。後にウクライナ特殊部隊の関与を米国が明かすが、目的のために手段を選ばない米国に偏向する危うさを感じたフランス、スペイン、イタリアなど主要国首脳が「中立」を標榜する習主席の和平案に強い関心を向けて訪中へと動き出し、EU執行部が浮き上がる。4年前の欧州連合首脳会議においてポーランドなど東欧諸国の支持を集め僅差で欧州委員会委員長に指名されたライエンは反露で株を上げ、対中強硬発言で名を上げ、次期NATO事務総長の席が見えてきたが、足下から吹き出した逆風に困惑を隠せない。自らも訪中を北京に打診したが、「今年上半期」と中国共産党系紙「環球時報」がつれなく伝えた。

中露が南ア、イランとインド洋で合同軍事演習――狙いは？

中露両国は2019年に「新時代の包括的戦略協力パートナーシップ関係」を確認し合い、「冷戦思考で小グループをつくる一部の国とは完全に異なる」（汪文斌《おうぶんひん》中国外務省副報道局長）と米国と差別化した。前年に米国の国防総省が10年ぶりに国防戦略を改訂し、米国が対処すべき脅威が対テロ戦争から中国、ロシアに回帰したと明記した。米国への対抗上、中露両国が急速に接近し、弱点とされた海軍力強化→海洋国家へと変貌しつつあることも国際政治力学上の無視できない現実である。

中露の海上での合同軍事演習は質量ともに増し、演習領域も極東の日本周辺海域に止《とど》まらない。バイデン大統領が日本などを誘って「自由で開かれたインド太平洋」と主張する縄張りを切り崩すように「インド太平洋」の南端で中露に南アフリカ海軍を加えた3カ国合同の海上軍事演習（23年2月17日～27日）が実施された。ロシア北方艦隊所属の核搭載可能な極超音速巡航ミサイル「ツィルコン」装備のフリゲート艦「アドミラル・ゴルシコフ」が北海方面からNATOを牽制しながら南下して参加した。

米国は例のごとく「インド太平洋における力による現状変更を認めない」と声を上げたが、中露に言わせれば米国の言う「現状」は冷戦終了後に勝手に引かれた米国の既得海洋権益でしかなく、いつまでも拘束される義務も義理もない。演習目的の一つに黒海におけるNATOの防空システム突破訓練が加えられ、フリゲート艦「アドミラル・ゴルシコフ」が演習後に黒海艦隊の旗艦として配属されると報じられた。それから約2週間後（3月14日）、クリミア半島南西部の黒海艦隊基地セバストポリの南西約90キロの黒海上空で偵察活動を行っていた米軍の翼幅約20メートルの無人偵察機「MQ9」がロシアの戦闘機スホイ27と接触し、墜落した。件の「気球撃墜事件」の黒海バージョンである。「特別軍事作戦」後にロシアが飛行禁止とした特別空域で米露軍が直接遭遇した初のケースとなったが、翌日、両国国防相が電話協議してあわやのところで危機を回避した。プーチン大統領の最側近の一人であるパトルシェフ・ロシア連邦安全保障会議書記は「米国が戦争に直接参加していることを示す新たな事実だ」と、一歩も引かない。

中露の海洋進出は米国が北朝鮮、シリア、キューバとともに「テロ支援国家」に指定したイランを巻き込む。中露南ア合同軍事演習から1カ月後、インド洋の北端、アラビア海とペルシャ湾とを結ぶオマーン湾周辺でロシア、中国、イラン3か国海軍の合同軍事演習（3月15～19日）が敢行された。一帯はブッシュ（子）政権の「イラク戦争」時には米空母戦闘群が我が物顔に航行し睨みを利かしたが、遠い過去の話となった。

注目すべきは、新非同盟運動とタイアップした社会主義・共産主義ルネッサンスと言うべき新ウエーブである。習近平主席は「現代化への道：政党の責任」をテーマにした「中国共産党と世界政党のハイレベル対話会」（3月15日）をオンラインで主宰した。基調演説「現代化への道を共に歩む」で人類社会の現代化プロセスを推進し、世界発展共同体を共に構築していく「グローバル発展イニシアチブ」を提唱した。さらに、各国の発展モデルを認め合うことを強調し、「『民主』の旗を振りかざして分裂と対抗を煽り、自国の権益を維持する特権（覇権主義）に反対する」とバイデン政権を念頭に批判すると、米国を含む150カ国から参加した500余の政党、政治組織代表らが大きな拍手で応えた。国際的な社会主義・共産主義運動はソ連崩壊で大きなダメージを受けたが、1998年にギリシャ共産党が「共産党・労働者党国際会議」を招集して踏ん張り、2018年現在で中国共産党、朝鮮労働党（北朝鮮）、ベトナム共産党、キューバ共産党の政権党に加えてロシア共産党、ドイツ共産党、フランス共産党、イタリア共産党、アメリカ共産党など主要国が名を揃えた。今回の北京でのハイレベル対話会で参加国が増え、再建軌道に乗ったと言える。

「中国の特色ある社会主義は今まさに、世界の社会主義振興の大黒柱になっている」と習近平主席は22年9月号の共産党理論誌「求是」に書いたが、同年5月にタンザニア最大の都市ダルエスサラーム近郊に中国共産党が資金援助する政治学校が開校した。社会主義を目指したタンザニア初代大統領ニエレレの名を冠した学校ではアフリカ6カ国から来た次世代指導者たちを前に中国人講師が中国の経済発展モデルを講義したが、各国の実情と結びついた極めて実践的なものであった。

欧米社会から長く「暗黒の大陸」と蔑称されたアフリカの希望となっているのが、現代の「シルクロード」である「一帯一路」である。中国のインフラ部門への集中投資で新幹線が走るようになったケニアの首都ナイロビをはじめ、アフリカに革命的な変化が起きている。欧米の奴隷貿易や植民地的収奪に散々苦しめられ、疎外されてきたアフリカ大陸に高層ビルが立ち並ぶ大都市が誕生し、女性たちが颯爽と風を切って歩く姿をかつて誰が想像できたであろうか。

それに対抗して、米欧資本も触手を伸ばし始めた。ウクライナ紛争後のエネルギー危機に喘ぐ欧州は有望な海底油田やガス田があいついで発見されたアフリカ西岸のセネガル、モーリタニア沖合での開発に着手した。掘削技術のある米コスモスエナジーや英石油大手BPが中心だが、地元政府には利益の10%程度しか還元せず、植民地主義時代からの西側資本主義の搾取、収奪体質は旧態依然としていると不満が強まっている。モーリタニア隣国のマリ、ブルキナファソ、ニジェールで反欧米政権が続いて誕生したのは偶然ではない。

中国の和平案をプーチン大統領が支持

バイデン大統領が最も気にかけているのが中露提携であるが、中国外務省は23年3月17日、「習近平主席が3月20〜22日にロシアを国賓訪問する」と公式に発表した。その前日、ウクライナのクレバ外相が中国の和平案について「停戦を促進し、戦争を止めることへの誠実さを反映している」と評価したと中国外交部が明かしていた。国土が戦場と化し、日々荒廃していくウクライナ国民は、大多数が少しでも早く停戦を実現したいと望んでいる。先細りの米欧の支援にいつまでも頼るわけにはいかず、和平案は密かな希望である。ゼレンスキー大統領が習主席との会談を要望したが、中国側は返事を保留した。ゼレンスキー政権がどこまで妥協できるか見極めようとしているのである。

習近平主席としてはウクライナ和平問題は、国際世論に中国外交の公平性をアピールする絶好のチャンスなのである。「我々は交渉プロセスに対して常にオープンだ」として、プーチン大統領と互いに相手国主要紙に寄稿する形で所見を前もって公開した。プーチン大統領は首脳会談に備えて3月18日にクリミア半島、その翌日にウクライナ東部ドネツク州の港湾都市マリウポリを訪れ、住宅街再建など現地の状況を視察した。クリミア半島、併合宣言したウクライナ東南部4州確保は和平の条件とのデモンストレーションであった。そのうえで国営テレビのインタビュー（19日）で「特別軍事作戦」に踏み切った原因について改めて言及し、「ロシアがクリミア半島を併合した2014年の時点ではウクライナが加盟を求めるNATOに対抗するだけの軍事力がなく、東部ドンバス地域への軍事作戦に踏み切れなかった。だが、今は極超音速ミサイルなどの最新兵器を保持している」とウクライナのNATO加盟問題では決して譲らないとの基本的立場を改めて強調した。

3月20日午後1時過ぎ、習主席を乗せた専用機がモスクワのブヌコボ空港に到着した。国家主席第3期スタート後初の外国訪問には蔡奇《さいき》・政治局常務委員兼中央弁公庁主任、王毅主任らが随行し、賓客たちが悠然とタラップを降りる姿をロシア国営放送が全国に生中継した。主席就任後9回目の訪露となるこの日、ロシア紙には「私の訪露は友情、協力、和平の旅だ。各国の懸案を合理的に取り入れ、建設的な役割を果たす」と決意を披歴した習主席の寄稿文が大きく掲載されていた。プーチン大統領も同時に中国紙への寄稿で「中国のバランスの取れた方針に感謝する。両国の協力関係に新たな弾みがつくことは間違いない」と書いた。通算40回目の会談で気心が知れている二人は「親愛なる友人」とにこやかに呼び合い、クレムリン宮殿で儀仗兵《ぎじょうへい》閲兵を終えて直ちに会談に入った。夕食会を含めて約4時間半、通訳だけを交えた二人だけの会談では中国の和平案実現について率直な意見が交換された。プーチン大統領は習主席が任期3期目に入ったことを称え、習主席も「来年の大統領選挙でロシアの人々があなたを強力に支持すると確信している。あなたの強い指導力でロシアは成功と繁栄を収めてきた」と応じ、年内の中国訪問を招請した。さらに、「衝突は対話と交渉で解決しなければならない。ロシアとの実務協力を深め、世界の多極化を後押しする」とバイデン大統領の同盟外交を批判すると、プーチン大統領も「あなたが全ての国の安全保障を尊重していると理解している」と応えた。翌21日の公式会談後、「戦略的互恵関係の深化に関する共同声明」署名式に臨んだ習主席は「多くの重要な一致に達した」と確言し、プーチン大統領も大きく頷いた。

すっかり寡黙になったバイデン大統領のスポークスマン役を任じ始めたブリンケン国務長官は「ウクライナ領土からのロシア軍の撤退を含まない停戦の呼び掛け」と不満を表明したが、それは米国の立場、一方の当事者の声であり、条件を付けない対話の枠組みをつくる中国和平案の下位概念でしかない。習近平はロシアのウクライナ侵攻について「道理にかなっているかどうかで決める」「同盟して徒党を組んではならない」と述べてバイデンの米覇権主義を補完する従属的同盟論と明確に一線を画し、ウクライナのNATO加盟に反対するプーチン大統領の立場を完全に支持している。プーチン大統領はソ連崩壊後に権威が失墜したロシアの復権を目指し、習主席は「社会主義現代強国」を視野に入れ、ともに米国流儀の民主化方式を時代遅れの「内政干渉」と超克し、独自の道を歩む志向性は一致している。

中露の戦略的な絆を支えるのは、経済である。プーチン大統領は非公式会談で「10年前、ロシアを初めて訪問したあなたと会ってから、我々の貿易額は2倍以上の2千億ドルに達した」と習主席に語りかけ、西シベリアから中国への新たなパイプライン建設計画を話し合った。中国税関総署によれば、22年のロシア産原油の輸入額は前年比1・4倍と過去最高を記録し、液化天然ガス（LNG）輸入額も2・4倍と23年中に中国が最大の輸入国となろうとしている。対露経済制裁やそのブーメランとも無縁であり、世界最大の原油、LNG輸入国である中国にとってロシアはエネルギー戦略上も切っても切れない資源同盟国である。

勝負あり、とおそらく孫子なら声を上げるであろう。制裁ブーメランにより米欧経済はエネルギー・食糧危機→超インフレ→利上げ→債券価格下落→信用不安の負の連鎖が急進展し、構造的危機に陥りつつある。3月中旬にスタートアップ企業向けの融資を行うカリフォルニア州のシリコンバレーバンク、ニューヨーク州のシグネチャーバンクの米銀2行が経営破綻し、スイス大手銀行のクレディ・スイス・グループの経営不安へと続き、世界金融危機の様相を帯び始めた。米、日、カナダ、英国、スイスの各中銀と欧州中央銀行（ECB）が協調して市場に大量のドルを供給することで合意し、1週間に一度の市場へのドル供給を毎日に変え、ドルと各国通貨交換を強化したが、根源を断たないと負の連鎖は止まらない。ECBは23年3月16日に通常の2倍である0・5％の利上げを決め、米連邦準備制度理事会（FRB）も6日後に「記録的なインフレ抑制のため」として0・25％引き上げし、対露経済制裁以後の9会合連続利上げで米政策金利は4・75～5％の歴史的な高水準となった。インフレと不況が同時進行するスタグフレーションは1970年代は資本主義の癌と言われたが、再発した観がある。このままでは米欧日の世界は金融恐慌、大恐慌に向かうであろうが、基軸通貨を人民元に変えつつある中国、ロシアなど非米欧世界への影響は限定的であろう。

ドルに見切りをつけたのが、グローバルサウスの大国ブラジルである。左派新政権のルラ大統領が訪中（23年4月12〜15日）で最初に訪れたのが上海で、10年前の2014年にBRICSが共同設立した新開発銀行（BRICS銀行）の新総裁に就任したルセフ元ブラジル大統領の就任式に参列した。ルラ大統領と習主席は共に中国通信機器大手の華為技術（ファーウェイ）の研究開発センターを視察した。ファーウェイは米国が制裁対象としているが、あからさまに無視した。ブラジルにとって中国は最大の貿易国であり、対中輸出額は対米の3倍超である。両国の貿易決済は人民元が使われており、ルラ大統領は「必ず米ドルで取引する理由はない」と人民元への全面切り替えを示唆した。ドル高に苦しむ隣国アルゼンチンと共通通貨導入を進めており、アメリカの裏庭と言われた南米で人民元普及に弾みがついてきた。習主席との会談を終え、アラブ首長国連邦（UAE）へと出発するルラ大統領は記者会見に応じ、「米国は（ウクライナ）戦争を扇動するのをやめよ」と名指しで非難し、2カ月前（2月11日）にホワイトハウスで会談したバイデン大統領に中国和平案に応じるように求めた。

反日本軍国主義感情で中露を結びつける岸田外交

世界的な新潮流の外に置かれた感じになってきた岸田政権にとって衝撃であったのは、習主席とプーチン大統領の首脳会談で採択された共同声明で岸田内閣の東京電力福島第一原子力発電所の処理水（汚染水）海洋放出計画が取り上げられ、「深刻な懸念」が表明されたことである。岸田首相や側近たちが行間まで読んだかは定かでないが、そこには中露が対日政策で足並みを揃えた戦略的な意味が込められている。後に共同通信（23年4月3日）が「習近平主席とプーチン大統領が会談で北方4島の領有権問題について『（どちらか一方の）立場を取らない』と表明していたことが分かった」と「中国関係筋の話」として報じたが、北方4島を日本領とは認めないということである。中国は「中ソ論争」の影響から1964年に毛沢東主席が「北方4島は日本領」と述べていたが、事実上、尖閣諸島（釣魚島）同様の係争地であると再定立したのである。「台湾有事」と干渉してくる米日に対する重大な軍事的警告が込められている。それを示唆するように、中露首脳の公式会談当日、ロシア国防省は「ロシア軍の長距離戦略爆撃機ツポレフ95MSが2機日本海の上空を飛行した」と日本に当て付けるように発表し、その映像まで公開した。プーチン大統領が国営テレビのインタビュー（3月19日）で誇示した極超音速ミサイルは米国もまだ開発できていない究極の核搭載ミサイルで、音速の5倍以上の速度で飛び、現在の米国の防空システムでは迎撃できない。日本のメディアは「ウクライナを訪問しゼレンスキー大統領との会談に臨もうとしている岸田首相を牽制する狙いがある」と口を揃えたが、視野狭窄でまだ事態の本質が見えていない。

岸田首相の動きはモスクワの中露首脳に挑戦する最悪のタイミングであった。ニューデリーでのインド首相との会談を終え帰国すると報じられていた岸田首相が同3月21日午前1時過ぎ、ポーランド南東部の国境の町からウクライナに向かう列車に乗り込む姿が日本テレビに報じられた。同行した木原誠二官房副長官、秋葉剛男国家安全保障局長らがG7議長国としての存在感を示す絶好の機会と入れ知恵したと指摘する声もあるが、転換局面に差し掛かったウクライナ問題の矢面にむざむざ立たされるようなものである。岸田首相はゼレンスキー大統領にG7開催地の広島をアピールしようと「必勝しゃもじ」を贈ったが、ここにもちぐはぐな政治センスがそのまま出ている。「必勝しゃもじ」は日露戦争、日中戦争などで広島から出征する兵士たちが先頭に掲げた日本軍国主義時代のお守りであり、中露への挑発的児戯《じぎ》に等しい。習近平主席、プーチン大統領の目には岸田首相が第二のゼレンスキーと映ったことであろう。日本のウクライナ化にまた一歩近付き、ウクライナ戦争はもはや対岸の火事ではない。

バイデン大統領にとってウクライナは戦略的な利用価値があったし、一時期とはいえその試みは成功するやに見えた。だが、制裁ブーメランなど誤算が重なり、共和党からはアフガンと並ぶ外交失敗とこき下ろされ、今となっては２４年の大統領選への政治的リスク、つまり、重荷でしかない。いかに上手に手を引くかと出口戦略を模索し始めた矢先に現れた中国の和平案に、言葉ではロシアを助けることになると反発するが、本音では渡りに船なのである。そうした微妙な段階で飛び出した岸田首相の「必勝しゃもじ」はパールハーバーを想起させる不快なものではあったが、日本がウクライナ支援を肩代わりするのであれば許容範囲のハプニングである。

ロシアが抱えるアメリカへの不信の根源――「1インチの約束」

ウクライナ戦争は、核超大国の米露が一国を戦場にして地域の覇権を争う教訓的な事例である。核戦争を防ぐために互いに自国を直接攻撃することは避け、地政学的な相当国を戦場として決着を付ける核大国の狡知が潜んでいる。ウクライナの国境を侵したプーチン大統領が責められるべきは当然であるが、米欧日メディアがプーチン大統領に「狂人」「侵略者」「虐殺者」等々と感情的なレッテルを貼って貶めるほど真実から遠ざかる。

プーチン大統領をロシア国民が熱狂的に支援するには理由があるのである。その日は特別な日であった。ホワイトハウスと首脳会談開催についてギリギリの水面下の交渉が続いていた最中、ウクライナへの「特別軍事作戦」発令前夜となる２０２２年2月23日の「祖国防衛の日（旧『赤軍（ソ連軍）の日』）」にプーチン大統領は特別記者会見を開き、記者の質問に答える形で複雑な胸中を明かしている。「私たちはアメリカの隣にミサイルを置いているか？　アメリカの国境近くにミサイルを配置したら、アメリカはどう反応するか？」と反問し、「１９９０年代には置かないと約束していた。私たちは騙されたのだ」と激しく憤った。騙された結果がソ連解体に繋がるが、食糧配給制度崩壊で餓死者まで出した。混乱と屈辱を身をもって知っているロシア国民は大統領と怒りを共有し、政権支持率は「特別軍事作戦」発令直後から今日まで70%～80%を記録する。

プーチン大統領が「戦争」と区別し「特別軍事作戦」と名付けたのも目的がある。米国を盟主とするＮＡＴＯのウクライナへの拡大を阻止し、米国に「１インチの約束」を守らせることが目的なのである。プーチン大統領が大義名分に掲げる「1インチの約束」は、1989年に米ソ首脳が冷戦終結を宣言する際に「NATOを東方に寸土も拡大しない」と約束したことを指している。一般には聞き慣れないが、当時すでに外交通の上院議員と名を売っていたバイデン大統領は当然、熟知している。

「1インチの約束」はソヴィエト社会主義共和国連邦（ソ連）崩壊期（1988年〜91年）の1989年にマルタ島で冷戦終結を宣言したソ連のゴルバチョフ書記長とアメリカのブッシュ（父）大統領の間に交わされた盟約であるが、ソ連指導部には米国の詐術であると反対する動きが現れ、権力内部がギクシャクしだした。

序章で指摘したように、筆者は図らずもその内幕の一端を覗く機会を得た。1991年8月18日のことであるが、ドイツのフランクフルトのトランジットでモスクワで一泊することになり、学生時代にその著作を読み漁った歴史的な人物を一目見ようと「赤の広場」正面の「レーニン廟」を参観した。感無量で外に出たが、広場は閑散とし、人影がほとんど見えなかった。いつもの散歩癖でクレムリンの城壁に沿って右方向へとスタスタ歩き、いつしか城壁の背後に回った。驚いたことに大きな門が開けっぴろげになり、警護員一人見当たらない。そこはソ連共産党書記長の執務室が置かれた権力の中枢部である。そこに空白が生じた異様な光景にギョッとして佇んだが、それもほんの一瞬、これも何かのチャンスだろうとゲートを抜けた。中に入ると前方にクレムリン宮殿がそびえている。シーンと静まり返り、人影はない。その方向に歩いたが、宮殿内部から衛兵がこちらを伺い、いきなり発砲される恐怖感を覚えた。後方を振り返り、城壁に沿って小さな聖堂があるのを認めてその方向へと再び足を進めた……。無人の映画セットに迷い込んだような不思議な体験であったが、モスクワを離れた翌日、エリツィン・ロシア大統領による「8・19クーデター」が起きる。後に知ったことだが、ソ連を構成する15の共和国の権限を拡大する新連邦条約制定を進めるゴルバチョフ大統領にソ連解体に繋がるとしてヤノーエフ副大統領らが反対し、ゴルバチョフを保養地のクリミア半島の大統領別邸で軟禁状態に置いていたのである。「権力の空白」とは権力の中枢部から人がいなくなることなのだと改めて感じ入った。ソ連解体はその4カ月後であるが、ソ連国家保安委員会（KGB）の切れ者の情報将校として情報収集に奔走していたプーチン中佐と同様の景色を見ていたわけで、「1インチの約束」へのこだわり、「ソ連が恋しくないものには心がない。ソ連にただ戻りたいものには脳がない」と語る心情がよく理解できる。ソ連は再建できたはずなのに、裏切られたと考えたのである。そこから立ち上がるプーチンの半生をかけた壮烈な物語も見えてくる。

ゴルバチョフに絶望したプーチンはエリツィン大統領に巧みに接近して後継者に収まり、本領を発揮する。経済再建のために西側の資本を積極的に導入し、ある時期まで将来的なNATO加盟も否定しなかった。だが、米国の支配下に組み込まれていくことに気付く。ポーランドなど旧ソ連圏の東欧諸国が欧州の二等国家に転落している現状に衝撃を受け、ロシアの未来に危惧を抱くのである。米国と世界を二分し、人類史上初の宇宙飛行を成し遂げたソ連全盛時代を知っているだけに、屈辱感が日増しに募る。ロシア経済が再建軌道に乗り自信を回復するともに半ば忘れていた「1インチの約束」が裏切られたとの思いとともに蘇る。ウクライナのNATO加盟を執拗に画策するバイデン大統領と衝突するのは、時間の問題であった。

プーチンの心情が我がことのように理解できるのが、やはりソ連崩壊の荒波を凌いできた習近平である。中華人民共和国瓦解もありえた「天安門事件」（1989年）を乗り越え、今では米国に追い付き追い越す「社会主義現代化強国」を標榜するまでになった。同じ辛酸を舐めながら這い上がってきた同輩の二人が、互いを「盟友」「同志」と意識するのは必然である。

プーチン大統領はソ連共産党復活を意図しているのだろうか。社会主義・共産主義体制を歴史から抹殺する企みがあとわずかで成功するやに思えたバイデン大統領にとっては戦慄のシナリオであるが、プーチン大統領が習近平主席と「同志」と呼び合う波長から推して、ベクトルがその方向を指向していることは間違いない。

ウクライナ戦争は「バイデンの戦争」とトランプ前大統領

バイデン大統領がロシア軍侵攻を予見していたことは、早くからNATO軍によるウクライナ軍訓練に関わっていたストルテンベルグNATO事務総長の証言からもうかがい知ることができる。「ロシア軍のウクライナ侵攻前夜、眠りに就いた際、数時間以内に惨劇が起こることを十分理解し、深夜に首席補佐官の急報を受けた時も驚かなかった」とAFP通信のインタビュー（22年2月18日）で告白している。また、バイデン政権のウクライナ政策を実質的に仕切ってきたヌーランド国務次官はオバマ政権の国務次官補当時のウクライナ関連会議で「米国はソ連崩壊時からウクライナの民主主義支援のために50億ドルを投資した」（2013年12月）と米国がウクライナでの親米欧政権樹立のカラー革命を支援していたことを認めていた。外交を統括していたのがバイデン副大統領（当時）である。英国王立防衛安全保障研究所（RUSI）の秋元千明日本特別代表は「NATOは（ウクライナで親露政権が打倒された2014年の）ユーロマイダン革命からウクライナとの協力を強めた」と証言し、「（ロシア軍）侵攻後、米英軍を中心に約20カ国の特殊部隊が参加する軍事顧問団『アライド・コマンド・ネットワーク』（ACN）を結成し、秘密裏に活動している。ウクライナ軍の訓練や作戦のアドバイス、情報提供、兵器の搬入支援、パルチザン活動支援などが中心だ」（朝日新聞2022年12月29日朝刊）と明かしている。22年4月のロシア黒海艦隊旗艦「モスクワ」攻撃に「米軍」が、10月のクリミア橋爆発に「西側特殊部隊」がそれぞれ関与したことも明かした。ウクライナ戦争は米国の「代理戦争」であり、ゼレンスキー政権はそのツールと証言したようなものである。ベトナム戦争（1964年～1975年）における南ベトナムのゴ・ディン・ジェム政権を想起すれば理解しやすい。

ウクライナ危機はバイデンから始まり、バイデンで終わりそうな雲行きになってきたが、侵攻から1年経った23年1月27日、同趣旨の言葉を24年秋の大統領選挙再出馬を表明したトランプ前大統領がバイデン大統領に投げつけている。「自分が現職大統領だったら、ロシア／ウクライナの戦争は決して起きなかった。今私が大統領なら、交渉で人命の凄惨な喪失を24時間以内に終わらせることができる」と、選挙運動のツールとして自ら立ち上げたソーシャルメディア「トゥルース・ソーシャル」に書き込んだのだ。NATO解体を公言していたトランプ大統領が再選されていたらロシア軍の侵攻はありえなかったとの認識は米国民の半数に迫るトランプ支持者が共有しているが、ロシアのペスコフ大統領報道官も即日の記者会見で「理論上は、真実からそう遠くはない。ウクライナ政権の鍵は米政府の手中にあるが、ホワイトハウスはそれを使いたがらない」と同意した。

ウクライナ戦争は「バイデンの戦争」との認識は、習近平も共有している。中国包囲網構築を外交戦略の基本に置くバイデンが地政学的に中国の背後に位置するロシアを揺さぶる〝第二戦線〟として仕掛けてきたと身構えたが、当初はかなりの重圧を感じたことだろう。バイデンは「国連憲章違反の侵略」とロシア批判の口火を切って国際社会のリーダーに浮上し、対露経済制裁の音頭を取って中国にも加わるように圧力を加えた。周到な中露離間策である。バイデンの策謀は同盟国や有志国を糾合することには一定程度成功したが、対露経済制裁が逆効果となる。ロシア経済は旧ソ連経済のように瓦解することもなく、対露経済制裁を加えた米欧がブーメランという手痛いしっぺ返しを食らう。策士、策に溺れるとの言葉もあるが、それ以上の失敗は、習近平とプーチンの対米警戒心に火を付け、経済大国中国と核大国ロシアを限りなく接近させたことである。バイデンは「民主主義と権威主義（専制主義）」なるバイデン一流の二者択一の党派的イデオロギーで中国、ロシアへの政治攻勢をかけるが、その実体は、資本主義と社会主義の体制競争である。連邦議事堂が大統領選挙の不正投票を訴える群衆に襲撃された米国の民主主義が重く病んでいることは世界が目にした映像の真実であり、中華人民共和国の人民民主主義との競争は制度や形式以上に、公正や平等、経済格差解消など内実が問われていく。

停戦を見据えたプーチン・バイデンの意地

ウクライナ戦争はプーチン大統領にとってもバイデン大統領にとっても政治生命を賭けた戦いである。ウクライナの敗北→NATOの全面撤退となればバイデン大統領の権威は失墜し、米国の国際社会での主導的な地位は完全に失われる。反対にロシア敗北→NATO拡大となれば、プーチン大統領退陣と「ロシアは消滅する」（メドベージェフ前大統領）という破滅的な結果が待っている。

それだけに両者ともに勝つことはできなくとも、負けることは許されない。プーチン大統領はウクライナ侵攻1年目の年次教書演説（23年2月21日）をクレムリン大統領府近くの展示場で行い、「米欧はウクライナを反ロシアのネオナチ政権に変えたが、ロシアに勝つことはできない」と声を張り上げ、戦略核弾頭数を制限する「米露新戦略兵器削減条約（新START）」の履行停止を発表した。米国への核恫喝に聴衆からはウラー（万歳）、ウラー、ウラーと地鳴りのような声が湧きあがった。とはいえ、ロシア国民は四六時中緊張しているわけではなく、その2日後の「祖国防衛の日」からの4連休、モスクワは観光客でごった返した。停電、断水、空襲警報に市民が24時間脅えるウクライナの首都キーウとはあまりに対照的である。

バイデン大統領はウクライナと民主主義、人権、市場経済という「普遍的な価値」を共有するとの熱い物語で同盟国や有志国の支援を繋ぎとめてきたが、そろそろメッキが剥げ落ちている。足元の米国内はすっかり冷めてしまっている。ドイツの「キール世界経済研究所」の集計によると、各国が表明した軍事支援や人道支援などを含む支援総額（2022年1月〜23年1月15日）は米国が731億ユーロ（約10兆円）と全体（1436億ユーロ）の半分を占め、以下、EU350０億ユーロ（5兆円）、英国83億ユーロ（1兆1000億円）、ドイツ61億ユーロ（8700億円）、カナダ40億ユーロ（5700億円）と続く。日本は10位の10・5億ユーロ（約1500億円）となる。米国では巨額の支援に見合う価値があるのかと疑問視され、そこに支援金着服、支援物資横流しなどゼレンスキー政権の汚職・腐敗が報じられると支援継続反対の世論が急増し、過半数を超えた。前年暮れにゼレンスキー大統領が緊急訪米して米議会で支援継続を訴えたが、中間選挙で議席の過半数を占めた共和党のマッカーシー新下院議長は「金額欄が空白の小切手を渡すわけにはいかない」と直接に伝えている。共和党の次期大統領候補の座をトランプ前大統領と争うデサンティス・フロリダ州知事は「ロシアによるウクライナ侵攻は領土紛争であり、アメリカの重大な国益ではない」と支援打ち切りを公言した。

実は、米軍部すらもウクライナが軍事大国ロシアに勝てるとはさらさら思っていない。本音は、傷口が深くなる前に手を引こう、なのである。SNSに流出した23年3月1日付の米軍機密文書は「ウクライナの防空能力は5月23日までに完全低下し、ロシアが航空優勢を握り、ウクライナは反攻する能力を失う」とある。3ヵ月後の6月に始まった「反転攻勢」の失敗でその正しさが立証される。同機密文書に関しては不正流出容疑でマサチューセッツ州兵が訴追されたが、「ミリー統合参謀本部議長を含む国防総省高官向けに準備された日次情報報告資料の一部」と「複数の当局者」がＣＮＮ（４月12日）に信憑性を認めている。米軍部の本音はウクライナ支援で米軍自体の弾薬、ミサイルの在庫が底を尽き、極東有事に対処できなくなるのは避けたい、である。

プーチン大統領がモスクワ中心部の展示場での群衆大会で「米欧はロシアに勝つことはできない」と声を張り上げた同日（２３年２月21日）、バイデン大統領は極秘裏に開戦後初めて空襲警報響くキーウを電撃訪問する捨て身のパフォーマンスに打って出た。深夜列車でポーランドに戻り、ワルシャワの王宮で約１千人のウクライナ難民を前に熱弁を振るい、プーチン大統領の名を10回連呼しながら「ロシアは決して勝利しない。決して！」と両手の拳を突き出した。だが、前年（２２年４月）のようにプーチン大統領の退陣を口にすることはなかった。その約３ヵ月前（２２年12月１日）に国賓として招いたマクロン仏大統領との会談後の共同記者会見で、バイデン大統領は「プーチン大統領がウクライナ侵攻を終わらせる考えがあるのならば話す用意がある」と態度を軟化させ、「特別軍事作戦」発令直前まで米露首脳会談開催に奔走したマクロン大統領は何度も頷いた。壮大な戦争ゲームは出口戦略に移っており、バイデン大統領は何故あの時、プーチン大統領との対話に応じなかったのか、何のために多くのウクライナ人の血を流したのかと自分に問い続けることになる。その答えは停戦案に少しでも自陣営に有利な条件を書き加える和平交渉で探すしかない。

元コメディアン大統領とウクライナの恨《ハン》＝「タタールのくびき」

中国の和平案に乗るか乗らざるべきかとハムレットのように揺れているのが、元人気コメディアンのゼレンスキー大統領である。ロシアへの徹底抗戦で国民を引っ張ってきたが、息切れは否めない。米露の代理戦争に利用されていることへの不安もあり、「習近平主席との会談を計画している。中国は歴史的に領土の一体性を尊重してきた」（２３年３月24日）と声を上げた。捨てる神あれば拾う神ありと、、望みをかけたとしてもおかしくない。中国初の空母である「遼寧《りょうねい》」はウクライナが売却したソ連時代の未完成艦体を改造したものであり、中国との関係は決して悪くない。

疫病神か救いの神か、その2日後、日本の岸田首相が忽然とキーウに現れた。神秘的な「必勝しゃもじ」で激励され、揺れ戻る。停戦交渉となれば線引きが焦点となるが、「ロシアへの抵抗運動が始まった日」（3月26日）のビデオ演説で「クリミア解放」を繰り返した。ウクライナ外務省も「クリミアを含むウクライナ領からのロシア軍完全撤退、先住民族クリミア・タタール人の弾圧中止を求める」とワンマン化するゼレンスキー大統領と声を合わせた。和平交渉に先立って対立する双方が基本的要求を表明すること自体は少しも珍しくないが、「クリミア解放」が入ると米露の戦略的利害がもろに衝突し、和平交渉は暗礁に乗り上げてしまう。

ゼレンスキー大統領にとって「クリミア解放」問題は諸刃の剣となっている。「ロシアへの抵抗運動が始まった日」はカラー革命（オレンジ革命）で誕生した親米欧政権がロシアによるクリミア半島併合（２０１４年3月26日）に抵抗するべく定めたのであるが、１９７８年にロシア語圏のウクライナ南部の工業都市クリビーレフで生まれたゼレンスキーはそれと距離を置く親露派であった。ソ連崩壊後の１９９０年代に劇団「第95街区」をモスクワに立ち上げ、ユーモアコンテストで顔を売って人気娯楽番組でコミカルなタレントとして売り出した。話す言葉はウクライナ語の訛りがない完璧なロシア語であった。転機は、腐敗、汚職が蔓延するウクライナ政界を風刺するドラマ「国民のしもべ」を制作・主演し、無能な政治家たちを面白おかしくやり込める教師が冗談半分に立候補した大統領選挙で当選してしまう役を巧みに演じて人気者となった。そのノリで２０１９年の大統領選挙に出馬してドラマの主人公を地で行くのだが、大統領選の公約ではウクライナ人とロシア人の融和を説いていた。だが、幼なじみなど縁故主義的な人事で固めた政権は旧来の利権政治と代わり映えせず、支持率急落に悩む。

そこで豹変するのがいかにもポピュリストのゼレンスキーらしいが、政権浮揚策として「クリミア解放」に目を付ける。２１年8月に「クリミア・プラットフォーム」を立ち上げ、発足式の演説で「ドンバスの平和とクリミアの脱占領は優先課題である。ウクライナ人やクリミア・タタール人が恒常的な迫害を受け続けている限り、世界はクリミアを忘れてはならない」と反露反プーチンの旗印を掲げた。米国の意向に沿ったもので、発足式には米エネルギー省のグランホルム長官が駆けつけている。バイデン大統領がクリミア半島の戦略的価値に目を付けていたのである。黒海に突き出た同半島南西部のセヴァストポリはソ連時代から黒海艦隊の母港であり、北海艦隊とつなぐ半弧がＮＡＴＯを包囲する形になっている。逆に言えば、米国が半島を押さえればロシアの首根っこを押さえたも同然である。その戦略的思惑から立ち上がってきたのがクリミア半島の「先住民族」とされる「クリミア・タタール人の弾圧」問題であり、中国の「ウイグル族弾圧問題」と同様に、米国が人権や民主主義を名分にして他国に干渉する方式である。これは、ライバルであったソ連崩壊で米国の草刈り場となった東欧圏に支配圏を広げる「カラー革命」戦略の延長線上にある。バイデン大統領が政治経験の浅い元コメディアン大統領に目を付けた理由も、その出自と元コメディアンの発信力にあったろう。バイデン大統領自身は「I am Irish」と公言するアイルランド移民3世であるが、ユダヤ人国家であるイスラエルを軍事的財政的に支援し、中東支配の拠点としてきた米伝統の対パレスチナ外交の東欧バージョンと考えれば理解しやすい。

それにゼレンスキー大統領が乗ったのは「私はユダヤ人だ」と語るユダヤの血と無縁ではなく、シュミハリ首相はじめ政権中枢もユダヤ系が少なくない。ウクライナはウクライナ人、ロシア人、タタール人、ロマ（ジプシー）、ユダヤ人などが混住する多民族国家であり、ユダヤ系は例にもれず経済的にも文化的にも影響力が大きく、独特の国際的なネットワークがある。バイデン政権でウクライナ問題を担当するブリンケン国務長官はユダヤ系ウクライナ人移民2世であり、ヌーランド国務次官もユダヤ系ウクライナ移民3世と、同じユダヤ系のゼレンスキー大統領と意気投合し、共鳴現象を引き起こすのはロシア平原で受難の歴史を刻んできたユダヤ系に広まったシオニズムであろう。

シオニズムは、古代イスラエルの王であったダヴィデの墓のあるエルサレムの「シオンの丘」を中心とするパレスチナをユダヤ人安住の「約束の地」とするユダヤ国家建設の思想・運動であるが、その発祥の地が19世紀終わりのロシア平原であり、ホロコーストの犠牲者となったユダヤ人の間に広がった。ロシア領ブリスク（現ベラルーシ領ブレスト）に生まれたベギン元イスラエル首相がその代表的な人物であり、「世界は屠殺される側に同情しない。世界が尊敬するのは戦うものだけである」とパレスチナを支配していた英帝国主義に対するテロ活動を行う。イスラエル建国後は「約束の地」全域へと領土を拡大する極右過激派の政党リクードを設立し、第一次中東戦争（１９４８年）で「デイル・ヤシーン事件」などアラブ系のパレスチナ人虐殺に手を染めた。だが、イスラエル首相在任中（１９７７年～８３年）にエジプトのサダト大統領との歴史的和平合意を行い、１９７８年にノーベル平和賞を受けた。

ゼレンスキー大統領は「尊敬に値するのは戦うものだけ」と言い残したベギンイズムで腹を括ったと見られ、ロシア軍の侵攻を殉難《じゅんなん》と受け止めたようだ。オレカ大統領夫人が「（２２年2月）24日朝5時、目を覚ますと夫は隣室に居て、『始まった』と落ち着いた言葉遣いで語った」と回想しているが、その翌日夜、キーウの大統領府前通りでシュミハリ首相ら側近５人と「我々はここで独立を、国を守っている。ウクライナに栄光あれ！」と自撮りしてネットに投稿する。ゼレンスキーの一世一代の演技は見事に当たって多くのウクライナ国民の心を打ち、一部に投降の動きが出ていたウクライナ軍も徹底抗戦へと一丸となる。事前準備にも手抜かりなく、米国の軍事支援で1カ月前から戦闘機やレーダー網、武器、弾薬が再配置されてロシア軍の制空権掌握を防いだ。

ウクライナ軍の抵抗は、プーチン大統領にとっては痛恨の誤算であった。西側メディアがしきりに流す「プーチン狂人説」はプーチン大統領を理解できない下手なプロパガンダでしかなく、まともなプーチン・ウオッチャーは「合理主義者」「現実主義に立ったパワーポリティシャン」と評する。プーチン大統領はまさに合理主義の陥穽《かんせい》に嵌《は》まってしまうのである。侵攻半年前に著した論文「ロシア人とウクライナ人の一体性について」（2021年7月）で「スラブ民族の血は一つ」と書き、ウクライナ国民を「兄弟」と認識していたが、その通りなら「特別軍事作戦」は1カ月もあれば完了するところであった。中東で米軍すら手こずったイスラム原理主義平定に力を発揮し、シリア内戦もアサド政権支援でほぼ収束させたロシア軍には米国も畏怖の念を抱き、数十キロの車列をなしてキーウに進軍する機甲部隊に世界は驚愕し、キーウは数日で陥落すると予測した。ウクライナ兵に「兄弟」と呼び掛け、投降を促したまでは合理的に設計された筋書き通りであったが、想定外の逆襲に遭う。派手なだけで防備を疎かにした一列の長い車列は反撃に転じたウクライナ軍には虚仮威《こけおど》しでしかなく、格好の標的となる。ゼレンスキー大統領の劇的な、いかにも劇的な自撮りで火が点いたウクライナ民族主義に見事に足をすくわれたのである。ロシア人特有の独善であるが、プーチン大統領には「スラブ民族の血は一つ」、ロシアとウクライナは「兄弟」と呼び掛けることに反感を募らすウクライナ人の恨《ハン》、「タタール（モンゴル人）のくびき」が見えていなかった。

それを実は、筆者は偶然迷い込んだクレムリン宮殿中庭片隅の小さな聖堂で見ていた。帝政時代の文化財として保存されていた聖堂はガラーンとし、中央の聖壇の周囲の壁に年代物のイコン（東方正教会伝統の粘土に描いた聖画）がいくつか掛かっていたが、その一つに目を奪われた。モンゴル皇帝が玉座に座って正面を睨み、3、4段下で十数人の貴族たちが床に額をこすりつけて平伏している。よく見ると、その下に死体のような頭、手足が見える。板の上は降伏、従属した貴族たち、下は抵抗して殺害された貴族たちである。これが噂に聞いた、モンゴル帝国が遺した「タタールのくびき」かと想像を絶するロシア史のリアリティーにカルチャーショックを覚えた。そのイコンはソ連時代は聖堂の付属品の一つとされて、気紛れな旅人が訪れるまで関心を向ける人とていなかった。

東洋人にはなじみが薄いロシア史のおさらいになるが、「地果て海尽きるところまで行け」との祖父チンギス・ハーンの遺訓に沿ったバトゥの西征（1236年～42年）は怒涛の如くポーランドまで達し、漢の武帝まで恐れさせた匈奴の騎馬軍団の流れを引くモンゴル軍はヨーロッパ最強と謳われたドイツ騎士団を壊滅させ、イタリアのローマ教皇庁までパニック状態となった。モンゴル第二代皇帝オゴタイの急死の報を受けて潮が引くように撤退するが、バトゥはヴォルガ川下流に黄金のオルド（陣営）を建てて都とし、ジョチ・ウルス（金帳汗国＝キプチャク・ハン国、1243年～1502年）を開く。本国の元王朝（1271年～1368年）と同じく、抵抗するものは破壊し、従う者とは臣従関係を結ぶ武断統治と文治統治折衷の統治を行ったが、広大なロシア平原を300年間にわたって絶対支配する間に生じた東スラブ民族（ロシア、ウクライナ、ベラルーシ）の社会的地位の変動にともなう複雑な民族感情が「タタールのくびき」にほかならない。東スラブ民族の盟主であったルーシ（別名キエフ大公国、882年

～1240年）は抵抗したため徹底的に破壊され消滅したが、モスクワ公国など服従した地域の小国は領地が保全され、貢租と徴兵の義務を負った。やがてモスクワ大公国が力をつけ、東スラブ民族の間に上下関係の逆転や差別意識が生じ、ウクライナ人は東スラブ民族の盟主の矜持をロシア人に取って代わられた。「兄」に成りあがったロシア人には見えにくい、「弟」に落とされたウクライナ人に恨の感情が芽生える。ロシア軍の侵攻はそれを燃え上がらせたのである。

とはいえ、ウクライナのアイデンティティーはゼレンスキーが思っているほど明確ではない。ウクライナ国歌「ウクライナは滅びず」は「我がコザックの氏族……」と繰り返すが、コザックはキエフ大公国滅亡後にウクライナのステップ地帯に住み着いた農耕集団であり、その出自は定かでない。2003年に採用された国歌の政治的創作である。

ジョチ・ウルスは内紛で滅び、クリミア半島を統治していたハージー一世ギレイがその正統な後継者と称してクリミア・ハン国（1441年～1783年）を開いた。モスクワ公国が大公国へと強大化してクリミア・ハン国を圧迫し、バルカン半島まで勢力を拡大してオスマン帝国との露土戦争（1568年～70年）で勝利する。だが、クリミア・ハン国が逆襲に転じてモスクワを強襲し、モスクワ大火（1571年）と伝えられる攻防戦の末に服属させ、貢租義務を復活した。しかし、モスクワ大公国は帝国へと伸長し、エカテリーナ2世の時にクリミア・ハン国を服属させる（1774年）。その結果、ロシア帝国は広大なシベリアを含むモンゴル帝国の故地を全て掌中に収めることになる。領土とは畢竟《ひっきょう》、いつからどうやって誰が支配したかの話であり、「固有の領土」なるものは歴史の断面を切り取ったイデオロギーに過ぎない。

ソ連誕生後、クリミア半島はソ連構成15共和国の一つであるウクライナ社会主義共和国に移管され、「クリミア・タタール人」は一時期、中央アジアへの集団移住を強制される試練を経た。1991年1月20日——筆者がクレムリン宮殿に迷い込む約半年前であるが——、クリミア地域は住民投票でクリミア自治ソビエト社会主義共和国となった。同年暮れのソ連解体後はウクライナに編入されてクリミア自治共和国となったが、多数の住民が反発し、翌年5月にクリミア議会はウクライナからの独立を決議してクリミア共和国を宣言した。ウクライナ議会はそれを認めず、ウクライナ大統領特別代表が統治するとしたが、住民との間に摩擦が高じる。そして2014年、住民の要望に応える形でロシアが併合した。現在のクリミア半島の住民はロシア系が圧倒的多数であり、クリミア・タタール人は約1割と少数派である。独立志向やウクライナへの復帰を求める声もあるが、多くがウクライナより経済レベルや生活水準が格段に高い大国ロシアを選択する。

ゼレンスキー政権の腐敗・汚職と内部抗争

いかなる名演技もいずれ飽きられる。元コメディアンの本領発揮でゼレンスキー大統領は髭を蓄え別人のようにこわもてとなり、スーツをカーキ色のTシャツに替えた陣頭指揮バージョンで毎日のようにSNS上に画像を投稿し、練られた脚本と巧みな話術で国民の抗戦意識を鼓舞した。一国の大統領の劇場型の督戦《とくせん》映像はネット時代にマッチした斬新なものとなり、ロシア軍の非道を煽情的に訴え、「ウクライナに栄光を」と結ぶ姿はウクライナ人のみならず、世界の人々にも衝撃を与え多くの共感を呼び起こした。

だが、加工編集が目につき、誇張やヤラセが疑われる。ロシア兵の残虐行為を強調するあまり無関係な遺体までやたら掘り起こし、衆目に晒すゾンビ映画さながらの手法は、死者を冒瀆《ぼうとく》し政治的に利用していると批判される。それに気づかないのは当人だけで、全世界が注目する演技に自己陶酔し、民族抹殺のような極論を口にする。「私たち皆がウクライナだ」と一丸となるように呼びかけながら、「ウクライナ国内にロシアの痕跡を一つも残さない」と叫び始めたのである。あまりに現実を無視した極端な排外主義である。大多数のウクライナ人は歴代にわたりロシア人と婚姻関係を結んできた混血であり、自分の血の何分の一かがいつ何時抑圧や強制の口実にされかねないと恐怖感すら覚え始めた。プーチン大統領も「ウクライナの洗脳に着手した」とあきれ果て、言論統制下のウクライナ国内でもゼレンスキー批判の声は抑えられなくなってきた。国際オリンピック委員会（ＩＯＣ）はロシアとベラルーシの選手を「中立」の条件付きで国際競技大会に復帰させるように勧告した。それにウクライナ青年スポーツ省は「そうした大会に自国の代表チームが参加することを禁じる」（２３年4月14日）と反発したが、その直後、前年の北京冬季オリンピックでスケルトン男子に出場したヘラスケビッチ選手が「無能な政府の対応がこの禁止令となった」とツイッターで批判し、いいねのクリック数が激増した。「自由」と「民主主義」のための戦いとゼレンスキー応援に熱を上げる米欧日マスメディアが目をつぶる不都合な真実であるが、ゼレンスキー政権はまぎれもない独裁政権なのである。戦時とはいえ反対派の存在を許さない独裁政権であることに何ら変わりはない。日本の戦時中の東條英機内閣に酷似した面があり、岸田首相が「必勝しゃもじ」を贈ったのはあながち的外れとばかりは言えない。事実、ゼレンスキー大統領は２２年２月のロシア軍の侵攻直後18～59歳男性に兵役を課す総動員令を発令し、女、子供、老人以外の出国を禁じた。反戦や兵役逃れは非国民扱いされ、裏切者と密告される。11の野党は活動禁止となり、反政府的なメディアは閉鎖され、政府批判はロシアを利するスパイ行為と摘発される。ゼレンスキーが強気なのは米国のバックアップがあるからで、戦況が重要な局面を迎えていた２２年９月26日、ブリンケン国務長官は声明で「ウクライナの国家警察などの司法機関支援に４億５７５０億ドル（６６０億円）の追加支援をする」と発表している。ウクライナ国家警察の役割は、治安維持法違反として反戦運動を徹底弾圧した戦中の日本の特別高等警察（特高）と似ている。

このようにゼレンスキー大統領に権力が集中しているが、一枚岩とは言い難い。汚職・腐敗が蔓延し、内部抗争が激しさを増しているのである。汚職・腐敗は社会主義体制崩壊後の国有資産分捕り合戦から始まるウクライナの病弊であるが、海外から流れ込む莫大な支援金・支援物資が油を注ぐ。新年早々、バーンズ米ＣＩＡ長官がキーウのゼレンスキー大統領を極秘訪問したミッションも、共和党が多数派となった米下院で問題化していると汚職・腐敗対策を促すことにあった。その直後、ウクライナではティモシエンコ大統領府副長官をはじめ国防次官、インフラ省次官、副検事総長ら政権中枢の高官15人が芋づる式に解任された。それは内部抗争を誘発し、与党「国民の僕」の有力幹部がレズニコフ国防相解任を求めたがゼレンスキー大統領が応じず、対ロシア統合軍事作戦司令官、国家親衛隊副司令官らがトカゲの尻尾切りで解任された。22年春にもゼレンスキー大統領と幼なじみのバカノウ保安局長官、ウクライナ初の女性検事総長として「ブチャの虐殺」などロシア軍のいわゆる「戦争犯罪」追及の陣頭に立ったベネディクトワらが「ロシアに通じた」と罷免された。ゼレンスキー大統領自身も清廉潔白とは程遠く、海外隠し口座への巨額の不正送金が疑われている。

国民の不満を外に逸らそうと、ゼレンスキー政権はロシア国内でのテロ破壊活動にも手を染める。さる23年4月3日、ロシア西部の港湾都市サンクトペテルブルク市内のカフェで「特別軍事作戦」を支持する著名ブロガーが爆弾テロで即死し、26人が重軽傷を負ったが、市内居住の女性が逮捕され、クレムリン報道官は「ウクライナ情報機関が関与」と明かした。22年8月22日にもモスクワ郊外でプーチン大統領支持のロシア思想家が狙われ、その娘が乗った乗用車が爆発されたが、ロシアの連邦保安局（FSB）は容疑者の女性を「ウクライナ情報機関の女性工作員」と特定した。ゼレンスキー政権はロシアの反体制派の仕業と強弁するが、いかにも無理がある。

穏健派の元コメディアンをかくも過激化させた思想とはいかなるものか？　ゼレンスキーは思想家タイプではないが、機を見るに敏である。卑近な例を挙げると、米連邦議会のオンライン演説（22年3月16日）で「真珠湾を思い出してほしい」と日本軍の真珠湾攻撃と9・11同時多発テロを列挙し、NATOや米国がウクライナ上空に飛行禁止区域を設定することを求めた。「真珠湾」と古傷に触れたことに日本で保守・右翼が反発すると、直後の日本国会でのオンライン演説では「アジア唯一のG7メンバー」と褒め上げながら支援を求め、「日本のおとぎ話」

を挙げ、真珠湾に触れることはなかった。こうした豹変するタイプは果断にして権謀術策に長けており、目的のために他を利用することをいとわない。自己評価が高まると、さらにその方向に傾いていく。クリミア半島奪還に異常に執着するのは、バイデン政権の戦略的思惑に応える狙いと同時に、ユダヤ系特有のシオニズムに陶酔する心理的要因もあろう。疑似宗教的なナショナリズムの一種であり、ウクライナ民族主義とも異なる宗派性、過激性を帯びている。

それがウクライナ軍トップとの軋轢《あつれき》を生んでいる。ロシア軍と数カ月にわたって一進一退の激戦を繰り広げたウクライナ東部ドネツク州の激戦地バフムトではウクライナ軍が数カ月も弾薬、食糧不足に苦しみながら塹壕《ざんごう》戦でこらえていたが、ロシア軍のミサイル攻撃や絨毯爆撃に兵の消耗が激しかった。ウクライナ軍の死傷者数は極秘扱いだが、ロシア軍の倍以上と見られる。ウクライナ軍司令部は早くから撤退を主張したが、ゼレンスキー大統領は徹底抗戦を譲らなかった。ドイツの大衆紙「ビルト」によると、バフムト北部のソレダール陥落直後の23年2月頃、ウクライナ軍のザルジニー総司令官とシルスキー陸軍司令官が「バフムトから撤退すべき」と進言したが、ゼレンスキー大統領が認めなかった。その直後の動画（23年3月3日）でもゼレンスキーは「今、敵を撃退することが今後数カ月の防衛作戦を成功させる条件だ」と死守を呼びかけている。ゼレンスキーとしてはバフムト方面にロシア軍を引き付け、南部のロシア軍占領地域で反攻する作戦に賭ける。ザポリージャ州のロシア軍の拠点都市メリトポリを攻略してアゾフ海に達し、ザポリージャ州、ヘルソン州へのロシア軍の補給路を断ち、最終的にはクリミア半島奪還につなげる狙いである。腹心のレズニコフ国防相は米欧から提供される戦車を「（23年）4～5月に前線に投入」と述べたが、ウクライナ寄りの英国すら悲観的で、「バフムト防衛のウクライナ軍は重大な補給の問題に直面し、一部地域から撤退を行っている」とロイター（4月14日）が「英情報機関」の情報として伝えた。その後まもなくバフムトは陥落した。

ゼレンスキー大統領は第二のガニ・アフガニスタン政権の運命もあり得るだろう。米有力紙ワシントン・ポスト電子版（4月24日）がロシア軍進攻1年の23年2月24日に合わせ、ウクライナ国防省情報総局が「モスクワ攻撃を計画していた」と伝えた。州兵が流出させた「機密文書」に記されていたことだが、ウクライナ国防省情報総局のブダノフ長官が2月13日に「傘下の戦力を総動員した大規模攻撃の準備」を命じたという。特殊部隊を傘下に置く情報総局であることからテロ行為を計画していたのである。米側に極秘計画が漏れてストップが掛かったのであるが、頼みとする米国から盗聴され、監視対象となっているのである。

冷徹な国際政治に駒のように弄《もてあそ》ばれるゼレンスキー大統領には、中国の和平案がかすかな希望に見えたことであろう。はたして23年4月26日、習近平主席との電話会談が実現するが、会談後、ゼレンスキーはツイッターに「長時間の有意義な電話をした。両国関係発展への強力な推進力になると信じている」と投稿した。中国外務省によると電話会談は「ウクライナ側の要望による」もので、外交的手段による解決に向けた中国の役割を「歓迎する」とし、台湾問題では「一つの中国」政策への支持も表明した。カービー戦略広報調整官は「両首脳の電話協議を歓迎する」と論評したが、虚々実々の駆け引きたけなわである。

他方、プーチン大統領は習主席の和平案に原則的に同意しているが、米大統領選挙など真の交渉相手である米国を見据えて手抜かりはない。米国のネオコン系のシンクタンク「戦争研究所」などはロシア軍の「5月大攻勢」を予測したが、ロシアの戦略戦術の変化を見抜けなかった。新たに「特別軍事作戦」の総司令官に任命された制服組トップのゲラシモフ参謀総長は「ロシアは西側諸国全体から敵対行為を受けている。前例のないレベルの軍事行動で最高司令官が定めた目標を成し遂げる」（ロシアの新聞「論拠と事実」電子版23年1月24日）と述べ、長期戦に本腰を入れ始めた。ジョイグ国防相はモスクワやサンクトペテルブルクに新軍管区を創設し、2026年までにロシア軍の定員を115万から150万人まで拡大する方針を発表した。単にウクライナだけを相手にするなら、そこまでは必要ない。経済制裁ブーメランで米欧の社会経済が疲弊しているのを見て取り、戦争長期化はロシアに必ずしも不利ではないと腰を据え始めたのである。その一方で米国の裏庭とされた中南米での外交活動を活発化し、ラブロフ外相が4月17日からブラジル、ベネズエラ、ニカラグアなど中南米諸国を歴訪し、20日にはフロリダ半島と指呼の間にあるキューバに入り、ディアスカネル大統領らと経済協力強化を確認した。中国とタイアップしながら、グローバルサウスから逆米国包囲網を構築していく戦略が透けて見える。

EUのウクライナ支援の足並みの乱れとマクロン訪中

ズルズルとウクライナ紛争が長引くと、ウクライナがイスラエル化し、欧州諸国がウクライナ支持強硬派と穏健派に分かれて対立し、「第二の中東化」する危険性が高まる。それを示唆するケースが20余年前にあった。いわゆる「ユーゴ紛争」（1991年～2001年）がそれで、ソ連崩壊の煽りでユーゴスラビア社会主義連邦共和国が内戦状態に陥り、NATO軍が国連決議も経ずに1999年に空爆を開始した。米国は人権保護の名目でコソボ自治州のアルバニア系武装組織を支援し、セルビア政府を圧迫してコソボ独立を既成事実化した。さらに、コソボに軍事基地を置いて東欧に睨みを利かし、NATO東方拡大をなし崩し的に進めた。あくまでもソ連崩壊後の米一極主義の下で可能であったことであり、米国にもはや往時の力はない。ウクライナ紛争は米主導の強引なNATO東方拡大の終わりの始まりであり、西方への揺れ戻しとなろう。その一つ、ロシアのベラルーシへの戦術核配備が、イスラエルとイランの核開発疑惑が中東情勢を複雑化させたような要因になろうとしている。プーチン大統領は3月に「連合国家」のベラルーシへの戦術核配備でルカシェンコ大統領と「合意した」と発表し、管理はあくまでもベラルーシ駐屯のロシア軍が行うとした。米国は「緊張を高める危険なものだ」（シャーマン国務副長官）と反発したが、自国はNATO5カ国に核を配備しており、矛盾している。バイデン大統領が沈黙しているのは逆手を取られたからであり、「核の傘」を提供してNATO諸国や日本などを従わせる持論の「拡大抑止」の実効性が具体的に問われることになる。

「第二の中東化」への危機感を抱き始めた西欧首脳は、中国の和平案に頼り始める。シンガポール、マレーシア、ブラジル首脳らが23年3月末から4月初旬にかけて相次いで訪中した流れに乗って、スペインのサンチェス首相が訪中（3月30～31日）し、続いてマクロン大統領が訪中（4月5～7日）した。プーチン大統領が「特別軍事作戦」を発令する直前まで事を対話で収めるべく米露首脳会談開催の仲介に奔走し、その内幕を知るマクロン大統領を習主席は国賓として歓迎し、中国各地を巡りながら率直に意見を交換した。「皆を交渉のテーブルに着かせるにはあなたが頼りだ」とマクロン大統領は和平案に賛同し、習主席を喜ばせた。お返しをはずみ、航空機160機の受注など各種30の協力協定を締結した。マクロン大統領はエアバス社など大挙帯同したフランス実業界の大物たちとの会合で、バイデン政権が進める先端半導体など中国との取引を禁じるデカップリングについて「狂気の沙汰だ」と言い切った。記録的な貿易赤字に苦しむフランスにとって中国人観光客が年間200万人以上と米国人観光客を上回る中国は最重要の得意先であり、フランスにおける経済的比重で米中はとうに逆転している。

マクロン大統領は帰路の機中、随行記者団のインタビューに応じ、EUは米中対立と距離を置き、「第三極」を目指すべきだと明言した。台湾問題についても「欧州は米中に追随すべきでない。自分たちとは関係のない世界の混乱や危機に巻き込まれるべきではない」（仏紙レゼコー電子版、4月9日）と米国と一線を画すことを明言した。米欧の一部から批判の声が上がるのは織り込み済みで、訪問先のオランダでの記者会見で「（米国の）同盟国であることは下僕（属国）になることではない。自分たちで考える」と一蹴した。40代の気鋭のフランス大統領は、バイデン大統領が一度は合意していたプーチン大統領との会談を土壇場でキャンセルさえしなかったら今日の事態は避けられたかもしれないとの思いを募らせていた。フランス国内では、フランス独自の路線で国際社会での発言力を高めたド・ゴール元大統領とマクロン大統領を重ね見て快哉《かいさい》を送る声が出ている。

マクロン大統領の歯に衣着せぬ発言は、ウクライナ・ショックで対米依存度を高めていたEUや西欧首脳が頭を冷やす清涼剤となった。訪中に同行したウルズラ・フォン・デア・ライエンEU委員長もそれまでの中国批判が嘘のように穏やかになる。習主席との会談で「EUはデカップリングとサプライチェーンの分断に全く賛同しておらず、中国側と交流や対話を強化する」と述べた。現代世界で最も勢いのある経済大国と無暗《むやみ》に争う愚かさを悟ったのであろう。欧州委員長ポストに転出するまでは西欧切っての親中派と知られたメルケル首相（在任2005年～21年）の秘蔵っ子として知られ、女性初のドイツ国防相に抜擢されて一時は後継者とまで目されていた。

前年の訪中（22年11月3～4日）で相互関係強化で習主席と合意していたショルツ独首相は、「ロシアを相手に戦争をしている」との致命的な失言で精彩を失っていたベーアボック外相を23年4月13日から訪中させた。社会民主党と連立した「緑の党」党首でもあるベーアボック外相はロシアのウクライナ侵攻を非難する国連安保理決議案に賛成しない中国に批判的であったが、秦剛外相との会談後の記者会見で「あすにも戦争を終わらせられる」と「停戦への習主席のイニシアチブ」に期待感を表明した。同月19日に独連邦議会（下院）で行った訪中報告では中国から「衝撃を超えるものを受けた」とし、「システミックな（全体の）ライバル」になりつつあると強力な体制競争相手という認識を示し、「中国はドイツ最大の貿易相手国だが、中国にとってドイツが最も重要な貿易相手国であることを意味しない」と、ドイツの4倍のGDPに急成長している中国との差を驚きをもって認めた。対露経済制裁ブーメランでマイナス成長に落ち込みつつある欧州の惨状と比較し、経済力以上の勢いの差を思い知らされたのである。その1週間後、「独中政府間協議がベルリンで6月20日に開催され、李強首相が参加する」とドイツ各紙が大きく報じた。メルケル政権下では2年に1回開催されていたが、ショルツ政権下では初である。

かくして欧州主要国は従米、追米とは一線を画し、欧州独自の利益と立場から停戦協議に臨む方向に舵を切った。ゼレンスキー政権への支援は予想されるロシアの「大攻勢」を阻止するレベルに留め、クリミア半島奪還は事実上、論外となった。親米派筆頭格のストルテンベルグ事務総長が開戦後初めてキーウに入り、ゼレンスキー大統領が会談（23年4月20日）でウクライナのNATO即時加盟を改めて要請したが、「ウクライナの勝利を確実にすることが重要課題だ」と注文を付け、7月にリトアニアで開かれるNATO首脳会議で「重要な議題になるだろう」と先送りした。即時加盟論の急先鋒であったNATO事務総長もノルウェー首相在職当時からEUを主導する独仏の役割は熟知しており、両国首脳の意向に抗うことはできない。

ウクライナへの武器支援でも米欧の足並みは乱れる。23年1月20日、ドイツ西部のラムシュタイン米空軍基地でウクライナ支援国会合が開かれた。22年4月から米国主導で開催されてきた支援国会合は今回で11回目となり、米欧など約50カ国の国防相らが参加したが、ゼレンスキー大統領が切望したF16などの戦闘機供与は否定され、地対空ミサイルなど防空能力強化策が取り上げられた。また、ゼレンスキー大統領は洗車300～500両を求めたが、米国が渋り、ドイツの主力戦車「レオパルト2」支援もドイツの反対で見送られた。「レオパルト2」は欧州十数カ国が約2千両保有しており、その数分の一でもウクライナに供与すれば戦況に小さからぬ影響を与えることが期待されたが、製造国ドイツの承認がなければ他の保有国は供与できない。ポーランドやバルト三国、スロバキアなどロシアの脅威に怯える東欧諸国がゼレンスキー政権の要求に応えようと積極的に動き、デンマークとオランダの国防省が「レオパルト2」合わせて14両供与の意向を示したが、ドイツのピストリウス国防相はすでにウクライナに供与されている少数の「レオパルト2」修理の拠点をポーランドに設置する方針だけ示した。（その後、同月26日に「レオパルト2」14両だけ供与することを発表した）

バイデン大統領は新型戦車や戦闘機供与に関しては欧州諸国の議論を見守った。ウクライナ支援を体よく欧州に肩代わりさせ、徐々にウクライナから手を引く腹積もりなのである。ニューヨーク・タイムズ（電子版4月24日）が米当局者の話として、「米国とNATO軍が訓練し、火器、弾薬を与えた約5万のウクライナ軍が早ければ5月にもアゾフ海沿岸を含むウクライナ南部奪回作戦を始めるが、それが成功しない場合、米欧諸国はウクライナ支援を減少させ、紛争凍結、終了に向けてロシアと交渉するよう圧力がかかる可能性がある」と報じた。バイデンがゼレンスキーに与えた事実上、最後のチャンスである。バイデンは24年の大統領選挙出馬を表明したが、23年4月中旬の世論調査（AP通信）でも民主党支持者の52％が再選を望んでいない。実績として評価されるのは「先の大統領選挙でトランプ氏に勝てた」のみであり、ウクライナ政策に足を引っ張られている限り、再選の道は遠のくばかりである。

「米国の下僕」筆頭格に浮上する岸田日本——ブレーキの利かない軍拡路線

米欧社会の空気を読み違え、仏独などに代って「米国の下僕（属国）」筆頭格に急浮上しているのが岸田首相である。日本軍国主義の象徴とみなされる靖国神社に真榊《まさかき》を奉納して、バイデン大統領が「米日韓三角同盟」の一翼と期待する韓国の尹錫悦《ユンソギョル》政権からも「侵略戦争を美化し、戦犯を合祀《ごうし》した靖国神社に奉納したことに深い失望と遺憾を表明する」と批判されたが、日韓の溝は深い。疑似宗教的な日本型ナショナリズムは隣国も理解し難い。

岸田首相は23年のG7議長国となり、一世一代の晴れ舞台と興奮を押さえられない。新年早々欧州に飛んでG7各国首脳と挨拶を交わした後に訪米し、バイデン大統領との会談（1月13日）で「安保改訂三文書」を手柄話のように伝え、日米共同声明（1月14日）で「日米両首脳が日本の反撃能力（敵基地攻撃能力）の開発、運用について協力を強化することを関係閣僚に指示した」と確認し合った。日本独自のウクライナ支援策についても伝えたが、ウクライナ支援の肩代わり先を物色中のバイデンの掌の上で踊っているようなものである。手土産代わりに「敵基地攻撃能力」の決め手と頼む巡航ミサイル「トマホーク」の売却情報を耳打ちされたのであろう、帰国後の記者会見で「日米同盟の強化」と胸を張った。

中国側の反応は一段と先鋭化している。「安保改訂三文書」が閣議決定された当日の22年12月16日、「遼寧」を中心とする中国空母打撃群が沖縄本島と宮古島の間を抜け、太平洋で冬季遠洋訓練と称する「南西諸島攻撃訓練」を実施していたが、これは習近平主席直々の指示によるものであった。読売新聞（同月22日電子版）は「中国政府関係者」の話として、「習近平主席が日本政府の『安保三文書』の閣議決定に時期を合わせて訓練を実施するように指示した」と伝えた。また、「米国防総省は『敵（日本）に対する先制攻撃を伴う可能性がある』と指摘している」とも報じた。ウクライナ戦争前夜の米露諜報戦に似た米中諜報戦が熾烈化していることをうかがわせるが、一方向しか見ていない岸田首相の耳には届かない。

G7首脳としてただ一人キーウを訪問していないことを気にしていた岸田首相は、その機会をうかがっていた。東京都内でのシンポジウムでの来賓挨拶（23年2月20日）で「ウクライナに対する55億ドル（約7370億円）の追加財政支援を実施する」と唐突に表明した。「防衛費倍増」計画も大増税か福祉・年金関連予算カットかと国論が割れて財源確保の目処が立たず、苦肉の策の別財布として複数年度にまたがる「防衛力強化資金」を新設する財源確保法案を審議中である。円安時の為替介入に備える外国為替特別会計剰余金3・1兆円などの税外収入を転用しようというものであるが、円安が収まらない中、自ら首を絞めることになりかねない。しかるに当人は胸に秘めたキーウ訪問計画に熱くなり、1週間後の衆院予算委員会では立憲民主党議員との質疑で極秘事項を明かす。「トマホーク」の購入数を「400発」と明言したのだ。23年度予算案にトマホーク取得費用として2113億円が計上されていたが、購入数は「継戦能力が明らかになってしまう」と伏せられていた。「米議会の（承認）プロセスの一環として売却可能性のある最大数量が公表されることを踏まえた」とバイデン大統領から耳打ちされた情報を披瀝した。

身の丈に合わない岸田首相の大判振る舞いは、財政危機を呼び寄せている。資源小国の日本は対露経済制裁ブーメランの最大の被害者となろうとしており、22年の日本の貿易赤字は過去最大の21・7兆円に達し、23年も膨れ上がっている。自動車メーカーや商社の海外子会社からの配当による所得で22年の経常収支は11兆円超の黒字だが、それも前年から半減し、赤字転落もありうる。皮肉なことに、頼みの綱は対中貿易である。日本の対中貿易収支は2021年に約2000億ドル、過去最高の2010年に次ぐ黒字となり、5年連続の黒字となった。バイデン政権の対中デカップリング政策に追随してそれを自ら失おうとするなら、正気の沙汰ではない。岸田首相は外相時代の2016年に訪中したが、訪中前のEU首脳らがそうであったように中国の実情がよく見えておらず、日本が置かれた状況も客観的に見れないのである。

財政破綻が先か「日本有事」が先か神のみぞ知るが、岸田政権の防衛政策はいかにも場当たり的でちぐはぐ感が否めない。完了年限を策定から5年後の2027年とする「防衛費倍増」計画はその最たるもので、「中国が2025年に台湾に侵攻」と予測する米空軍の〝ミニハン内部メモ〟の事態にはとうてい間に合わない。それに気付いたのか防衛省がバタバタと動き出し、防衛大出身者以外の初の統合幕僚長就任内定と話題を集めた吉田圭秀陸上幕僚長が記者会見（23年3月16日）で「我々の方針が決まったところで地元と調整」と国産ミサイルの新規配置計画を明かした。各紙報道を総合すると、「12式地対艦誘導弾の能力を射程1千キロ超に向上させて2023年度から量産し、26年度には沖縄本島等全国7カ所のスタンド・オブ・

ミサイル部隊に配置する」という。不甲斐ない官邸を差し置いて、防衛省がなし崩し的に軍拡に走っているとの見方は穿ち過ぎとばかりは言えない。日米合同委員会が首相官邸の頭越しで動きだしている。

日本軍国主義に侵略された記憶が強烈に残る周辺国は自ずと敏感になる。とりわけ日本軍国主義の最大の被害者であった中国の日本への視線は日を追うごとに厳しくなっている。中国の国会にあたる全国人民代表大会（23年3月5日）で「中国を抑圧して封じ込めようとする外部の試みがエスカレートしている」（李克強《りこくきょう》首相政府活動報告）と対抗策の必要性が強調された。西欧帝国主義列強や日本軍国主義に蹂躙《じゅうりん》された100年前の中国と異なり、米中GDP逆転が視野に入った経済力を土台にした中国の軍事力は圧倒的である。採択された23年度の国防予算だけ見ても、前年比7・2％増の1兆5537億元（約30兆5500億円）と日本の防衛費の5〜6倍である。しかし、経済規模が日本の3倍強なので、GDPに占める比率はそれほどの差はない。つまり、今後とも増大する余力が十二分にあるということになる。空母としては「遼寧」「山東」に続く3隻目の8万トンの最新空母「福建」が年内就役を目指して推進性能試験を実施中であり、4隻目の原子力空母就航もそう遠くない。習主席は「世界一流の軍隊」を目指すが、米国を追い越すという意味であり、日本は逆立ちしても太刀打ちできない。岸田首相が泰然としているのは米国の軍事力を信じ切っているからであるが、それこそ現下の日本最大のリスクである。債務上限問題は米国の国防費にも大きな影響を及ぼし、「世界の警察」は有名無実化している。現時点でもアジアに限れば、ロシアと対峙するNATO方面に戦略物資の多くを割かれる米軍は中国軍に比して兵力、装備両面でかなり劣ると、ほかでもない米軍部が内部文書で分析している。

日本周辺での軍事衝突のリスクと中露による「対日特別作戦」

ウクライナ戦争の影響で日本でも防衛意識が高まっているが、日本を再び悲惨な戦場にしたいものはいない。それだけにちょっと耳に聞こえの良い「自衛」「抑止力」に人々は飛びつきがちだが、それが逆にリスクを高めることにはなかなか考えが及ばない。その裏で「日本有事」がまた一歩、いや、数歩近づいている。それがあわや勃発したかもしれない異常事態が、マクロン大統領機が北京を飛び立った直後、石垣島、宮古島、与那国島など沖縄南端の八重山諸島で生じた。

それは23年4月6日、宮古島沖で陸上自衛隊第8師団長ら10人が搭乗していたUH60JA多用途へリコプターが突然レーダーから消え、行方不明となったとのニュースから始まった。日中の緊張が高まっている地域であるため人々はもしやもしやと不安を募らせていたが、台湾と東シナ海方面を管轄する中国人民解放軍東部戦区が、その2日後の8日から10日まで台湾周辺で軍事演習やパトロールを行うと発表した。前年夏の「重要軍事演習」の再現となるが、表向きの理由は4月6日に蔡英文台湾総統がマッカーシー米下院議長とロサンゼルス郊外で会談したことへの対抗措置である。ただ、蔡英文総統は「中国と対立すべきでない」との台湾内の声を無視できなくなり、訪台を打診してきたマッカーシー下院議長を慰留し、南米でただ一つ台湾と外交関係を有するパラグアイ訪問の帰途にカリフォルニア州に立ち寄って会うことを求め、「マッカーシー議長も中国への過度な刺激を避けるため応じた」（フィナンシャル・タイムズ4月6日）経緯がある。中国側も台湾を過度に刺激しない配慮を見せており、演習には別の秘めた目的があったと見られる。

中国海事当局は、台湾の対岸にある福建省の近海で8日から20日にかけて断続的に実弾射撃訓練が行われると発表し、船舶の航行を禁じた。台湾海峡の自由航行を主張し、台湾有事を喧伝する米日を牽制したのであるが、読売新聞によると、その実弾射撃訓練初日の8日午後3時10分過ぎ、宮古島の航空管制から下地島空港管理事務所に「米軍が緊急着陸する」と連絡が入り、米軍F16戦闘機2機が緊急着陸した。訓練目的の使用を禁じる沖縄県との取り決めに反するが、一体如何なる事態が起きたのか？　行方不明の自衛隊ヘリとの関連は？

各紙報道を総合すると、行方不明になった自衛隊ヘリには任命されて5日目の第8師団長が乗っていたが、駐屯地の熊本市から遠く、管轄外である宮古島地域への偵察飛行に及んだ理由は国会でも明らかにされていない。自衛隊陸上幕僚長が記者会見（4月20日）で「宮古警備隊長がヘリに同乗」と明かした事実から推して、墜落した自衛隊機は八重山諸島周辺で活発化する中国軍の動向を探ろうとしたと考えられる。自民党安全保障調査会の木原稔幹事長は「機動師団として南西諸島に展開することは想定できた」（琉球新報4月19日）と理解を示すが、中国側には重大な挑発と映る。

ヘリが墜落する前日の4月5日午後6時ごろ、海上自衛隊は日本最南端の有人島である波照間島の南約300キロの海域を東へ進む中国初の国産空母「山東」とフリゲート艦、高速戦闘支援艦の計3隻を確認し、海自護衛艦「さわぎり」が警戒監視、情報収集を行った。さらに翌日、『山東』艦隊が台湾東岸からバシー海峡を抜け、沖縄南方の太平洋上を航行するのを確認」と発表したが、「山東」艦隊の太平洋上での動向を確認、公表したのは今回が初めてとなる。自衛隊ヘリがレーダーから消えたのはその前後の6日午後5時過ぎであった。日本のSNSでは「中国による撃墜」説が飛び交ったが、「黒煙500メートル、水しぶきも伊良部島でサーファーが目撃」と沖縄タイムスが伝えており、事故であった確率はほぼ100％である。仮に「撃墜」であったなら、中国側は隠すこともなく、そのまま「対日特別軍事作戦」に移行したであろう。その事故2日後の米軍戦闘機2機の下地島空港への無断緊急着陸は同地域で中国軍と米軍、自衛隊の艦艇と戦闘機が入り乱れて接触する超異常状態が醸されていたことを物語る。

中国が問題視したのは自衛隊の大々的な「捜索活動」である。7日夕方からの海上保安本部（那覇市）の巡視船4隻、ヘリ1機の捜索活動はまだしも、翌8日に防衛省が海空自衛隊の航空機6機、海自艦3隻、陸上自衛隊員約270人を出動させ、尖閣（釣魚島）諸島を含む八重山諸島周辺で活動させたが、中国側には「重大な挑発行為」と映る。同日に中国の軍事演習が開始され、早朝午前6時から中国軍機延べ71機、艦艇9隻が出動した。米軍機2機が下地島空港に緊急着陸したのも同日である。

一般の日本国民には驚くべき危険な状態に映るが、実は常態化している。防衛省は4月17日、宮古島南からフィリピン海上の小笠原諸島の孤島・沖ノ鳥島南東沖の海域まで航行した「山東」艦隊が「10～16日に艦載戦闘機やヘリコプターの離発着を計約210回行い、確認した離発着の回数は7日以降で計約330回となった」と発表した。前年5月にも「中国海軍の空母『遼寧』など艦艇8隻が沖縄本島と宮古島の間の宮古海峡を抜けて太平洋へ出た」と発表したが、今や中国は「山東」を加えた空母二隻体制でいわゆる第一列島線を超えた第二列島線で軍事作戦を展開していることになる。因みに、第一列島線は九州を起点に、沖縄、台湾、フィリピン、ボルネオ島にいたるライン、第二列島線は伊豆諸島を起点に小笠原諸島、グアム、サイパンに至るラインであるが、いずれも中国が公式にアナウンスした指針ではなく、あくまでも米国が中国封じ込めのために中国軍の内部情報を収集して作成した戦略ラインでしかない。米日は中国がそれを超えると「武力介入の危険性あり」と脅威を喧伝するが、中国からすれば太平洋の彼方からやってきて居座り、勝手に線引きする米国にいつまでもああだこうだと言われる筋合いはないとなる。

要するに、東シナ海から沖縄南方海上にかけて中国軍、米軍、自衛隊が入り混じり、偶発的な衝突の危険性が限りなく高まっている。だが、日本国民はほとんど知らされていない。メディアもろくに報じないが、「平和ボケ」か「軍拡ボケ」かはともかく、米国に任せておけば安心という対米依存心による認知バイアスが実態を見えなくさせている。しかし、天とも頼む米国では、下院軍事委員会における米インド太平洋軍司令官指名承認公聴会（4月18日）でアキリーノ新司令官が「中国による台湾侵攻の可能性は大多数の人が考えるよりもずっと間近に迫っている。抑止が失敗した場合には戦って勝利する責任を担っている」と証言した。対中の第一線の米インド太平洋軍司令官が「抑止失敗」に言及したのは恐らく初めてであろうが、この証言は中国だけを念頭に置き、もう一人の「強敵」を見落としている。戦略戦術としては致命的であり、「戦って勝利する」ことは根本的に不可能である。

アキリーノ証言の2日後、ロシア国防省はウラジオストクを拠点とする太平洋艦隊の大規模訓練が終了したと発表し、訓練期間中、サハリン島や「北方4島」への上陸撃退演習を実施したことを明らかにしたが、日本への明らさまな警告である。ショイグ国防相はその演習について前週（4月14日）、「仮想敵による海洋からの侵略阻止」だと予告していた。18日から行われた訓練では核兵器搭載可能な長距離戦略爆撃機ツポレフ95ＭＳと超音速戦略爆撃機ツポレフ22Ｍ3が参加し、カムチャツカ半島とクリール諸島（千島列島）に配備されている新型地対艦ミサイル「バル」や「バスチオン」の発射訓練も行われた。それらは中国との密接な協議の下で行われており、事実、プーチン大統領は同月16日にモスクワを訪れた中国の李尚福《りしょうふく》・国務委員兼国防部部長と会談し、中露の軍事協力が「両国間の戦略的関係と信頼を強化している」と満足気に述べ、李国防部部長も「世界に中露関係発展の高い水準と両国軍の戦略的協力強化への固い決意を示している。中露軍事協力は冷戦時代よりも強固になった」と応じた。その後、ショイグ国防大臣との会談で李国防部部長は「両軍の戦略的な意思疎通をさらに緊密にする」と踏み込んだ。外交世界では謀《はかりごと》は密なるを良しとし、全てが表に出るわけではないが、状況や声明の行間から中露が「対日特別作戦」のタイミングを測り始めたことが読めてくる。

日米合同委員会を後ろ盾に防衛政策を引っ張り始めた防衛省は潜水艦発射の長距離ミサイル開発計画を発表（4月11日）したが、火に油を注ぐ愚策である。中国軍が切り札とする中距離弾道弾を封じる武器を「敵」が保持するのを傍観するなど軍略上ありえない。日本攻撃へのカウントダウンを早めるだけである。柳条湖事件から始まる日中戦争（1931年〜45年）で日本軍の奇襲攻撃に苦しめられた記憶があるだけに先制的な「対日特別作戦」が現実味を帯びるが、それを知ってか知らずか、現場では偶発的な衝突の危険性が高まっている。中国軍は東シナ海で無人機の運用を急増させ、領有権を主張する釣魚島（尖閣諸島）上空に飛来するが、その都度、自衛隊機が緊急発進し、その数は21年8月以降は18回と急増している。「日本は領空侵犯時の武器使用基準を緩和するなど、対策強化に乗り出した」（23年2月27日読売新聞オンライン）。それが事実なら、中国側も当然そうするであろうし、偶発的な衝突が起こる可能性が一段と高まる。日中間にはホットラインがあっても機能していないため、偶発的な衝突が直ちに全面戦に発展する危険性が高い。習近平主席が「戦争の危機に備えよ」と訓示したのは20年12月の中央軍事委員会拡大会議の場である。「西側諸国は必然的な衰退局面に入った」とし、「局部的な戦乱」に対処するよう求めた。同指示は内部文献として党・軍幹部の教材に使用されている。「極限思考」とも称され、23年7月の東部戦区に対する「戦いを恐れるな」との檄はその具体化と言える。プーチン大統領がウクライナへの「特別軍事作戦」を発令する直前の状況を彷彿させるものがある。

Jアラートとともに始まった日本の軍拡

中国人民解放軍東部戦区による軍事演習直後の4月13日午前8時頃、八重山諸島と遠く離れた北海道全域に、戦時中の空襲警報のようなけたたましい警報が鳴り響いた。「北朝鮮の弾道ミサイルが北海道周辺に落下する可能性がある」として全国瞬時警報システム（Jアラート）が発令され、通勤、通学途上の人々が地下壕ならぬ地下鉄駅に避難した。ミサイルの軌道をレーダーで見失った防衛省の誤報であったのだが、尾ひれがつく。朝鮮中央通信によると、新型の固体燃料を使用した3段式の長距離弾道ミサイル「火星18」が発射され、分離された第1段ロケットは北朝鮮南東部の10キロの海上に、第2段ロケットは北東部335キロの公海上にそれぞれ計算通りに落下した。北朝鮮は米国の「拡大抑止」を「核脅迫」と反発して長距離核ミサイルの完成を急ぎ、昨年だけでも70数回の各種ミサイル実験を行った。金正恩労働党総書記は『火星18型』の開発は我々の戦略的抑止力と核反撃態勢を急進展させる」と成果を誇示した。

その6日後、朝鮮中央通信は「金正恩総書記が軍事偵察衛星を計画期間内に発射するよう指示した」と予告する。以前はあった米国への警戒感や恐れが全くない。旧態依然としているのは日本側で、松野博一官房長官が同日、「衛星と称したとしても、弾道ミサイル技術を使用した発射を強行すれば安保理決議違反だ」と反発した。さらに、誤報で恥をかいた浜田靖一防衛相が記者会見で「日本領域に落下する事態に備え、破壊準備措置命令を発出し、石垣島などへのPAC3部隊配備を急ぐ」（4月22日）とまくし立てた。北朝鮮は軍事偵察衛星の発射方向や期日を明らかにしていない。何故、イージス・アショアを配備しようとした秋田でもなく、北海道と最も遠い八重山諸島なのかと問われ、過去4度の衛星打ち上げで直近の3度は南方向に発射し、「沖縄方向に発射される可能性がある」と述べ、記者団は呆気にとられた。

誰の耳にも取って付けたと響く強引な説明であり、中国は「また北朝鮮を口実にした」と受け取るであろう。那覇基地などにすでに配備されたPAC3対空網の強化であり、中国への露骨な挑発である。はたしてその1週間後、3月に着任したばかりの呉江浩駐日中国大使が初の記者会見を持ち、中日関係は発展か対立かの「重大な岐路に立っている」と重大な警告をした。「台湾有事は日本有事」は「荒唐無稽」と切り捨て、「日本の民衆が火の中に引きずり込まれる」と述べた。日中国交正常化後なかった激しい対日批判であるが、「中国は日本を敵扱いしたくない」と岸田首相にいわば最後の下駄を預けた。中国は、G7は一枚岩ではなく、ウクライナ和平案に歩み寄る独仏伊の自主派と米国「下僕」連合の米日加の二つに割れていると考え、日本に矛先を向けている。中国伝統の遠交近攻である。

一事が万事である。日本の憲法9条無視の軍拡は2007年から始まったJアラートが鳴るたびに暴走してきた。それを遡及的に解きほぐさないと、状況打開は極めて難しい。岸田首相がウクライナ戦争から汲むべき教訓があるとしたら、外交失敗で国民を地獄に落としたゼレンスキー大統領の前轍を踏まないことである。悠長に構えていられる時間はそれほど残されていない。

第二章　「日米同盟の抑止力」という古びた幻想

中距離ミサイルを保有しないアメリカ——米ソＩＮＦ条約締結の裏で力を付けた中国

安全保障政策の基本中の基本は「敵」を正確に認識することであり、後はほとんど心理学であるが、日本はそれが危うい。親米集団認知バイアスが認められる。岸田首相が核廃絶を掲げた「広島ビジョン」で核抑止論を認めたのも、「台湾有事は日本有事」と中国に対抗心を剥き出しにするのも「日米同盟の抑止力」、すなわち米国の拡大抑止力を信じているからである。だが、中国に米国への畏怖がなく、報復への恐怖や不安にもたじろぐことがないとしたら、非現実的な妄想でしかなく、多くの国民の生命、財産を危険に晒す無謀な冒険でしかない。ウクライナ戦争、さらに２０２２年の中国の「重要軍事演習」や今年（２３年）の「気球撃墜事件」は、それを固唾《かたず》を飲んで見守っていた世界に米国の「抑止力」の陰りをハッキリと示したはずであるが、日本は例外に属する。

米国の軍事力には、軍縮の陥穽とも言うべき構造的弱点があることが分かっている。バイデン大統領が切り札としてきた拡大抑止とは、同盟国が他国に攻撃を受けた場合に反撃する意図を明示することで攻撃を思いとどまらせることを意味するが、それが実効性を有するのはソ連崩壊で一極となった米国の圧倒的な力があってこそである。しかし、中国の急台頭で米国の絶対的優位は揺らぎ始めた。どういうことかというと、米国はブッシュ（親）政権の時代に冷戦終結に対応して短距離、中距離の地上発射核ミサイルを破棄し、現在もほとんど保有していない。だが、その間、中国は地域紛争の勝敗を決する多数の短距離、中距離ミサイルを保有することになった。それに気付いたトランプ大統領（当時）は2018年8月に「核戦略体制の見直し」（NPR）を発表し、潜水艦や海上艦艇に搭載する海上発射核巡航ミサイル（SLCM-N）の開発を決めた。同ミサイルは地域紛争用の戦術核弾頭搭載可能とされ、その前年の実務レベルの「日米拡大抑止協議」で北朝鮮のICBM開発に対抗するものとして日本側がそれを強く求めていた。

だが、バイデン大統領は昨年（2022年）10月に発表した「核戦略体制の見直し（NPR）」でSLCM-Nの開発中止を決めた。同政権高官は「たとえ開発しても実戦配備は2030年代になり、目前の必要性を満たせない」とトランプ前政権の政策の非現実性を批判したが、プーチン大統領のNATO諸国に対する〝核脅迫〟に対応する「拡大抑止」を優先させたのが本音であろう。新NPRは「他国の核使用を抑止することを唯一の目的とする」とした従来の姿勢から「米国やその同盟国が究極の状況に置かれた場合には核攻撃をも考慮する」と転換したのだが、それはNATOに駆け込み加盟したフィンランド、「台湾有事」に構える日本などを安心させようとしたものだ。だが、中露がかつての中ソ同盟をバージョンアップした同盟関係へと動くにつれ、米国は長距離弾道弾でロシアに劣り、短距離、中距離弾道弾で中国に劣る構造的弱点を抱えた。米国の「拡大抑止力」は大幅に低下し、二正面作戦ができない弱点をもろに晒している。

ロシア軍がウクライナで苦戦している原因の一つも、短距離・中距離ミサイルの不足にある。ゴルバチョフ・ソ連（ロシア）共産党書記長とレーガン米大統領が１９８７年に中距離核戦力（ＩＮＦ）全廃で合意し、両国は射程５００キロから５５００キロまでの地上発射型の弾道ミサイルと巡航ミサイルを廃棄した。その制限外の中国の軍拡に危機を覚えたトランプ政権が２０１９年８月に中距離核戦力全廃条約を失効させた。トランプ前大統領を「無謀」と批判したバイデン大統領はやがてロシア軍の意外な弱点を見せ付けられ、中国に対して米国も同じ弱点を抱えていることを思い知らされる。

さらに言えば、米国が北朝鮮のミサイル開発に神経質に反応してきた理由もＩＮＦ全廃の矛盾を突かれたことにある。超大国の思惑に左右されない「自主国防」を追い求めた文在寅《ムンジェイン》大統領（当時）はその矛盾に気付く。そして、２０２１年５月にバイデン大統領との首脳会談で「韓米ミサイル指針」を撤廃し、射程８００キロを超える中・長距離弾道ミサイル開発を認めさせた。駐韓米軍基地撤去運動など韓国に根強い反米感情をバイデン大統領は無視できなかったのである。岸田政権は遅ればせながら日本独自の中距離弾道弾開発に乗り出したが、「敵基地攻撃能力」と本音を性急に出したため、ターゲット視される羽目になった。

「台湾有事」は「バイデン有事」――米日の干渉排除に的を絞る中国

そもそも「台湾有事」はバイデン政権が「ウクライナ危機」と前後して描いた策略であり、〝バイデン有事〟と言い換えられる。その火付け役がバイデン大統領就任直後に任命されたアキリーノ太平洋艦隊司令官であり、上院軍事委員会の指名承認公聴会（2021年3月23日）での証言で「中国による台湾侵攻が大多数の人たちが考えるよりも非常に間近に迫っている。中国共産党が米軍を地域から排除することを目的とした能力を向上させている」と訴えている。中国による台湾侵攻＝「台湾有事」を喧伝し、トランプ前政権が駐留費引上げで日韓と揉めた米軍撤退問題を鎮静化させようとしたのである。

その約1カ月後、菅義偉首相（当時）がバイデン大統領との共同声明で「自由で開かれたインド太平洋を形作る日米同盟」と米軍の役割を持ち上げ、コロナ対策の不手際で辞任に追い込まれながら自民党最大派閥の領袖として発言権を回復させていた安倍元首相が「台湾有事は日本有事」と自衛隊の積極関与を促した。それを無批判に継承発展させたのが岸田首相となる。バイデン大統領にはあわよくば中国版カラー革命を誘発する一環として台湾の独立派に梃《てこ》入れする政治的目的があり、また、世界最大の専業半導体ファンドリーである台湾のＴＳＭＣを確保し、米国が失った世界半導体市場の主導権を取り戻す実利的な狙いもある。

しかし、「台湾有事」は現実的根拠を失いつつある。「重要軍事演習」終了日（22年8月10日）、「一国二制度」を支持する最大野党の国民党の副主席ら幹部数人が蔡政権の勧告を無視して中国を訪問したように、蔡英文総統が台湾の民意を代表しているわけではない。実際、「重要軍事演習」は台湾世論を変えつつある。「台湾民意基金会」の世論調査（22年8月16日）はペロシ訪台支持が「52・9％」に止まり、蔡英文総統への批判が高まっていることを示した。先住系本省人の過激な台湾ナショナリズムの危険性に、蔣介石の国民党軍と共に大陸から移住した外省人と漢族系本省人が気付き始めたのである。日米からの委託生産が多い半導体の主要な生産拠点が中国国内にある台湾経済の実態を踏まえた現実的な選択とも言える。22年11月の統一地方選では与党が惨敗し、蔡英文総統は民進党主席辞任に追いやられた。

中国は「両岸関係の平和的発展と平和的統一」という原則的な立場から、先の地方選挙で圧勝した対中融和派の国民党政権誕生を見据えた和平攻勢をかける。夏立言《かりつげん》国民党副主席が23年2月に訪中したのがその第1波で、中国共産党序列4位の王滬寧《おうこねい》・政治局常務委員が会談（10日）したが、国民党側の発表によると、「台湾同胞と団結し、祖国統一と民族復興の歴史的大業を共に成し遂げる。台湾独立勢力と外部勢力の干渉に断固反対する」との呼びかけに、「両岸（中台）の交流と平和を促進し、発展と繁栄の最良のバランスを見つける」と肯定的に応じた。

極め付きは、台湾総統として初となる国民党の馬英九《ばえいきゅう》前総統の訪中（3月27日～4月7日）である。馬前総統は先祖の墓参りや侵華日軍南京大屠殺遇難同胞紀念館（南京大虐殺記念館）見学などを重ね、中国の台湾政策トップの宋濤《そうとう》・国務院台湾事務弁公室主任と会談し、「両岸の人々は同じ中華民族だ」と確認しあった。訪中を終えて戻った台湾の空港では「一つの中国」の原則を声高に述べ、「現政権は台湾を危険な状態に導いている」と蔡英文政権の台湾独立路線を真っ向から批判した。

中国内外が注視する24年1月の台湾総統選は与党民進党と野党国民党の大接戦と見られている。与党は頼清徳《らいせいとく》副総統を公認候補とするが、野党は統一候補を模索中で、国民党は世論に人気の侯友宜《こうゆうぎ》・新北市長が最有力である。鍵となるのが野党候補一本化であるが、第三勢力の民衆党主席の柯文哲《かぶんてつ》前台北市長を国民党は取り込もうと動いている。EMS（電子機器の受託製造サービス）世界最大手で、ファウンドリー（半導体の受託製造）世界大手のTSMCと並ぶ台湾2大企業の一つである鴻海《ホンハイ》精密工業創業者の郭台銘《かくたいめい》も「中国は戦争を望んでいないが、独立を目指せば戦争になる。私が総統になれば攻撃しない」と国民党候補指名獲得を目指して動いている。ダークホースが史上最年少で台北市長に当選した国民党初代総統・蒋介石の曾孫となる40代の蒋万安《しょうばんあん》新市長で、過去の総統選の勝敗を左右してきた3割近い無党派層が熱い視線を注ぐ。

中国は「中国を封じ込めようとする外部」が台湾独立を煽る主要因と認識し、「断固とした措置を取る」（李強《りきょう》首相報告）と宣言した。外部の主要因とは米国と日本であるが、次第に日本に絞られている。バイデン大統領の台湾関与の姿勢は岸田首相が思っているほど強固ではない。台湾独立派退潮で介入の名分を失い、中国の「内政干渉」批判に抗えなくなっているのである。バイデン政権が日本の防衛力増強を求めるのは、NATOがそうであるように米国の力の低下を補充するのが主目的である。それだけに冷徹な計算が潜んでいることも看過できない。

「台湾有事」に対する米日の認識には、当初から認識上の齟齬があった。尖閣諸島（釣魚島）

領有問題がそれである。日本は一方的に国有化宣言（２０１２年9月11日）したが、米政府は日本政府の再三の求めにも関わらず領有権を認めたことは一度もなく、現状維持の見地から「日米安保条約第5条の適用範囲」と言及するのみである。岸田首相が「日米同盟の深化」を強調するのは尖閣諸島の領有権を認めてもらいたい願望があるが、世界地図にも載らないちっぽけな無人島になぜそこまでこだわるのか。海底資源も一因だが、「日本固有の領土」と「約束の地」のように神聖化する日本会議など疑似宗教的なナショナリズム集団の影響を無視できない。岸田首相は「北方4島」も「日本固有の領土」と再宣言しており、「東洋のゼレンスキー」と言われるのは当たっているかもしれない。

「台湾有事は日本有事」との発想にも、台湾島への歴史的な執着が認められる。日本の右翼・保守層が、「大日本帝国」が50年ほど植民地支配した台湾に対して郷愁以上のものを感じていることは秘密でも何でもない。

中国の辺境とされた台湾島には原住民がいるが、大航海時代の17世紀にオランダが統治し、明朝再興派の鄭成功《ていせいこう》がオランダを駆逐して東寧《とうねい》王国を立て、のちに清王朝が併合した。その島を日本が日清戦争で植民地とし、台湾総督府を置いて南洋への戦略的な拠点とした。日本降伏後、国共内戦で敗れた蔣介石軍が大陸反攻への拠点として中華民国を樹立し、米国と同盟して北京の共産党政権と対峙したが、米中国交正常化（１９７９年）で梯子を外される。やがて原住民＝本省人系初の総統に李登輝《りとうき》が選ばれてから台湾人のアイデンティティや独立問題が燻《くすぶ》り始める。だが、原住民系は人口の２％程度でしかなく、明代から渡ってきた漢族、とりわけ蒋介石軍に従って渡台した外省人は本土志向が強い。「(国民党軍が母体となった)台湾軍はそれでも中国が好きだと郷愁を抱く外省人が9割を占め、独立という発想自体が乏しい。米国が台湾軍への最新武器供与を控えてきたのも、大陸に流れ、軍事技術が漏洩するのを恐れたからであった」(日本経済新聞23年2月28日付)。

国連憲章「旧敵国条項」による対日軍事制裁の名分とは

台湾原住民であるパイワン族を祖母とする本省人系の蔡英文政権になってから独立論が急速に高まったが、北京はその主因を日本の影響に見ている。日本の右翼勢力や同系の日本紙誌が以前から台湾独立派の主張を繰り返し取り上げ、日台世論に影響を与えてきたことは周知のことである。それらは日本の台湾統治を「近代化」と正当化し、最近は「民主化」支援の声に衣替えして支持を広げている。そうした経緯をつぶさに見てきた中国は、台湾独立運動を日本が背後で糸を引いているとみなし、中国共産党機関紙である人民日報傘下の海外ニュース専門タブロイド紙の環球時報(23年1月10日)が「G7でも日本の反中的姿勢は際立っており、ワシントンに従属する立場でもない。かつて日本が道を誤り、アジアにもたらした災難を想起させる」と日米の矛盾を穿つ対日批判を展開している。日中戦争時に南京に立てられた親日派の汪兆銘《おうちょうめい》傀儡政権に重ね見て、日本の領土的野心を疑い、一線を超えたと激しく怒っているのが行間に読み取れる。中国が不倶戴天の敵と見なしてきた日本軍国主義復活を座視することはありえないことであり、日本の「敵基地攻撃能力」保有を除去する予防的な軍事作戦に踏み切ることは論理的必然性がある。

バイデン大統領はそれをどう受け止めるであろうか。「リメンバー、パールハーバー」の戦中派であるだけに、さすがに日本軍国主義復活には抵抗感があるし、「原爆の父」と呼ばれる物理学者を主人公にした映画「オッペンハイマー」が封切られるや否や大ヒットしている米国世論も米国の生存を賭けて支援する価値が日本にあるのかと紛糾するだろう。ポスト冷戦はアメリカ同時多発テロ事件（２００１年9月11日）から始まったと言っても過言ではないが、爆破された旧ワールドトレードセンタービルの跡地に整備された追悼博物館「9・11メモリアルパーク」はいつしか「グラウンド・ゼロ」と呼ばれる。米国が原爆を落とした広島の爆心地「グラウンド・ゼロ」に例えたもので、「リメンバー・パールハーバー」の裏返しである。

日本側も交戦国であった米国の対日不信感が骨の髄までのものであることは、嫌というほど知らされている。同盟国として信用してもらおうと腐心し、国連決議のないイラク侵略戦争に小泉純一郎政権はいち早く支持を表明し、安倍政権は「日米は同じ価値観を有する」と歯の浮くような台詞で対米忠誠心を繰り返し表明し、菅政権、岸田政権へと受け継がれてきた。反対に、米国と同じ連合国の一員として日本軍国主義と戦った中国は「軍国主義の失敗を繰り返す危険性が増している」（王文斌《おうぶんひん》中国外報部副報道局長）と日本軍国主義批判を強め、米国の動揺を誘う。米国は連合国の一員であった蔣介石政権の中華民国・台湾への旧情から「台湾有事」には支援に動く可能性が高いが（１００％ではない）、旧敵国の「日本有事」で直ちに支援へと動くのは難しい。「岸田政権は軍国主義ではない」と米世論の理解を得ながら支援に動くことになろうが、その前例となりそうなのが限定介入したウクライナ紛争である。

プーチン大統領は「ゼレンスキー政権はネオナチ」と「特別軍事作戦」を正当化したが、バイデン大統領はそれを否定も肯定もしなかった。ただ「国際連合憲章違反」と繰り返し、米軍の直接介入を慎重に避けながらゼレンスキー政権支援を続けている。それを他山の石とすべく習主席は、国連憲章を援用して「対日特別軍事作戦」を正当化し、国際社会を味方に付けようとするだろう。国連憲章には第二次世界大戦で連合国の敵国だった枢軸国（日本、ドイツ、イタリア）への特別制裁を許容する「旧敵国条項」があり、第53条および107条は「戦争により確定した事項を無効、または排除した場合」、国連安保理の許可がなくとも当該国に対して軍事的経済的な制裁を課すことを容認するとある。日本では「死文化した」との見解が広く共有されているが、内輪話の域を出ない。旧ソ連は「北方4島」問題と関連して同条項発動を示唆したことがあるが、中国も「対日特別軍事作戦」の法的根拠として「旧敵国条項」を押し出す可能性が高い。国際法上、国連憲章は日米安保条約に優先するから米軍は介入する名分を失いかねない。

「日本有事」に米軍が介入できない理由――軍事力で中露に劣勢

「抑止」は軍拡と表裏一体の関係にあり、いずれ均衡が崩れるしかないが、「日本有事」でもパワーバランスを考慮したら米軍介入はますます難しい。もはや怠慢というしかないが、現時点まで「日本有事」のシミュレーションが米日で行われた形跡が見当たらない。極秘レベルの議論はともかく、メディアも報じたことがない。あえて近似例を挙げれば、米政府系シンクタンクの戦略国際問題研究所（ＣＳＩＳ）が「中国軍が２０２６年に台湾を侵攻する」との図上演習を公開し、「中国軍は失敗するが、自動参戦する米軍や早期参戦する自衛隊にも多大な損害が出る」と指摘した程度である。防衛省、自衛隊関係はというと、「中国は日本が自動参戦すると想定して、直ちに自衛隊に攻撃を加えるだろう」（２３年2月21日　朝日新聞GLOBE＋）と独自にシミュレーションした例はあるが、あくまでも「台湾有事」を前提としている。「日本有事」のシミュレーションがタブー視されているわけだが、その理由だけはハッキリしている。勝算が立たないのである。繰り返すが、米国の軍事力は核弾頭・長距離ミサイル保有数では中国を上回るが、それ以外は劣勢なのである。米下院軍事委員会の公聴会（3月10日）で米陸軍が今年9月までに迎撃不可能な極超音速ミサイルの運用を始めると明かされたが、中国はとうにロシアとともにこれを保有している。日本が米国からの購入を急ぐ海上発射の中距離弾道弾トマホークは速度が旅客機クラスのいわば骨董品の類である。海軍力も米海軍トップのトロ海軍長官が「中国海軍が配備する艦艇数は約３４０隻と米軍の３００隻を上回り、建造能力において米海軍を大幅に上回る」（2月21日、ワシントンのナショナルプレスクラブ講演）と認めている。

そこにロシアが加勢すれば核弾頭・ミサイル保有数でも米国は劣勢になるが、知ってか知らずか岸田首相はその状況を自ら招いている。ロシア軍がウクライナに侵攻した直後の２２年３月、参院予算委員会で北方4島（南クリル諸島）について「我が国固有の領土」と「不法占拠」

との認識を5年ぶりに復活させ、ロシアを怒らせた。ラブロフ外相は23年の年頭記者会見（1月18日）で「日本は再び軍国化を進めており、ロシアは対抗措置をとる」と述べたが、既述の環球時報の日本軍国主義批判の1週間後であり、中露が日本軍国主義批判で足並みを完全に揃えたのである。ロシア国防省は3月3日、各種艦船、戦闘機、ドローン（無人機）を動員した太平洋艦隊の演習を日本海で行い、ウクライナ攻撃にも使用している巡航ミサイル「カリブル」を潜水艦から発射し、「1000キロ以上離れたハバロフスク地方の標的に命中させた」と公表して米日を露骨に牽制した。

事態がここまで来ると岸田首相の脳裏にも「日本有事」がよぎっているだろうが、方向転換は言葉でいうほど簡単ではない。「台湾有事」を前提にして南西諸島にシフトした米軍や自衛隊の全面的再編が不可欠であり、「安保関連三文書」はそれこそ一から書き直さねばならなくなる。そもそも元寇の昔ならいざ知らず、現代戦で東西3千キロに伸びた島国の防衛は戦略原理論的に不可能である。とりあえず「日本有事」は無視し、「台湾有事は日本有事」と国民の注意を逸らし続けるしかない。物事の一面しか見ず、結果的に現実から目を背けさせる「抑止」幻想の欠点がもろに出ている。

日本軍国主義との決別を宣言した証と周辺国から歓迎された憲法9条を蔑《ないがし》ろにした付けが、いよいよ回ってきたのである。戦後の原点である平和外交回帰しか打開の道はないが、右傾化の風潮を正すのは容易ではない。風見鶏は元来、「罪への警告の象徴」、もしくは魔除けとしてキリスト教会の屋根に取り付けられたが、日本の風見鶏は疫病神になろうとしている。

安倍軍拡路線とは米軍指揮下で自衛隊が動くこと

岸田首相の就任当初、同政権が軍拡・大増税の安倍路線に乗ると予測した人はほとんどいなかった。軽武装・経済外交の「吉田ドクトリン」で戦後復興の基礎を築いた吉田茂の流れを汲む保守本流のリベラル、ハト派の派閥・宏池会会長であることから、自民党内右派は「親中派」と警戒していたくらいである。その節度なき豹変は、日本独特の世襲派閥政治と無縁ではない。世襲政治家が皆無に近い隣国の韓国と異なり、日本では二代、三代、四代と選挙地盤を受け継いだ世襲議員が与党自民党議員の約３割を占めて各派閥の中心となり、相互の政治力学が首相の座とその政策を左右する。

岸田首相の思想や人柄については、広島生まれの東京育ち、広島市の選挙地盤を受け継いだ典型的な三代目世襲議員という以外、ほとんど知られていなかった。親の意向に従って政治家になったごく普通の世襲議員である。２０２１年、ニューヨーク・タイムズが「何人かの外務省の役人は陰で〝お行儀の良いタイプの犬〟と呼んで、チワワというニックネームをつけた」と、岸田外相（当時）の30年来の友人である中谷元元防衛大臣の発言を引用して報じ、ちょっとした話題となったくらいである。

その人の好い「チワワ」が一念発起し、コロナ禍で支持率低迷に苦しむ菅義偉首相（当時）に牙を剥く。菅首相はコロナ対策の不手際で退陣に追い込まれた安倍前政権の官房長官であったことから後を託された面があったが、いかんせん無派閥であった。安倍政権で日本歴代最長の外務大臣を務めながら安倍首相に後継者の約束を反故《ほご》にされ、「死に体」と酷評されていた岸田が機会到来と反主流派を焚きつける裏技で菅首相を退陣表明に追い込んで自民党総裁選（2021年9月29日）で勝利をもぎ取り、首相の座に収まったのである。安倍元首相の全面支援を受けた自民党内右派筆頭格の高市早苗衆院議員と激しく争っただけに、安倍軍拡路線と一線を画すと見なされた。当人も当選後、富裕税導入や格差解消を目指す「新しい資本主義」などを得意そうに語り、新機軸を打ち出そうとしていた。

だが、派閥間のバランスに苦労し、神経をすり減らす。会長を兼ねる宏池会は議員数が旧安倍派の半分、麻生派、茂木派に次ぐ第四派閥であり、いつ足をすくわれるかもしれない。首相の座を死守することが最大の政治目標となり、最大派閥の旧安倍派にすり寄り、ズルズルと〝安倍路線〟に乗せられていく。

安倍なき〝安倍路線〟を引き継ぐことは一言で言えば、日本が史上最も平和と繁栄を謳歌した戦後昭和の遺産を食いつぶすものであった。日本憲政史上最長の8年8カ月にわたる第二次安倍政権下で、憲法9条を不文律としていた日本の安保政策は、国会審議を省略した数々の閣議決定で強引に転換させせられた。日本の財政赤字が世界最悪を更新し続けたのも安倍政権下であり、亡霊に憑かれたように防衛費＝軍事費ばかりが膨張していく。米軍と一体となって他国への武力行使を容認する「安全保障関連法案（安保法制）」が強行採決（2015年）され、新設の「自衛隊法95条の2」により米国からの要請で防衛相が米国の艦艇や航空機を警護するために自衛隊を出動させ、武器使用を認める「武器等防護」が定められた。事実上、米軍の指揮下で自衛隊が動くということであり、韓国軍に対して在韓米軍司令官が有する戦時統制権に近い。そして、シビリアンコントロールの形骸化を危惧する声をよそに横須賀配備の米イージス駆逐艦と海自の護衛艦が中国の眼前の東シナ海で米艦防護を口実に共同訓練を行うようになった。

安倍首相は緊急入院の形で降板し、リリーフで登場した菅首相はバイデン政権発足直後にワシントンに飛び、「台湾海峡の平和と安定の重要性」を謳う日米首脳会談共同声明（２０２１年4月16日）に調印し、日中国交正常化以降初めて禁断の「台湾」に触れた。菅政権（２０２０年9月16日～２０２１年10月4日）が短命に終わり、岸田政権が誕生したその年の暮れ、安倍元首相は台湾でのオンラインシンポジウムに招かれ、「台湾有事は日本有事であり、日米同盟の有事でもある」と発言した。

一線を越えた安倍発言に岸田新首相は必ずしも同意してはいなかったが、抗うことは出来ない。翌年にコロナ禍下で急遽持たれたテレビ会議形式の日米外務・防衛閣僚の日米安全保障協議委員会、いわゆる日米「２＋２」（２０２２年1月7日）で「自由で開かれたインド太平洋へのコミットメント」を確認し、「日米が一体となって新たな安全保障上の課題に対応する」と共同発表した。「台湾有事は日本有事であり、日米同盟の有事でもある」との安倍発言が追認されたのである。すべては「日米合同委員会」が下馴らしした通りに動いている。韓国は平時統帥権を返還させ、戦時統帥権返還も求めているが、日本は逆である。

かくして、「かえって地域の緊張を高める」（玉城デニー沖縄県知事）との反対を押し切って、「台湾有事」を想定した辺野古新基地建設促進、米軍と自衛隊の共同演習などが強行される。さらに、22年2月にウクライナ危機が勃発し、拍車がかかる。バイデン大統領が初のアジア外遊で訪日して岸田首相と会談（5月23日）し、「自由で開かれた国際秩序の強化」を強調する日米共同声明に署名した。安倍発言が米大統領によって外交文書で確認されたのである。

岸田首相の脳内で、プーチン大統領と「ウラジーミル」「シンゾー」とファーストネームで呼び合っていた安倍元首相へのコンプレックスが一段と強まる。プーチン大統領と在任中に27回も会談した元首相は、京都市での講演（6月4日）で「ロシアには（米国に）騙された感があった。プーチン大統領は米国に大きな不信を持っている。それはNATOの拡大だ」とロシアの侵攻に理解を示した。「ベーカー米国務長官は東西ドイツが統一しても（NATOの）管轄権を広げないと言ったが、その後、どんどん拡大して、ハンガリー、チェコ、バルト3国にも広がり、いよいよウクライナまできてしまうのではないかと（ロシアは）思った」と、プーチン大統領から何度も聞かされたであろう件の「1インチの約束」に言及した。

歴史のアイロニーだが、安倍は柔道の愛好家でもあるプーチンと交流を重ねるうちにその頑固な反米感情に、自己の屈折した心情と通じるものがあると感じ取ったのであろう。安倍は名うての親米でありながら、祖父をA級戦犯扱いしたGHQに深い恨みを抱いていた。矛盾した話だが、「美しい国」、「戦後レジームのチェンジ」と戦前の軍国日本をこっそり美化する屈折したレトリックで自慰する。安倍ならではの思考回路から、ロシアとは友好関係を深め、「美しい国」を否定する中国と対峙する特有の戦略戦術が出てくる。

ウクライナ危機は安倍政権で約5年、戦後最長の外相を務めた岸田首相を安倍イズムの忠実な実践者にしていく。言葉では他のG7とともに対露制裁を声高く叫んだが、そのまま実行したら日本経済は大打撃を受ける。ドイツやフランスなど欧州のようなロシア産原油、天然ガス（LNG）の禁輸措置は避け、サハリン1、2の各事業からの供給契約は維持した。他方でバイデン政権が求める中国包囲網構築に積極的になり、二枚舌批判は免れた。22年4月に自民党から出された政府への提言案には「中国は重大な脅威」と記され、22年7月の参議院選挙で岸田首相は「国防費をGDP比2％以上とし、5年以内に敵基地攻撃能力などの抜本的強化に必要な予算を準備する」との公約を掲げた。

戦後日本右翼層の屈折した生存戦略——親米・従米、そして世襲政治

さらなる契機が安倍元首相銃撃事件であった。参院選の投開票2日前の22年7月8日、街頭演説中の安倍元首相が銃撃され、横死した。日本中に衝撃が走り、世論の二極化が一段と進む。岸田首相は安倍元首相への同情論が多数派と判断し、事件6日後の記者会見で「安倍元総理の国葬儀を行う」と表明した。税金の無駄遣いだと世論が反発したが、国会にも諮《はか》らない閣議決定で国葬儀（9月27日）を強引に決めた。弔意《ちょうい》を強制され、反民主的な安倍政治まで肯定させられかねないと、森友・加計学園問題、「桜を見る会」問題など不正、汚職疑惑解明を要求してきたリベラル、左派層が怒りの声を上げた。

さらに、銃撃犯の供述をきっかけに韓国系のグローバル団体である旧統一教会の日本人最高

幹部と岸信介元首相、安倍晋太郎元外相、安倍晋三と「安倍家三代との絆」や国際勝共連合と自民党との深い提携関係が次々と暴かれ、岸田政権に逆風が吹き出す。韓国やNATO諸国にも見られない日本保守右翼層の極端な親米思想形成の闇の部分であるが、簡単に言うと、戦中の「鬼畜米英」の思想が、原爆投下によって粉砕された無条件降伏ショックの反動によって作られたものである。絶対的な支配者である連合国最高司令官総司令部（GHQ）に忠誠心を示し、厳しい戦争責任の追及から逃れる戦後日本右翼層の屈折した生存戦略と言い換えてもよかろう。その典型が東條英機内閣の商工大臣であった岸信介で、親米派に転向してA級戦犯容疑を解かれて首相にまでのし上がり、国民の反対を押し切って日米安全保障条約（1960年）を締結する。GHQは解散したが、その機能は「日米合同委員会」に受け継がれた。そうして、日米同盟が錦の御旗となり、周辺国への過去の侵略行為が隠されていく。戦後昭和を通して日本の再軍備は軍国主義復活と同一視されタブー視されたが、岸の孫の安倍晋三政権になって同盟国の米国と「民主主義」「人権」の価値観を共有するとのにわかフレーズが声高に叫ばれて免罪符となり、贖罪意識が麻痺し、海外での武力行使を可能にする「安保法制」強行採決に繋がった。

その過程で旧統一教会が果たした役割は一般に思われている以上に広く、深い。過度な献金問題ばかりクローズアップされるが、問題の本質は思想的影響にある。同教団はニクソン元大統領など、米政界に深く食い込み、「安倍家三代との絆」で岸信介元首相に連なる日本保守右翼層とのつなぎ役となり、疑似宗教的なナショナリズムの一変種と言うべき反共、勝共思想形成に決定的な役割を果たした。

すなわち、日本軍国主義を米政府公認の反共、勝共思想に包み込んでいくのであるが、それを象徴する出来事が安倍首相の靖国神社参拝事件（2013年12月26日）である。憲法をGHQが押し付けた「戦後レジームそのもの」と反発していた安倍は祖父から受け継いだ戦前肯定の信念を行動に移したのだが、オバマ大統領が異例の非難声明を出し、「日本の指導者が隣国との緊張を悪化させる行動をとったことに米国は失望している。首相が過去への反省と平和に対する責任の再確認を表明するか注視している」と警告した。その非難声明を出させたのが外交担当の副大統領で、中国共産党・政府トップになったばかりの習近平ともまだ親しかったバイデンであった。安倍首相は縮み上がり、以後、二度と靖国を参拝せず、その方針はその後の自民党歴代政権にも受け継がれている。安倍首相は「米国と自由や民主主義の価値観を共有する」とひたすら恭順の意を示し、従米へと急傾斜していくが、それは社会主義・共産主義中国に対抗する「反共」、「勝共」と同義であった。「戦後レジームのチェンジ」に代わって登場した「美しい日本」という言語明瞭意味不明のレトリックはその産物である。安倍元首相横死後にマスコミ各社が「安倍家三代との絆」を報じたが、ほどなくタブー視され、23年2月に発刊された『安倍晋三回顧録』でも一切伏せられ、深い闇の中に隠された。

安倍銃撃事件は2日後の参院選投開票にはさして影響しなかった。自民党は選挙区で勝利し、単独で改選過半数の63議席を得て岸田首相は安堵した。だが、諸手を上げて喜べる状況ではなく、政党の支持傾向がそのまま反映される比例代表は1議席減らした。自民党の得票率は前回より0・9%低い34・4%であり、票田とされた30歳未満の有権者で4割を切った。この層は安倍長期政権時代に小中高時代を過ごし、「美しい国」のレトリックやタカ派的な安倍外交に慣らされていたが、いよいよ自民党離れを起こしたのである。岸田政権の依って立つところは自民党長期政権と利害関係を一にする約3割の保守層・右翼のいわゆる岩盤支持層に狭まり、同時に政策の幅も狭まる。世論の多数派は自民党政権に反発するリベラル・左派、無党派層、政治無関心層が占め、不安定化、流動化は避けられなくなってきた。国民の主たる関心は物価対策、経済対策であり、外交・防衛への関心は1割にも満たず、全体として人々は内向き志向となる。参院選投開票の1カ月後に中国の「重要軍事演習」が行われたが、日本の世論は他人事のように傍観的であった。

「重要軍事演習」の終了を見届けた岸田首相は２２年8月10日、内閣改造・自民党役員人事を前倒しして断行した。第二次岸田改造内閣では防衛費増額派の急先鋒である安倍前首相実弟の岸防衛相らが更迭され、留任した林外相は「日中首脳会談、私と王毅国務委員兼外相との会談など様々なレベルでの対話が重要だ」と対中関係改善に前向きの姿勢を見せた。焦眉《しょうび》の「安保関連三文書」改定に対しては生前の安倍元首相が嫌っていた財源論を前面に出し、ブレーキを掛けるやに見えた。国会では立憲民主党の泉健太代表が「かって日本は戦時国債を乱発し、軍拡も戦線拡大も止められず破綻した」（衆院本会議２３年1月25日）と国債での防衛費調達に反対した。外務省内でも中国が米国に負けない軍事力増強方針を掲げ、国防予算は２３年だけ見ても日本の約5倍、GDPは4倍超となったとの現実認識から、「物量勝負は限界がある。戦略の練り直しが必要だ」と専守防衛へ回帰する意見も出ていた。岸田自身、前年後半までは「国債でミサイルや戦闘機を買うなんて、平和国家の日本の矜持としてありえない」と周囲に語っていた。

しかし、自民党世襲議員の性《さが》で、一度乗ったレールは走るしかない。安倍元首相は銃撃事件前の4月の安倍派例会で国債発行を禁じる財政法4条を「戦後レジームそのものだ」と非難し、岸田首相にも建設国債による防衛費調達を求めていた。案の定、「2022年度防衛白書」には「ウクライナ危機に関する章」が新設され、台湾情勢と関連させて「力による現状変更は世界共通の課題」と書き込まれた。ロシアは「懸念」、中国は「安全保障上の強い懸念」と対中に力点を置いたことにバイデン＝安倍イズムの影響が色濃く出ている。また、NATOを先例として「日本も今後5年以内に国防費を倍増」とし、「日本を攻撃しようとする外国のミサイル基地などを叩く反撃能力（敵基地攻撃能力）を備える」と明記された。さらに、「防衛計画の大綱（防衛大綱）」「中期防衛力整備計画（中期防）」とセットの「戦略3文書」の改定作業を年内に終えるスケジュールが決まり、防衛省は22年8月末に公表した23年度予算案の概算要求で日本独自の「スタンド・オフ・ミサイル量産」を盛り込み、「5年以内に防衛費を現行のGDP1％約5兆円から2％へと倍増させる」と発表した。財源手当の目安も立っていない、乱暴な見切り発車であった。同予算案は23年3月28日に原案通り決定された。

大手新聞社トップを加えた有識者会議で世論対策

安倍元首相の国葬儀強行に国民の怒りが一段と高まり、国葬日（22年9月27日）直前の毎日新聞の世論調査では反対が6割を超え、岸田政権の支持率は29％とレッドラインまで落ちた。当日は朝から国葬儀会場の日本武道館周辺を反対派デモ隊が囲み、一部で賛成派との小競り合いも見られた。約4千人参加の国葬儀会場にはヌーランド国務次官らが駆けつけたが、台湾弔問団の姿はなかった。高雄市に等身大の安倍銅像まで建てた台湾は蔡英文総統が参列を熱望したが、元立法院長と元行政院長3人に限られ、迎賓館にも招かれなかった。

支持率低下に悩まされる岸田首相はマスコミ対策に力を入れるが、安倍政権時代に勝るとも劣らぬ巧妙さであった。「安保関連3文書」改訂の議論をオープンにするとの触れ込みで「国力としての防衛力を総合的に考える有識者会議」を立ち上げ、22年9月30日の初会合で「必要となる防衛力の内容の検討、そのための予算規模把握、財源確保の三点セット」を洗い直すように求め、新たに選んだ10人の有識者会議メンバーに議事録公開の透明性ある議論を求めた。しかし、4回開かれた会議は10人のメンバーの発言時間が最大4分に制限されて批判や反対意見は聞かれず、「敵基地攻撃能力」保有を追認させるオープニングセレモニーでしかなかった。元朝日新聞社主筆、読売新聞グループ本社社長、日本経済新聞社顧問ら有力マスコミ首脳をメンバーに加えてメディア対策を主眼としたと見られ、その後、各紙には「日米同盟は基軸」「抑止が欠かせない」といったフレーズが踊る。そもそも有識者会議の佐々江賢一郎座長は米国との「核戦力共有」（中央公論2022年7月号）まで主張する軍拡派である。北朝鮮や中国の核脅迫に対抗するには自前の核が必要と主張するが、主語や目的語を入れ替えれば、北朝鮮の主張そのものである。北朝鮮核問題をめぐる６者協議の日本代表も務めた元外務次官であるが、ミイラ取りがミイラになった。

旧大本営発表を彷彿させるが、国会でろくに審議されてもいないことをマスコミが内部リークの形で次々と無批判に報じ、既成事実のように国民の中に浸透していく。その典型が「防衛省の２０２２年度防衛予算」の「概算要求」を報じた「長射程巡航ミサイル、『反撃能力』１０００発以上の保有検討　中国との数の格差埋める狙い」（読売新聞オンライン8月21日）との記事である。それによると、「相手の射程圏外から攻撃する射程１０００キロの巡航ミサイルの開発・量産費用、音速の５倍以上で飛行する極超音速誘導弾研究費、警戒監視・情報収集・攻撃能力を備えた無人機整備、尖閣諸島など離島への攻撃に対処する部隊の輸送力強化・弾薬確保など」が急務とされ、「台湾有事を念頭に南西諸島や九州などに長距離ミサイルを配備し、中国とのミサイル格差を埋める」。その予算規模は５兆６０００億円とＧＤＰの１％を上回るが、それ以外にも具体的な金額を示さない「事項要求」も数多く盛り込み、実質的な防衛費の総額はさらに増える……。

かくして、２２年暮の12月16日に「安保関連三文書」が国会審議も経ずごく当たりまえのように閣議決定された。「敵基地攻撃能力（反撃能力）」を保有する新型ミサイル大量導入など今後５年間で防衛費を1・6倍増の総額43兆円とする反憲法９条の軍拡案が衆参両院で与党が過半数を占める国会をすんなり通過した。さらに、「安保関連三文書」の一つ「国家安全保障戦略」では自衛隊が平時から民間の空港や港湾などを使える「公共インフラの整備」が決められた。これが「国民主権」を骨抜きにした新型民主主義の現住所である。

岸田首相は第二次岸田内閣の所信表明演説（2022年10月3日）で「厳しい意見を聞く姿勢にこそ政治家岸田文雄の原点がある」と述べたが、安倍なき安倍路線を走っている自覚はまったくない。もはや世襲政治家の性と言うしかないが、その2日後、何の実績もない30代の長男を政務担当の首相秘書官に抜擢し、「最悪タイミングの親バカ人事」（日刊ゲンダイ）など物議を醸した。岸田家4代目世襲が約束された新秘書官は岸田首相のパリやロンドンへの外遊に同行し、「公用車で観光し、土産物を買い漁った」と週刊新潮などに暴かれた。

公私混同と国会でも問題となったが、いつものように暖簾《のれん》に腕押しとかわす。野党がいくら声を荒らげても同じ答弁をほぼ無表情で何度でも繰り返す。岸田内閣は官僚が書いたペーパーをそのまま読み上げる閣僚が多いが、その最たるものであった。〝永田町雀〞によると、首相秘書官は財務省出身で岸田派事務局長の木原誠二官房副長官、経産省事務次官上がりの嶋田隆首席秘書官の3人で全ての重要案件を決める。首相への報告はすべて岸田首相の高校の2年後輩で気心が知れた嶋田首席秘書官がチェックし、首相の指示も差配する。安倍政権時の官邸主導ではなく、かといって官僚主導でもない3人の政策決定・伝達システムを回しながら、岸田首相は国会でどんなに厳しく追及されてものらりくらりとかわし、議論は一向に深まらない。1960年代は日常的な光景であった国会周辺の大衆デモはほぼ見られない。説明や議論が軽んじられる民主主義の形骸化そのものなのだが、それもなあなあで流れる。米欧や隣の韓国では連日のように首都の大通りをデモ隊が行進し、政府批判のシュプレヒコールを轟かせるのだが、東京はせいぜい安売り店に客が殺到し、キャーキャーする程度である。「日本有事」がヒタヒタ迫るというのに、政治も国民も緩みっぱなしである。

「軍事大国を目指す」と米誌「タイム」に紹介された岸田首相の自画像

当の岸田首相の最大の関心事は、２０２５年10月の衆議院議員の任期満了までの政権維持であり、２４年９月の自身の任期満了に伴う自民党総裁選挙で再選されるために衆議院解散の時期をうかがう。各種世論調査で政権支持率は30～40％台を上下して不支持率と交錯するが、党内にライバルがいないため多少支持率が下がっても政局化はしない。各野党の支持率は一桁台なので、きつい言葉も聞き流す。「罵倒されても感情的にならず、笑って受け流す『暖簾《のれん》に腕押し作戦』で切り抜ける」と自著『岸田ビジョン　分断から協調へ』で書いた本領発揮である。

ところが、我が世の春を謳歌しているはずの岸田首相が米誌タイム電子版（２３年５月９日）の記事に目を剥いた。表紙を飾った自分の顔写真をニンマリと見ながら右下に「日本の選択」と書かれた見出しの紹介記事を読むと、「岸田首相は何十年も続く平和主義を放棄し、自国を真の軍事大国にしたいと望んでいる」とある。タカ派だった安倍元首相と比較し、「ハト派の顔が大きな抵抗なしに改革を可能にした」と評されたのだ。政界詐欺師扱いである。４月下旬にインタビューを受け、いつ出るかと首を長くして待っていたものは、自分がイメージしている自画像とは懸け離れていた。即座に抗議を指示し、林外相が緊急記者会見（5月12日）で外務省として「表題と中身に乖離がある」と申し入れ、「岸田総理大臣は、平和主義だった日本に国際舞台でより積極的な役割を持たせようとしている」と変更されたことを明かした。その経緯についてタイム誌はNHKの取材に対し、ウェブ版のタイトルや記事の更新はあり得るが、「出版される雑誌の表紙や記事は変わっていない」とコメントした。前代未聞のハプニングは、岸田首相が思っている「新時代リアリズム外交」が米国ですら安倍路線の巧妙な焼き直しと受け取られていることを如実に物語っていた。

日本の首相が「軍事大国」を目指していると知った米国民は、同盟国である米国の矛《ほこ》、忠実な番犬になったと好意的に理解する層と、「真珠湾を忘れるな！」の記憶を呼び起こして警戒する層に二分されるだろう。米国では直近の世論調査でも日本への原爆投下に対して「降伏を早めた」と肯定する声が過半数である。戦勝国と敗戦国の壁は依然として高い。岸田首相の核抑止肯定論は日本の軍事的野心を明るみに出し、中国、ロシアの「日本軍国主義復活」批判にもう一つの根拠を与えたことになる。

「日米同盟の抑止力」の金メッキに塗られた日本の「核共有」はどこまで許されるだろうか。岸田首相がNATO東京事務所招致に前向きなのはNATOのドイツが米国と核共有しているレベルに近付けたい狙いがある。だが、ドイツは被爆国ではない。岸田首相が「核共有」にこだわるほど、核開発競争の落とし穴に近づくことになる。どういうことかというと、オバマ大統領は2009年の「プラハ演説」で「核なき世界」の実現を訴えてノーベル平和賞を受賞し、ロシアとの新STARTに署名したが、それに縛られない中国が核戦力を強化した。米国の一部では核戦力を近代化し、配備可能な核兵器を500~1000発増強する案が浮上しているが、オバマ政権で核・ミサイル防衛問題を担当したロバーツ元国防次官補代理は「少なくとも10年以上かかる」(朝日新聞インタビュー「『核なき世界』は今」2023年5月13日)と指摘している。その10年を埋めるとしたらアジアでは日本と韓国しかいない。北朝鮮の核開発を意識した韓国では核保有論が高まっているが、政権交代が起きやすいためにブレーキがかかる。だが、日本の場合はブレーキが壊れもろに中国と対峙する形になる。中国がそれを座視する可能性はゼロである。

米国が日本を見限る日

中国が「日本軍国主義復活」を理由に「対日特別軍事作戦」に踏み切った場合、国際法上、許されるだろうか。答えは、イエスでもノーでもなく、その中間である。分かれ目となるのが国連憲章の「敵国条項」の解釈である。プーチン大統領のゼレンスキー大統領に対する「ネオナチ」批判はいかにも唐突に過ぎ、国際社会は受け入れがたかった。中国はそこから教訓を得て、国際社会の理解を広く得ようとするだろう。

日本では意外と知られていないが、国連憲章に「侵略行為」の定義はなく、安全保障理事会に侵略行為か否かをその都度判断する権限を付与するのみである。米国がベトナムに最大55万もの米兵を派兵したベトナム戦争はいわば米国流の「特別軍事作戦」であったが、米国内外の反戦運動で孤立し、撤退に追い込まれた。その年1974年の第29回国連総会で「他国の主権、領土保全、政治的独立に対する武力行使が侵略とされ得る」と「侵略の定義」が初めて採択された。しかし、冷戦終了後、米国は国連決議を経ないで「イラクの自由作戦」など数多《あまた》の軍事作戦に手を染めた。国際社会が黙認したのは、「米国一極支配」という国際力学の下、米国が国連安保理常任理事国を代表する「世界の警察」とみなされ、反対の声を上げづらかったからであった。

米国が暗黙の内に援用した国際法上の論拠が、国連憲章の「旧敵国条項（第53条、第77条、第107条）」である。第二次世界大戦の敗戦国である枢軸国（ドイツ、日本、イタリア）のナチズム、軍国主義、ファシズムの復活防止のために「旧敵国における侵略政策の再現に備える強制行動」を定め、戦勝国の連合国（アメリカ合衆国、ソ連→ロシア、中華民国＝台湾→中華人民共和国、イギリス、フランス）が国連安保理常任理事国として特別な責任と権限を有すと定める。具体的には、第53条第1項後段「安保理の許可の例外規定」は「第二次世界大戦中に連合国の敵国だった国」が、戦争により確定した事項を無効にしたり排除した場合、国際連合加盟国や地域安全保障機構は安保理の許可がなくとも、当該国に対して軍事的制裁を課すことが容認されるとする。また、「旧敵国」の侵略政策の再現に備える地域的取り決めにより、軍事的もしくは経済的な制裁を課すことも許される。米国はその「敵国条項」を拡大解釈し、イラク攻撃を正当化したのであろう。

日本では「旧敵国条項」は死文化したと主張されているが、事実誤認である。国連総会でその種の決議が成されたことは事実であるが、安全保障理事会での採決に持ち込まれることはなく、「旧敵国条項」は維持された。安保理常任理事国の中国、ロシアが採択に反対したからである。

実は、米国も旧敵国の日本の再軍備を警戒し、採択に乗り気でなかった。岸田首相が父親の岸田文武衆院議員の秘書をしていた頃であるが、スタックポール在日米海兵隊司令官が「もし米軍が撤退したら日本は軍事力をさらに強化するだろう。誰も日本の再軍備を望んでいない。だから我々（米軍）は（軍国主義化を防ぐ）瓶の蓋なのだ」（ワシントンポスト１９９０年３月27日）と述べた。自民党政権は衝撃を受け、イラク戦争で小泉純一郎政権は「Show the flag!」と迫る米国に「価値観を共有する」と後方支援に協力し、「軍国主義」疑惑払拭に躍起となった。「ドナルド」「シンゾー」と呼び合いプーチン大統領以上に親密な個人的信頼関係を築いていたと安倍首相（当時）が外交成果を誇っていたトランプ大統領すら、日本に向かう途中に寄ったハワイで「Remember Pearl Harbor（真珠湾を忘れるな）」とツイッターに投稿した。バイデン大統領も旧敵国を心から信頼しているわけではなく、２０１６年の大統領選でヒラリー・クリントン前国務長官の応援演説をした際、トランプ候補に対して「我々が（日本を）核武装させないために日本国憲法を書いたのを知らないのか」と声を張り上げたのは有名である。安倍首相の靖国参拝を激しく叱った反軍国主義に嘘はないが、対中包囲網の中核に日本を据えるマキャベリックな反共、勝共主義者でもある。しかし、バイデンの反中には領土的野心がなく反共と反軍国主義が常に葛藤しており、近未来の中露の「対日特別軍事作戦」に際しても〝統制可能な日本軍国主義〟かどうかを厳しく見極めていくことになろう。

自公連立政権が中国への「抑止力」と頼むのが、米国の対日防衛義務を定めた日米安保条約第5条であるが、これも期待されているほど万全ではない。1960年の日米安保条約に定めた「廃棄通告」がそれである。第10条が「条約は無期限」としながら「10年経過後は日米両国のいずれかが廃棄を通告すればその1年後に条約は終了する」と規定している。そのため、10年後の1970年、我々団塊の世代を中心とした日米安保条約反対闘争が盛り上がる中、岸信介の実弟佐藤栄作首相は「自動延長」で急場をしのいだ。

この時も米政府の通告で「1年後に終了」の規定は残されたのだが、トランプ大統領（当時）がそれをちらつかせて安倍首相に在日米軍駐留費の大幅増額を認めさせたと自慢話にしたことは知る人ぞ知ることである。安倍政権、菅政権、岸田政権と卑屈なほど「日米は同盟国」と米国に気を遣うのも、裏を返せば「廃棄通告」を恐れているからにほかならない。

「敵国条項」や「廃棄通告」が「対日特別軍事作戦」の急場でどう転ぶか。バイデン大統領が「核大国」と認めた中国を相手に、ワシントンやニューヨークが瞬時に灰燼《かいじん》と化す核戦争のリスクまで覚悟して日本を助けるであろうか。万が一にも助けると決意しても、かつてニクソン大統領の拒否権を覆した上下両院合同決議が成立させた戦争権限法（1973年）がある。軍事行動を含む大統領の指揮権に議会への事前説明と同意を求めるものであり、超党派の議員たちを納得させて日本を助けるのは至難の技となる。英国防戦略研究所の『ミリタリー・バランス』などが、中国、ロシアの軍事力は一対一では米国に劣るが、中露連合した二対一ならかなり優るとシミュレーションするのは「日本有事」を想定した参考資料と考えられなくもない。

「日本有事」の前に経済危機が襲う？

不幸中の幸いと形容すべきであろうか、「日本の民衆が火中に引きずり込まれる」事態が到来する前に日本経済が破綻し、「敵基地攻撃能力」保有も財政的に不可能となり、最悪の事態を免れる可能性がある。偶然にしてはできすぎているが、岸田首相がタイム誌電子版に「自国を軍事大国にしたいと望んでいる」と報じられた同日（5月9日）遅く、衝撃的な情報が飛び込んできた。岸田首相は「日本史上最重要の国際会議にする」とG7広島サミット（5月19～21日）準備に余念がなかったが、主人格のバイデン大統領から「行けない」と伝わってきたのである。翌日、ホワイトハウスから「参加」の確認を得たものの、バイデン大統領にはG7どころではない事情が生じていた。

デフォルト（債務不履行）問題である。同日、バイデン大統領はホワイトハウスに共和党のマッカーシー下院議長らを招いて会談していた。連邦政府のデフォルト回避に不可欠な法定債務上限の引き上げを求めたが、同意を得られず、「G7広島サミット欠席もあり得る」と記者団に述べたのである。米国は財政規律が無きに等しい日本と異なり、国家債務の法定上限が定められている。現在は31兆4000億ドルであるが、イエレン財務長官は今年1月にマッカーシー議長に書簡で上限に達しつつあると伝え、ごく最近も「デフォルトは6月1日にも訪れる可能性がある」と上限引き上げに協力を求めた。21年12月に上限が現在の額に引き上げられ、バイデン大統領は公的年金基金への投資停止、連邦政府や州政府の資金繰り策でしのいできたが、対露経済制裁ブーメランによる物価高騰、金利引上げ、景気減速で税収が落ち込む。ゼレンスキー政権への武器・経済支援も財政窮迫に拍車を掛けた。

中間選挙で下院多数派を奪還した共和党のマッカーシー下院議長が独自の期限付上限引上げ法案を下院に提示し、22年8月にバイデン大統領が公約の目玉として成立させた学生ローン免除措置、企業自社株買いへの課税強化などを定めた「インフレ抑制法」撤廃を含む歳出削減策が盛り込まれた。バイデン大統領は広島サミットどころではない。社会保障費、高齢者向け医療保険制度（メディケア）、軍の給与などの支払いを止め、国債利払いを優先させてデフォルトを先送りし、広島G7サミットが終わると本国に引き返し、共和党との妥協に何とか漕ぎつけた。しかし、問題を先送りしたに過ぎない。「世界のリーダー」たる米国の土台が揺らぎ、米国債の信用低下は今後とも避けられない。米政府の返済能力には日本などと比べまだ余裕があるとはいえ、デフォルトとなったら国際的信用は大きく傷つき、銀行連続倒産で打撃を受けた金融市場の不安定化は止まらなくなる。米国債は金利上昇で「グローバルな安全資産」との神話崩壊に繫がる。

米国のデフォルトはリーマン・ショック以上の衝撃を招きかねないが、さすがに中国は再度の支援はしないだろう。2008年のリーマン・ショックでは、名門投資銀行のリーマンブラザーズが住宅ローン危機による損失拡大で経営破綻して世界的な連鎖的信用収縮が起こり、「大恐慌再来か」と騒がれたが、それを救ったのがほかでもない8兆元（約120兆円）もの財政出動で米国債を大量に買い支えた中国である。国債の大量増発で危機をしのごうとオバマ大統領が胡錦濤《こきんとう》主席に米国債引き受けを頼み、連鎖的な影響を恐れた胡主席が応じたことで米国債は信用を持ち直した。その後、中国の米国債保有額は世界1位であった日本を追い抜き1位となり、経済成長に弾みがついてGDPも日本を追い抜く。リーマン・ショックから4年後、習近平新主席はG2の「米中新型大国関係構築」をオバマ大統領に持ち掛け、借りを返すように求めた。その経緯を誰よりもよく知っているのがバイデン副大統領（当時）であり、大きなしこりを残した。

中国は米国債保有率を計画的に下げている。米財務省発表の直近の「米国際資本収支統計（季節調整前）」によると2022年末現在の米国債国別保有額は中国が3ヶ月連続減少して8700億ドルで2位となる。1位は5ヶ月ぶりに増加に転じた日本で、保有高は約1兆ドルとなった。それだけ米デフォルトの影響が大きくなるということである。

中国は米国のデフォルトを視野に入れている。米欧の対露経済制裁に対抗して、ロシアの肥料がブラジルに輸出されて大豆を生産し、それが中国に輸出されて豚肉を生産するなど米国抜きのグローバルな経済圏が急速に形成されているが、無論、意図的である。米国のデフォルトは資本主義の世界的な危機となろうが、主舞台の欧米日社会内部の持てる者1％と持たざる者99％の階級対立激化と体制変革の大波が起きても、外に内部矛盾を転化し新たな戦争を仕掛ける余力はもはや残されていない。そう考えて対応しているのである。

そうなれば「日本有事」も事実上、霧散しよう。たとえ「敵基地攻撃能力」などの軍拡を進めたくとも先立つものがなければ砂上の楼閣に過ぎない。

岸田政権の最大の誤算は、対露経済制裁→超インフレ→金利引上げの負の連鎖が日本のゼロ金利政策を直撃し、円安が止まらなくなっていることである。２２年9月6日に1ドル１４２円となり、ロシアのルーブルに対しても円が50％下落し、さらにベトナムのドンより安くなった。財務省・日銀が一日に2兆円以上の秘密の円買い介入を繰り返したが、２３年5月14日現在1ドルに対して１３５円プラスマイナスαである。ドルまで暴落したら、日本は奈落の底へと道連れにされる。超円安対策は金利を上げるしかないが、ゼロ金利で借りまくって株・不動産に投資した富裕層が「破産させるつもりか」と猛反対し、日銀総裁は動けない。日銀も3月31日時点で過去最大の５８１兆７２０６億円の国債を保有し、１％でも金利を上げたら国債利子も跳ね上がり、日銀自身が経営破綻しかねない。

借金踏み倒し論でしかない現代貨幣理論（ＭＭＴ）の甘言に乗せられた安倍首相（当時）は「日銀は政府の子会社」とＡＴＭ扱いし、国債発行残高の5割超を引き受けさせた。その「財政ファイナンス」を岸田政権は踏襲したため円安に打つ手がなくなり、昨年の貿易赤字が18兆円と過去最大を記録した。経常収支はかろうじて約9兆円の黒字となったが、前年度比54・22％減とリーマン・ショック以来の下げ幅となり、お先真っ暗である。累積国家債務のＧＤＰ比は２６１・29％（ＩＭＦ統計２０２２年末）と世界最悪を更新し、日本のデフォルト（債務不履行）のカウントダウンが始まった。超円安で輸入コストが膨れ上がれば、食糧自給率の低い日本は行き詰まる。軍拡どころではなくなり、遅かれ早かれ対中政策の転換が避けられないだろう。

中国には日本を侵略するメリットがなく、そうした意図など毛頭ない。そもそも、中国は遠い異国での紛争に介入したこともない。建国の原点に忠実たろうとする習近平主席は、米軍はいつまで遠いアジアに居座るのかと憤懣《ふんまん》やるかたない。ソ連領空で米国機が撃墜されたU2事件（1960年）、北朝鮮の領海侵犯で拿捕《だほ》された情報収集艦・プエブロ号事件（1968年）など米国の領空、領海侵犯は日常茶飯事であった。かと思えば、自国の鼻の先のキューバにソ連がミサイル基地を建設していることを知って逆上し、キューバを海上封鎖して基地撤去を迫り、ソ連と核戦争寸前までいったキューバ危機（1962年）もあった。米ソ冷戦終了後もイラク・アフガン戦争と世界の至る所で戦乱を起こし、欧州ではNATO拡大を企み、東アジアでは在日米軍基地を拠点に南シナ海、東シナ海、日本海など中国の鼻先で軍事演習を繰り返している。米国が我が物顔に振舞う時代は終わったことをバイデンは知らねばならない、と習近平は思っている。

バイデン大統領の対外政策は米国内でも不評である。プーチン大統領一人を悪者にして正義を叫んできたが、もはや米国でも通じない。アメリカの知性と言うべきチョムスキー・マサチューセッツ工科大学名誉教授は「ロシアはウクライナでイラク戦争時の米国より人道的に戦っている」とバイデン政権の独善を批判している。ウクライナ移民2世の理性の声である。

コロナパンデミックや地球温暖化に苦しむ最中にウクライナ戦争と米中対立に見舞われた人類社会は、今、人類史分け目の一大転換期にある。バイデン大統領はそうした大局観に欠け、米国の体面や国益に過度にこだわるが、歴史の浅い米国人の限界と言うべきであろう。

理解しがたいのがアジアでただ一国、いまだに米国に付き従う日本である。45年前に調印された「日中平和友好条約」第2項は、全ての国の覇権に反対する「反覇権条項」がある。中国はソ連を念頭に置き、日本側は日米安保条約との整合性に神経を使った。時は流れ、中国はロシアと完全和解したが、日本は「米国一辺倒」となり、「これまでにない最大の戦略的挑戦」(安保関連三文書)と中国に牙を剥く。ひとり、時計の針が逆回転している。とはいえ、荒療治は望むところではない。黒船来航(嘉永6年＝1853年)で260年間続いた徳川幕府の平和体制を崩されたトラウマで日本はすべからく西洋を模範とする「脱亜入欧」路線を突っ走ってきたが、もはや限界である。そろそろ本来の東アジア文化圏の一国に戻るべきだろう。

第三章 「特別軍事作戦」から「重要軍事演習」へ、そして……

バイデン大統領の失速と米資本主義の黄昏

プーチン大統領の「特別軍事作戦」は、徹底したゼロコロナ政策で大成功を収めた北京冬季オリンピック大会（2022年2月4日〜20日）の閉会式4日後に発せられた。1週間後にパラリンピック（3月4日〜13日）開会式を控えていたが、このタイム・スケジュールにはプーチン大統領、バイデン大統領、習近平主席の三者三様の思惑が絡んでいた。その詳細は「第四章　ウクライナ戦争の真実――プーチンの陰謀、バイデンの策謀、習近平の遠謀」に譲るが、三者ともに速戦即決の短期戦を考えていたことは明らかである。

バイデン大統領は21年12月に北京オリンピックの外交ボイコットを呼びかけたが、日本、イギリス、カナダ、オーストラリア、ニュージーランド、リトアニアの6カ国が応じたのみであった。プーチン大統領が短気に走り、オリンピックをぶち壊すのを心中深く期待したことであろうが、それはみごとに失敗した。プーチン大統領はオリンピック開会式の日に北京を訪れて習近平主席に祝賀を伝え、「NATOの東方拡大に反対する」との共同声明を出していた。バイデン大統領の策略に乗せられまいと閉会式を待ったのである。ウクライナ軍の投降を促す圧倒的な示威作戦で、パラリンピック開会式までに決着させようと考えていた。

他方、習近平主席はソ連・東欧社会主義圏崩壊の一因となった「1インチの約束」違反問題に憤るプーチン大統領の歴史認識を共有していた。北京冬季オリンピック大会の成功で総書記三選を期する秋の中国共産党大会に向けて弾みをつけていたが、さらにもう一つ、「台湾有事」を画策して執拗に反中包囲網を構築しようとしているバイデン外交にケジメを付けさせる必要があると遠謀を巡らせていた。コロナ・パンデミックで世界最多の感染者、死亡者を出し続けている斜陽の米国は二正面作戦を担える国力を急速に失っていると考えていたのである。

「特別軍事作戦」を発令する運命の日、プーチン大統領は全ロシア国民向けのテレビ演説を行った。「NATOは1インチも東に拡大しないと約束したが、我々は騙された」と、憤懣やるかたない表情でカメラをキッと睨《にら》み付けた。バイデン大統領を思い浮かべていたのである。それを合図に約20万人のロシア軍が三方からウクライナの首都キエフ（キーウ）へと侵攻した。バイデン大統領は待っていたように「侵略戦争」と声を張り上げたが、プーチン大統領は『特別軍事作戦』は戦争ではない」と頑として撥ねつけた。その特異なコードネームに半生の怨念を込めたのである。

ウクライナ危機は〝バイデンの戦争〟と筆者は早くから論じていたが、同じように理解した西側社会の有力リーダーが何人かいる。その一人がほかでもないトランプ前大統領である。「プーチンはバイデンの愚かさを見抜いた。この全てが大統領選の操作のために起こった。私の政権ではこのようなことは起きなかっただろう」(フォックス・ニュース2022年2月24日)と、ロシア軍侵攻の第一報直後に断じている。「大統領選は盗まれた」と陰謀論でバイデン大統領を攻撃し続ける政治的意図が少なからず込められているが、トランプ前大統領はウクライナに関する重要情報を知る立場の現職大統領であっただけに真実の一端を鋭く反映している。その2日後、バイデン大統領は「我々には二つの選択肢がある。第三次世界大戦か、国際法を破った代償を払わせるかだ」と異様に昂ぶった言葉遣いで反論したが、トランプ前大統領は即日、「真の問題はわが国のリーダーが間抜けだということだ」と毒舌を吐いた。フロリダ州オーランドで開催されたトランプ派の「保守政治行動会議」(CPAC)での演説での発言であるが、やんやの喝采を浴びた。

歴史にIf(もしも)はないが、トランプ前大統領が2020年の大統領選挙で再選されていたらウクライナ危機は起きなかった。トランプ前大統領とプーチン大統領とは「盟友」は言い過ぎだが、「親友」は遠からず、である。2016年の大統領選挙で、プーチン大統領の陰の助力なくしてトランプ大統領は誕生しえなかったのである。オバマ政権の国務長官だったヒラリー・クリントンが本命視されていたが、在任中にロシア政府系原子力機関ロサトムに米国の重要ウラン鉱脈の所有権が移る企業買収に許可を与え、迂回的に多額の報酬を得ていた「ロシア・ゲート問題」がロシアのサイバー攻撃により発覚して失速し、ダークホースであったトランプ候補が当選した。2020年の大統領選挙でもバイデン候補父子のウクライナ利権疑惑を暴露するサイバー攻撃があった。トランプ大統領が再選されていたら感謝こそすれ、ロシアとウクライナで争う必要はなかったのである。そもそも不動産業者上がりのトランプ大統領は一銭の足しにもならないNATO東方拡大などには全く関心がなく、在独米軍駐留費増額に応じないドイツのメルケル首相を「時代遅れ」とこき下ろし、NATOからの脱退まで口にしていたくらいである。当時の欧州ではNATO不要論が飛び交い、マクロン仏大統領は「共通の敵を失ったNATOは脳死状態」と専門誌に投稿していた。米世論もイラク、アフガニスタン疲れで内向き志向になり、遠いウクライナへの関心はゼロに近かった。それをちゃぶ台返ししたのがバイデン大統領その人なのである。

恐らく2年にわたるコロナ・パンデミックのストレスがなかったらここまで極端にはならなかったであろうが、欧州の一角で突然、火の手があがったことに全欧州が半パニック状態に陥り、プーチン大統領への「悪人」大合唱が始まり、ロシアの伝統文化に至るまで魔女狩りのように否定し始めた。米国の「拡大抑止」に期待する対米依存心が異常に高まり、EUはNATOと一体化し、ワシントンの出先機関化していく。ホワイトハウスの奥深くバイデン大統領はほくそ笑んだが、見かねたローマ・カトリック教会のフランシスコ教皇が「複雑な問題を善悪の区別に単純化しようとするのは断じて反対だ。根源的な要因や利害関係について考えることが不可欠で、それらは非常に入り組んでいる」（22年5月19日）と、二度の世界大戦の発祥地となった欧州人に歴史から謙虚に学ぶようにと諭した。その声は静かな波紋となって広がり、23年2月始め、「交渉の勧め」という長文の論文が南ドイツ新聞に掲載され、人々の注目を集めた。その筆者は西欧の良識の代弁者と尊敬を集めるドイツの哲学者ハーバーマスで、「ますます多くの犠牲者を出す戦争を続けるのではなく、我慢できる妥協を追求すべきだ」と停戦交渉を促したのである。こうした理性の声は中国和平案と微妙にシンクロしていく。

ドイツの詩人シラーは「正義の尺度は声の多数ではない」との言葉を遺したが、ウクライナへの軍事侵攻はプーチン大統領にとっては「正義」なのである。NATO不拡大の「1インチの約束」を守らず、ロシアの鼻先のウクライナにまで拡大するバイデン大統領に対して、「約束を守れ」と30余年鬱積した怒りをぶつけた。侵略と同義の「戦争」を避けて「特別軍事作戦」と名付けたのもそのためで、バイデン大統領への挑戦状である。

プーチン大統領の「特別軍事作戦」は世界を核戦争寸前に立たせた「キューバ危機」（1962年）、冷戦後の世界を地域紛争が絶えない修羅場に変えたブッシュ（子）政権の「イラクの自由作戦」（2003年～2011年）とどこかで繋がっており、現代史に刻印された負のスパイラルを止揚する機会になりうる。

米史上最年長の79歳で大統領に就任し、米中国交正常化の道を開いたキッシンジャー元国務長官と並ぶ米外交界の最長老と自負するバイデン大統領は就任第一声で、「米国の唯一にして最大の競争者」と中国を位置付け、習近平主席への対抗心を剥き出しにした。そうして中国包囲網構築に外交の重点を置くが、その流れの中で急浮上したのがウクライナ問題である。プーチン大統領の「特別軍事作戦」は想定内であり、中露を離間させ、中国の背後を揺さぶる第二戦線的な策謀が込められていた。シェークスピアの四大悲劇に劣らぬ大陰謀劇めいてくるが、バイデン大統領の策謀に対抗してプーチン大統領が陰謀を巡らせ、習近平主席が一枚絡んでくる。

〝ビッグ3〟が持てる力と知略の限りを尽くして激しく火花を散らす国際的なパワーゲームは全世界を巻き込んで行くが、バイデンの大失敗はプーチンと習近平の間を同志関係に限りなく近付けてしまったことである。また、米欧社会に第二次世界大戦後最悪の猛烈なインフレーションを引き起こしたことも致命的な誤算であった。人民元、韓国ウォン、さらにベトナム通貨のドンより落ちて一人負けしている円安もそれに起因するが、現代資本主義が忘れかけていた大恐慌の恐怖を呼び覚ましている。ネットバンキングで瞬時に起きるデジタル銀行取り付けの「バンク・ラン・ネット（bank run net）」で米欧銀行が連続倒産したが、バイデン政権を慌てさせたのは富裕層に低金利で貸し付ける「富裕層ビジネス」専門のファーストリパブリック・バンクが破綻したことである。２００８年のリーマン・ショックでは税金で経営陣や投資家を救済したが、批判を浴び、今回は同じ手は使えない。米財務省が手を回して最大手行のＪＰモルガン・チェースがファーストリパブリック・バンクを買収し、預金保険で守られる上限25万ドルの制限を事実上撤廃したが、大手行も金利引き上げに伴う国債など債券価格低下で含み損を抱え、金融システム全体が不安定化している。富裕層による富裕層のための富裕層の米資本主義の黄昏《たそがれ》である。習近平主席は日々、自信を深め、みんなが豊かになる究極の格差解消策である「共同富裕」を前面に押し出して米資本主義との最終局面の体制競争に挑む。

「1インチの約束」と限定的な代理戦争としてのウクライナ戦争

バイデン一流の「偽旗作戦」とも言えるウクライナ危機を理解するキーワードが「１インチ

の約束」問題であるが、その全貌を知るには東西冷戦終結宣言（１９８９年12月）までタイムスリップしなければならない。地中海のマルタ島でゴルバチョフ・ソ連共産党書記長とブッシュ（親）米大統領が署名したのが同宣言であるが、両首脳は口頭でＮＡＴＯを東欧に拡大しない「１インチの約束」を交わした。西欧のＮＡＴＯと東欧のワルシャワ条約機構の同時解体を見越した約束であったが、現実は、ワルシャワ条約機構だけが解体され、ＮＡＴＯは東欧に拡大され、ロシアと長い国境を接する旧ソ連の一国・ウクライナにまで迫ってきた。

　プーチン大統領は「特別軍事作戦」を発令するテレビ演説を通して、自ら入念に手を加えた演説原稿で思いの丈を語る。「特別軍事作戦」の目的はウクライナの「非軍事化」「中立化」「非ナチ化」にあり、「ネオナチ」のゼレンスキー政権への懲罰的な作戦であると主張した。「非ナチ化」は第二次世界大戦の血の教訓であり、父親をその戦いで失ったプーチンの「正義」を理解（同調なり反発とは異なる客観的な認識）する核心となる。

　プーチンの認識では、米国は冷戦終了後、旧ユーゴスラビアへの空爆やイラク、リビア、シリアなど世界各地で国連安保理の承認が無い軍事侵攻を繰り返し、過激なグループを支援してクーデターや権力奪取劇を起こし、民主主義の名をかたって親米傀儡《かいらい》政権を作り上げる「カラー革命」を起こしてきた。そして今、ウクライナで米軍が軍事訓練を強化し、ＮＡＴＯ加盟を既成事実化しようとしている。ソ連崩壊のトラウマを背負ったプーチンのロマンチズムと言うべきであろうが、ウクライナ国民に「あなたたちの父、祖父、曽祖父は今のネオナチがウクライナで権力を掌握するためにナチと戦ったのではない」と、旧ソ連の一員としてナチスドイツと戦った「大祖国戦争」の記憶を取り戻し、同じ戦線に立つことを呼び掛けた。最後は、バイデン大統領への核恫喝で締めくくる。いわく、「現代のロシアは世界で最大の核保有国の一つだ。我が国への直接攻撃はどんな潜在的な侵略者に対しても壊滅と悲惨な結果をもたらす」。世界の核の9割を二分するもう一つの核超大国の大統領への警告状である。

バイデン大統領はというと、ゼレンスキー大統領を押し立てて「悪党」「戦争犯罪人」と言葉の限りを尽くして反プーチン反ロシアの国際世論を煽り、対露経済制裁を主導する。他方、プーチン大統領が定めた核攻撃のレッドラインは墨守する。「特別軍事作戦」実行前にウクライナから米軍特殊部隊を撤退させ、米軍の参戦はなくした。ウクライナへの武器支援もロシア領内を攻撃できる長距離砲や戦闘機などは含まない。事前にブリンケン国務長官とラブロフ外相の非公式接触で最低限のルールを決めていた。ウクライナ戦争はあくまでも米露の限定的な代理戦争なのである。

ソ連解体とプーチンのプライド

プーチン大統領の「1インチの約束」への強いこだわりは、「今もソ連共産党の党員証を持っている」と語るプーチン大統領のプライドであり、ソ連崩壊のトラウマそのものである。当時、ソ連国家保安委員会（KГБ＝KGB）のエリート情報将校（中佐）として東ベルリンに常駐していたウラジーミル・プーチンは冷戦終結に向けた米ソ首脳の対話に聞き耳を立てていた。聞こえてくるのはソ連の混乱ばかりで、ゴルバチョフ書記長は米国にいいように騙されているのではないかと不安に駆られていた。

同じ光景を見ていた私には、その心情がよく分かる。ペレストロイカはなぜ失敗したのかと、問題意識も共有していた。ソ連崩壊元年と後に記録される１９８８年夏、西ドイツのフランクフルト近郊で開催された国際シンポジウムで同じ分断国家の東西ドイツと比較しながら南北朝鮮統一問題に関する持論を披瀝した私は、崩壊説がしきりに流れているベルリンの壁が気になり、シンポジウム終了後に列車で東ドイツ領内を通過して西ベルリンへと向かった。東西ドイツ分断の象徴であるベルリン中心部のブランデンブルグ門は開けっ放しであった。誘われるように東ベルリンへと入り、人通りがほとんど消えた東ドイツ官庁街からマルクス・エンゲルス広場、東ドイツ人民議会「共和国宮殿」辺りを気の赴くままに徘徊した。フンボルト大学の玄関に入ると、中央階段上にマルクス・エンゲルスの胸像が見えた。一段、二段神妙に上がると、階段中ほどに「歴史の階段を踏み誤ってはならない」と刻まれた金属製のプレートがあった。ベルリンの壁が翌年（１９８９年）11月に崩壊したことはテレビ画像で見たが、その1ケ月後に再度訪れた現場は祭りの後の静けさに包まれていた。情報収集に駆け巡っていたプーチンKGB中佐とも1、2回はすれ違っていたかもしれない。

１９９０年にプーチンはゴルバチョフ書記長に見切りをつけてKGBに辞表を提出し、レニングラード市（現サンクトペテルブルグ市）ソビエト議長だったサプチャークの国際関係担当顧問となった。翌年のエリツィンの「8・19クーデター」の際には、その前日にクレムリン宮殿に迷い込んだ私が目撃した「権力の空白」を埋めようと思いを巡らせはじめたことであろう。

その頃、クレムリンの主人公のゴルバチョフ書記長は遠いクリミア半島で軟禁されていた。ゴルバチョフ書記長はそれに先立ち、ペレストロイカ（建て直し）やグラスノスチ（情報公開）の失敗による混乱を収拾しようとソ連を中央集権制から15カ国の国家連合へと再編する「新連邦条約」を提唱し、ロシア・ソビエト連邦社会主義共和国のエリツィン大統領、カザフ・ソビエト社会主義共和国のナザルバエフ大統領の支持を取り付け、8月20日に調印する運びとなっていた。その後、風光明媚なクリミア半島フォロスの大統領別荘に夏の休暇に出かけたが、そのまま軟禁状態となり、調印前日の19日に側近の副大統領、首相、国防相、内相、KGB議長らが「国家非常事態委員会」を組織してクーデターを起こした。待っていたようにエリツィンが逆クーデターを起こして実権を掌握し、ロシア共和国内での共産党の活動を停止させる大統領令を発した。ゴルバチョフはやむなく8月24日にソ連共産党書記長辞任と党中央委員会解散を宣言し、同年12月にソ連共産党は解党されて80年の歴史に幕を下ろした。ゴルバチョフはソ連大統領も辞任し、米国と世界を二分した超大国・ソビエト社会主義共和国連邦（1922年〜1991年12月25日）は自壊した。

プーチンはサンクトペテルブルク市第一副市長などを経て2000年、エリツィン大統領の政治資産を受け継いで大統領に就任した。外国企業誘致などで実績を挙げたことで注目されたのであるが、その間にサンクトペテルブルク国立鉱山大学で経済学を学び、経済科学準博士の学位論文「市場経済移行期における地域資源の戦略的計画」で「豊富な資源を国家管理下におき、ロシアの内外政策に利用する」と将来の国家再建策をまとめた。それが30年後、経済制裁を跳ね返す理論的武器になり、そのブーメランが米国を苦しめることになる。プーチンはソ連共産党解党まで離党せず、党員証は今も持っている。ソ連崩壊から立ち上がるプーチンの半生をかけた戦いの物語は、バイデンとの宿命の戦いでクライマックスを迎えている。

プーチンとバイデン共通の誤算――ウクライナの徹底抗戦

プーチン大統領は当初、北京パラリンピックまでにネオナチと断定したゼレンスキー政権を排除し、反NATOの親露政権と交代させるシナリオを描いていた。勝手知ったるウクライナ、と過信したことが間違いの元となる。ロシア軍主力部隊が首都キエフ（キーウ）郊外20～30キロに迫り、世界中が陥落は時間の問題と固唾《かたず》を飲んで見守った。米英政府も警護部隊を派遣し、ゼレンスキー大統領に亡命を勧めたくらいである。プーチン大統領はウクライナ軍投降の報を待ったが、戦況は膠着化《こうちゃくか》する。ウクライナ東部や南部でロシア軍は占領地域を広げたが、肝心のキーウ周辺でウクライナ軍が徹底抗戦に転じてロシア軍の動きが鈍くなる。半ば凱旋気分で侵攻したため装備も補給も不十分であった。プーチン大統領はウクライナ軍の徹底抗戦は全く予想していなかった。旧ソ連時代そのままにロシアとウクライナは「兄弟」と信じ切り、「弟」のウクライナに燻《くすぶ》っていた民族主義を見落としていたのである。

「タタールのくびき」とゼレンスキー大統領のシオニズムが微妙にシンクロしながらウクライナ軍は市街戦を交えた反転攻勢をかけ、隙を突かれたロシア軍は多大な損害を被った。ウクライナの人的、物的被害も膨大である。一般市民は人間の盾とされ、ミサイルや砲弾がウクライナ全土に雨あられと飛び交う中、４４００万人のウクライナ国民のうち１４００万人が国内外に難民化した。国土の荒廃化も際限なく進む。

バイデン大統領にはウクライナの抵抗は想定外の収穫であった。米国離れを起こしていたＮＡＴＯ諸国を、ゼレンスキー大統領がＳＮＳで毎日発する「不正義」「侵略」「ジェノサイド」の反プーチン、反露非難に唱和させて結束させ、対露経済制裁へと導くことに成功したからである。トランプ前政権時代の米国とＮＡＴＯ諸国の不和、対立は完全に解消した。スウェーデン、フィンランドまでが「中立」をかなぐり捨て、ＮＡＴＯ加盟へと走る、走る、走る。ハチの巣を突いたような一大狂騒曲の中でＮＡＴＯは欧州最後の砦として蘇った。

そこまではバイデン大統領の嬉しい誤算であったが、手痛い現実が待っていた。世界有数の原油・天然ガス・食糧輸出国であるロシアは、それを武器に巻き返す。ロシアからの輸入に多くを頼ってきた欧州はインフレの嵐に巻き込まれる。米欧諸国の繁栄を支えてきたグローバルなサプライチェーンがズタズタになって需要と供給の価格調整メカニズムが狂い出し、世界最大の産油国の米国までガソリン代高騰に始まる天井知らずのインフレに直撃された。コロナ不況から脱出するために防疫緩和・経済優先のウィズコロナに舵を切り、経済がようやく持ち直しつつあったのに、猛烈に逆回転し始めたのだ。インフレ抑制の金利引上げを繰り返し、その煽りで英国のポンド安、ＥＵのユーロ安、日本の円安と前代未聞の通貨不安の連鎖が起こり、Ｇ７で反露の旗振り役を務めるジョンソン英政権は値上げ反対デモのうねりに揺さぶられ、深刻な政治危機に陥った。

米空母を封じた「重要軍事演習」――米軍への恐れが消滅した中国

「特別軍事作戦」開始から4カ月後の22年6月17日、プーチン大統領は「サンクトペテルブルク国際経済フォーラム」で強気の演説に立った。「西側は以前の義務（「1インチの約束」）を果たすことを根本的に拒否し、新たな協定を結ぶことは不可能なことが判明した。『特別軍事作戦』を決断せざるを得なかった」とその正当性を再度強調し、「一極世界の時代は終わった」と断言したのである。西側メディアは「虚勢」と一様に報じたが、その目は確信に満ちていた。米国主導の経済制裁はルーブルを暴落させたが、1カ月も経つと反騰し、高値に張り付いた。原油高騰がロシアに巨益をもたらし、経済科学準博士の学位論文で提唱したプーチンの「資源外交」が効いていた。ソ連は米国の圧倒的な経済力に翻弄されたが、今は逆のことが起きていると自信さえ浮かべた。

プーチン大統領は兵力を消耗する無用な攻撃は避け、ゼレンスキー政権の自壊と米欧のウクライナ疲れを引き出す中長期戦へと軌道修正する。新戦略を背後で支えるのは、社会主義体制を堅持しながら驚異的な経済成長を遂げ、米国すら抜こうとしている中国である。習近平主席とは同志であり、両国は事実上の同盟関係であると信じている。

米国の衰退を感じ取っていたのは、習近平主席も同じである。バイデン大統領が対露経済制裁参加を何度呼び掛けても「中立」と体よくかわし、西側の制裁で行き場を失ったロシア産原油、天然ガスの購入量を増やし、間接的にロシアを支援した。インド、エジプト、南アフリカ、ブラジルなどグローバルサウスの大国も同調し、アジア、アフリカ、南米で対露経済制裁に加わる国は見当たらなくなった。米国は対抗して中国とのサプライチェーンのデカップリングを進めるが、中国は逆に独自のグローバルなサプライチェーンである「一帯一路」経済圏の拡大に努める。世界は先細りする米欧社会と成長を続ける非米欧社会の二つに割れていく。

習近平主席は、台湾問題にケジメを付ける時期をうかがっていた。香港問題に断を下し、アヘン戦争（1840年〜42年）で英帝国主義に奪われた屈辱の歴史に幕を下ろした。残るのが台湾問題であり、米国と1979年に国交正常化した後も米国議会が制定した「台湾関係法」に長く苦しめられてきた。同法は「平和的手段以外で台湾の将来を決定しようとする試みは、地域の平和と安全に対する脅威」と記し、米国による台湾防衛義務は定めていない。だが、歴代米政府は中国が武力で台湾統一を図ろうとした場合、軍事介入するかも知れないし、しないかも知れないとの「曖昧戦略」で中国を牽制してきた。習近平とすれば「台湾問題は中国の内政問題」と合意して国交樹立したはずなのに、いつまで米国の国内法に過ぎない「台湾関係法」に縛られなければならないのかとの根本的な不満がある。

不満は怒りとなり、国力の伸長と共にやがて爆発するが、それを習近平の弱点と見誤ったのがバイデンである。大統領就任直後の一昨年（2021年）3月、デービッドソン・インド太平洋軍司令官が上院軍事委員会公聴会で「中国の台湾への（侵攻の）脅威は今後6年以内に顕在化する」と証言し、いわゆる「台湾有事」をぶち上げた。バイデン大統領は訪日し、岸田首相との共同記者会見（2022年5月23日）で記者から「台湾を軍事的に守る意思があるか？」と聞かれて「YES」と答え、デービッドソン発言を追認した。「台湾有事」を喧伝して地域の緊張を煽り、日本を引き込もうとする新戦略を露骨化したのである。

その翌月、「台湾関係法」以来の台湾関連の「最重要法案」が米議会に提出されたことを米各紙が報じた。「台湾はNATO非加盟の主要同盟国（MNNA）に指定する」とする「台湾政策法案」である。「台湾のウクライナ化を避ける」との理由で6月に超党派で提出され、台湾を日本、韓国、オーストラリアなど18カ国と同じMNNAに指定することで「米国の防衛義務の対象」としようとする。台湾関係法制定（1979年）以来の「最重要法」と位置付けられ、日本などは事前了承し、NATO東京事務所がMNNAの拠点と位置づけられていた。ただ、台湾問題と距離を置く韓国ではタブー視されている。それが採択されれば台湾は日本、韓国、フィリピンなど18カ国と同等の同盟国に格上げされる。アジアに新NATOを構築し、中国を封じ込めるのがバイデンの新戦略である。ペロシ米下院議長による訪台はそれを蔡英文総統に直に伝える使命を帯びていた。米国務省は8月1日に「ペロシ下院議長には訪台する権利がある」と発表し、中国側が台湾海峡周辺への軍事的威嚇を強めないようにと警告を発した。

「台湾政策法案」に神経を尖らせていた中国は「一つの中国」に反する露骨な内政干渉だと抗議し、同日、中国軍東部戦区が台湾を封鎖する「重要軍事演習」の布告を発した。台湾を囲む六つの海空域が演習エリアに指定され、米国が国際航行水域と主張する中台「中間線」は言うまでもなく、沖縄県与那国島に近い日本の排他的経済水域（ＥＥＺ）も対象区域とされ、南シナ海上空、尖閣（釣魚島）を含む東シナ海上空の防空識別圏は厳戒空域となる。宣戦布告に準じるものであり、実施されれば東アジアの国際力学図を根底から塗り替える歴史的事変となる。

習近平主席はバイデン大統領が台湾を米国の東の最前線に仕立てようとしていると判断し、ケジメを付ける時機到来と判断した。世界最強の米軍を相手にすることに恐怖感がないと言ったら嘘になるが、プーチン大統領が背中を押してくれた。

22年7月31日、プーチン大統領は「海洋ドクトリン」改訂を承認し、ＮＡＴＯとともに太平洋における米国の「覇権拡大の動き」をロシアの安全保障上の「重大な脅威」と新たに定義し、「状況に従って軍事力を行使する」と明記した。アジアにおける米国の動きを牽制し、中国支援に含みを持たせたのである。さらに、サンクトペテルブルク市での「ロシア海軍の日」記念軍事パレードで演説に立ち、「ロシアの国益にかなう地域を揺るぎなく守る」と声を張り上げ、極東・太平洋方面への新戦力展開を明らかにした。「重要防衛対象」として北極海、黒海、クリール諸島（北方4島を含む千島列島）を挙げ、5月に完成した極超音速ミサイル「ツィルコン」を数カ月以内に北方艦隊旗艦に実戦配備し、1号が竣工したばかりの核魚雷「ポセイドン」搭載予定の世界最長の巨大潜水艦を近い将来に順次、北方艦隊と太平洋艦隊に2隻ずつ配備する。

ロシアが突如として太平洋、極東地域を「重要防衛対象」と定義した意図をバイデンは測りかねていたが、習近平の強気の「重要軍事演習」発令でその意味を思い知らされる。米軍が出動すれば、中国、ロシアと二正面で戦うことになるのである。

同年8月2日夕、ペロシ議長一行を乗せた米軍機が台湾へとクアラルンプールを発った。最初の訪問地のシンガポールからマレーシアに入り、台湾に向かうコースであるが、慎重にも慎重にと、中国が描くとされる九州、沖縄、台湾、フィリピンを結ぶ対米防衛ラインの第1列島線外側のフィリピン領海へと迂回し、通常飛行ルートより3時間以上かけて深夜11時近くに台湾の松山空港に着いた。

その14分後、中国軍東部戦区報道官は「2日夜から台湾周辺で合同軍事行動を展開する。米国の後ろ向きな動きに対する厳正な威圧であり、台湾独立勢力への警告だ」と発表した。その瞬間から台湾周辺の空海域で複数の弾道ミサイルが発射され、動画で公開された。1995〜96年の第3次台湾海峡危機以降、台湾海峡の中央部に暗黙の休戦ラインとして「中間線」が引かれ、「航行の自由」と称して米艦が随時巡航していたが、それを一切無視した。中国軍機300機が昼夜の別なく飛び交い、その映像を中国国営テレビは「いわゆる『中間線』を打ち破った」と放映した。延べ190隻の中国軍艦艇が台湾周辺をパトロールし、台湾から12カイリの「領海」もお構いなしであった。

8月3日、ペロシ議長が蔡英文総統と会談し、直後の記者会見で「米国が台湾の民主主義を守る」と語ったが、その日台湾を囲む6カ所の空海域に向けて中国本土の複数の地点からミサイルが発射され、その一部は台北上空を通過し、日本の排他的経済水域（EEZ）内に着弾した。

4日深夜、ペロシ議長一行を乗せた米軍用機は韓国へと発ったが、中国が東シナ海全域に設定した防空識別圏を避け、沖縄上空を3時間かけて迂回した。韓国のユン・ソギョル大統領は厄介な賓客《ひんきゃく》のペロシ議長と会おうとせず、電話で儀礼的な挨拶を交わした。翌日、ペロシ議長は東京に飛び、岸田首相と会談した。

5日、中国外務省がペロシ下院議長と親族への制裁を発表した。米中両軍の幹部同士の電話協議中止など、8項目の対抗措置を取る。台湾を「主権国家」として承認すべきだと公言したポンペオ前国務長官に制裁を発動したことはあったが、現職の、それも大統領職継承順位二位の高職者への制裁は初である。そもそも世界の警察官と自他ともに認めていた米国が他国に制裁を発動することはあっても、自らが制裁対象になることはなかった。カービーNSC戦略広報担当調整官が談話で、中国の制裁措置は「実務レベルの話」とかわしたが、衝撃は隠せない。

8日、バイデン大統領は訪問先のデラウェア州で記者団の質問に答え、「心配はしていない。(中国が)これ以上何かするとは思っていない」と言葉少なに語った。ペロシ議長の訪台は「彼女の判断だ」と述べ、ホワイトハウスとは関わりがないと突き放した。第3次台湾海峡危機では台湾の北と南に米軍空母が派遣され、中国は沈黙するしかなかったが、今回はフィリピン海の片隅で原子力空母ロナルド・レーガンが息を殺し、予定されていたICBMの発射実験も延期された。

台湾海域、東シナ海における米中軍事バランスの逆転

習近平の完勝である。幅130~150キロの台湾海峡、その周辺の南シナ海、東シナ海の

秩序は塗り替えられるが、習近平の意識では正常化である。その意味は、台湾問題小史を振り返れば容易に理解できる。日中戦争当時、太平洋方面で日本と戦った米国は蒋介石（1887年～1975年）国民党総統率いる中華民国と同盟関係にあった。だが、日本降伏後に中国で国共内戦が始まり、共産党指導の中華人民共和国（1949年～）が樹立され、蒋介石は台湾に逃れ「大陸反攻」の機会をうかがう。蒋介石死去で「大陸反攻」は立ち消え、中台の経済的交流が本格化し、台湾海峡は海上物流の要衝となった。だが、トランプ政権誕生で波風が立ち、バイデン政権になってさらに荒れ、「力による現状変更を許さない」と台湾海峡を米艦が威圧的にパトロールし始めた。台湾への武器供与は21年だけで4回に上る。習近平主席は「台湾問題の解決と祖国の完全統一実現は党の歴史的任務だ。平和統一プロセスを推進する」（共産党創立100年記念大会、2021年7月）と対決姿勢を強めた。バイデン政権は「中間線」を台湾防衛線とする姿勢を変えず、「自由航行」と米艦を派遣してきたが、「重要軍事演習」後は、もはや威圧ではなく、冒険である。中国がフロリダ半島沖で友好国キューバと軍事演習すれば米国は緊張するであろうが、同様の事態が台湾周辺に生まれようとしていると考えればより理解しやすい。

為すべきか為さざるべきかと、バイデンの悩みは尽きない。プーチン、習近平とはまだ話の余地があるが、話の全く通じない厄介な敵を内に抱えていた。8月8日午前、トランプ前大統領のフロリダ州パームビーチの自宅が米連邦捜査局（ＦＢＩ）の家宅捜索を受けた。大統領退任時にホワイトハウスから公文書を持ち出した疑惑が直接の容疑であるが、米議会襲撃事件などへの関与も容疑に含まれると米メディアは伝えた。次期大統領選挙出馬表明の時期を探っていたトランプ前大統領は「検察による不法行為で、司法制度の兵器化、魔女狩りだ」と反発する声明を出した。さらに翌日、「バイデンは（捜索について事前に）すべてを知っていた」とSNSに投稿し、支持者たちに抗議行動を呼びかけたのである。外敵より内敵の方が厄介であった。

8月10日、中国軍東部戦区は「任務を終了した」と演習終了を表明し、今後も訓練やパトロールを「常態的に行う」と付け加えた。戦闘機、爆撃機100機、10隻以上の駆逐艦が参加し、東部戦区以外の中国軍全部隊が米軍、自衛隊参戦の有事に備えて待機していたが、その体制は維持されるということである。同日、台湾国防部は17機の中国軍機が「中間線」を越えるのを確認したと発表したが、中国国防部は即時に声明で「台湾独立勢力と外部勢力が結託した挑発に対する厳正な威嚇だ」と、「中間線」を認めないことを通告した。

「重要軍事演習」終了とともに中国政府は22年ぶりに台湾政策に関する白書を発表した。「祖国統一を追求する中国共産党と人民の確固たる意志と強い決意を示す」と冒頭に記された白書は、「台湾問題を利用して中国を制御する動きを強めている」と米国を名指しで批判し、「外部勢力の干渉に対しては武力の使用を放棄しない」と宣言した。「外部勢力」とは米日であるが、「台湾政策法案」に事前承認を与えていた日本への視点は一段と険しさを増す。

米軍の世界最強神話を破った中国の自負心は高まるしかない。台湾政策担当の中国国務院台湾事務弁公室が22年8月10日に発表した台湾白書「台湾問題と新時代の中国統一事業」には

「『平和統一と一国二制度』が台湾問題の解決に向けた基本方針であり、国家統一を実現する最良の方式だ」としつつ、「武力行使の放棄は約束しない」と明記された。中国による「武力行使」阻止を台湾問題に干渉する理由とし、数々の圧力を加えてきた米日に対する正面切っての対決状にほかならない。

習近平主席は王毅外相ら「重要軍事演習」に関わった対米対日強硬派の政権、軍幹部たちを昇進させ、いわば「重要軍事演習」体制を維持強化する。それは米国のみならず、アジアで唯一、「台湾有事は日本有事」と関与する姿勢を強める日本への重大警告の意味が込められている。必要とあれば、日本への軍事行使を辞さない対日シフトである。

14億人の中国国民が見守る中、歴代中国主席で初めて米国を手玉に取った習主席の権威は揺るぎないものとなった。国営通信・新華社社長が雑誌への寄稿で、習近平共産党総書記・国家主席を毛沢東共産党主席以来初めて「世界レベルの領袖」と称えた。7年ぶりに改訂した共産党幹部の昇進・降格基準規定から「(七上八下の)定年制」が削除され、代わりに「習近平同志の政治理念堅持」が追加された。もはや胡錦濤前総書記ら長老たちからも異論は聞こえない。2カ月後の共産党大会での総書記3期目続投が事実上確定した。

米国に「ノー」と言う習近平時代の幕開けとプーチンの東方シフト

「重要軍事演習」からほぼ1カ月経った9月14日、習近平はワシントンからの一報に手を打った。米上院外交委員会が「台湾政策法案」を採択したが、「台湾はNATO非加盟の主要同盟国（ＭＮＮＡ）に指定される」との条項を原案から削除したのである。修正案を提出した法案起草者のメネンデス委員長（民主）は「米国は戦争を望まない」と削除した理由を明かした。中国の「重要軍事演習」に衝撃を受けた国家安全保障会議（ＮＳＣ）幹部らが「逆に中国の台湾侵攻を誘う」として修正を働きかけたと、複数の米メディアが内幕を伝えた。

バイデン大統領は記者会見で「中国が台湾に侵攻したら守るか」と問われて「イエスだ」と浮かない顔で答えたが、直後にブリンケン国務長官らが「一つの中国政策に変更はない」と打ち消しに回った。大統領の発言が「失言」扱いされ否定される異常事態であり、側近たちとの温度差が隠せなくなってきた。バイデン大統領のツイッターのフォロワーは4千万人近いが、年齢や統治能力を心配する書き込みが殺到した。

習近平は高揚感に包まれたことであろう。一国内法でしかない米国法に中国が制約される時代が終わったことを世界に知らしめたからである。Ｇ2時代の到来である。固唾を飲みながら「重要軍事演習」を見つめていた国際社会は米国の限界を知り、習近平の別の顔も知らされた。これまで党・政府幹部の腐敗撲滅や脱貧困など内政での実績は知られていたが、国際的には地味な存在であった。今、目にするのは米国にノーと堂々と張り合う決断力とリーダーシップを備えた新時代の指導者である。

「重要軍事演習」に快哉を叫んだ人物がもう一人いた。プーチン大統領である。世界2位の武器輸出国として米国と競う場として毎年開催される「国際軍事技術フォーラム・アーミー

2022」（8月15日〜21日）が例年通りモスクワ郊外の愛国公園で開催されたが、72カ国の軍事代表団を前にした開会式演説で「ペロシ訪台は完全に計画された挑発であり、西側諸国はNATOのようなシステムをアジア太平洋地域に拡大しようとしている」と批判し、それを跳ね返した「重要軍事演習」を高く評価したのである。

米国の限界を知ったことで、ロシアの対ウクライナ戦略の幅が広がる。ショイグ国防相が「ウクライナで核兵器を使用する必要はない」と述べ、ロシア外務省も核兵器は国家存亡の「緊急事態」においてのみ使用し、「NATOや米国との直接対決には関心がない」との声明を出した。プーチン大統領が議長を務める安全保障会議に助言するとされる外交評論家のルキヤノフはNHK国際ニュースナビのインタビュー（8月26日）でプーチン大統領の心情を慮《おもんぱか》り、「今や中国をはじめアジア全体が世界の出来事の中心になりつつある。ロシアが『西側中心主義』に戻ることはない」との見解を示した。プーチン大統領はヨーロッパとアジアにまたがるロシアの地政学的な条件を活《い》かした東方シフトを加速化させていく。

北朝鮮への急接近も注目される。朝鮮民主主義人民共和国は建国以来、ソ連＝ロシアと深い関わりがあり、金日成主席はチュチェ（主体）の自主路線で中ソ対立の緩和剤となった。「アーミー2022」開会式の8月15日を北朝鮮は「解放記念日」と祝う。プーチン大統領は金正恩総書記と祝電を交換し、伝統的な友誼《ゆうぎ》を再確認した。ソ連崩壊後の混乱の中にあったロシアは米国主導の対北朝鮮制裁措置に加わり、疎遠となったが、それも今は昔である。祖父の自主外交へと回帰する金正恩総書記はウクライナのドンバス地方で親露派が樹立した「ドネツク人民共和国」と「ルハンスク人民共和国」をシリアとともに国家承認し、復興のための建設労働者派遣を提案していた。バイデン政権は北朝鮮が武器弾薬をロシア側に供給しているとの未確認情報を流して牽制するが、金正恩に言わせればゼレンスキー政権に武器支援する米国がどの口で、となる。

プーチン大統領は北朝鮮国境に近いウラジオストクで中国、インド、ミャンマー、タイなど68カ国を招待して「東方経済フォーラム」(9月4〜6日)を開催し、閉幕翌日、上機嫌で30分もの独演をぶった。「ロシアは何も失っていない。西側は衰退し、時代遅れの米一極体制が新しい世界秩序に代わられている。世界の二極化は、ロシアに有利に展開している」と天を衝くばかりである。

中露の歴史的な和解――米一極抜きの世界新秩序拡大

その1週間後(22年9月15日)、習近平主席が国際政治を動かす新実力者と華々しくデビューする舞台が設けられる。中央アジアのウズベキスタンの首都サマルカンドで上海協力機構(SCO)首脳会議(9月15〜16日)が開催されたのである。コロナ感染が拡大した2020年1月以降、一度も国外に出ていなかったが、国際社会が「重要軍事演習」をどう見ているか、それを自分の目と耳で確かめるべく、来る党大会前にあえて参加した。

待っていたのは米一極抜きの新秩序へと向かっている世界であった。SCOは「国境地区における軍事分野の信頼強化」(上海協定)を目的に1996年に上海で設立された多国間協力組織で、本部は北京にある。当初は中国、ロシア、カザフスタン、キルギス、タジキスタンの5カ国であったが、ウズベキスタン、インド、パキスタンが加わった。世界中を驚かせた「重要軍事演習」効果で、今回の首脳会議には加盟国以外にオブザーバー国（アフガニスタン、ベラルーシ、イラン、モンゴル）、対話パートナー国（アゼルバイジャン、アルメニア、カンボジア、ネパール、トルコ、スリランカ）から14人の首脳が出席した。ワシントンのバイデン大統領が目を剥いたのは米国が制裁を科しているイランのライースィー大統領の参加である。会議前日にイラン外相がSCO加盟に関する覚書に署名し、会議ではイラン正式加盟に向けた覚書が調印された。ベラルーシの正式加盟への手続きも開始され、エジプト、サウジアラビアなど3カ国を対話パートナー国とすることなどが決められた。米国の干渉により分裂、対立していた中東諸国が米国抜きで新たな対話を始める場が設けられたのであり、激しく対立していたサウジとイランが和解する地均しとなった。それはさらにシリアとサウジの修好、シリアのアラブ連盟復帰へと発展していく。

習主席が最終日の全体会合で「重要軍事演習」の正当性を訴え、「内政干渉にはともに対抗しなければならない」と呼び掛けると、万雷の拍手が沸き上がった。満場一致で採択されたサマルカンド宣言には「多極的世界秩序」を目指し、「イデオロギー的な手法による国際問題の解決を排除する」と明記され、米一極主義の排除が確認された。

習主席は各国首脳との会談を重ねたが、クライマックスはプーチン大統領との会談である。「特別軍事作戦」前の北京オリンピック開会式以来の再会であるが、両者は満面の笑みを浮かべ、

「親愛なる同志」と呼び合って固い握手を交わした。「特別軍事作戦」と「重要軍事演習」の戦略的符合性を確認し合い、プーチン大統領は「米国とその衛星国による台湾海峡での挑発を非難する。この半年間で世界情勢は大きく変化した」と述べた。習主席は感無量の面持ちで、「劇的に変化する世界の中で中露は大国の規範を示し、主導的役割を果たす。中国は国連を中心とする国際秩序の守り手である」と応じた。「ロシアには繁栄した中国が必要だ」と語りかけるプーチン大統領に深く頷きながら、「中国には強いロシアが必要だ」と返した。

やや大時代的な形容となるが、中ソ同盟関係復活を想起させる歴史的和解である。スターリンと毛沢東は共産主義思想を共有したが、個人的な関係は疎遠であった。スターリン死後、中ソは社会主義圏のリーダーシップを巡る「中ソ論争（1956年~91年）」に陥り、米国の分断策に付け込まれた。いま二人はそれを超えつつある。世界の陸地の11・5%を占めるロシアと6・5%の中国が手を携える地政学的なインパクトは決して小さくない。ソ連崩壊30余年の間に溜まった澱を払拭する重大局面を迎え、手を携えて「米一極支配」に取って代わるパラダイムシフトを引き起こしていけるか、いよいよ正念場を迎えた。

2022年の最大の課題はウクライナ問題であった。11月にインドネシアのバリ島で開かれるG20首脳会議でも中心議題に上がることは必至だった。いち早く参加表明したバイデン大統領は習主席との会談を希望しながら、プーチン大統領の参加には否定的であった。習主席は参加いかんを表明せず。プーチン大統領は不参加を決め、ラブロフ外相が代理出席することになったが、盟友、同志と認め合う習近平主席を「多極的世界秩序」への新リーダーとして押し出す何事かを託した。

西側報道機関関係者が首を傾げる報道が中国中央テレビから伝えられた。プーチン大統領が習主席との会談で「ウクライナ情勢を巡る中国側の疑問や懸念を理解している。今日の会談（9月16日）で我々の立場を説明すると述べた」と伝えたのである。ロシア軍がウクライナ軍の攻勢で東北部のハリキウ州から撤退した時であったため、二人の間に対立が生じたのかと西側メディアはざわめき立ったが、ラブロフ外相が「国際情勢に関する食い違いは全くない」と否定した。ロシア側がチキンレースと化したウクライナ問題で習近平主席に新たに期待することがあるとすれば、ズバリ言って、和平イニシアチブであろう。「中立」を標榜してきた中国にしか出来ないことがあるからだ。

日本ではほとんど報じられなかったが、SCO首脳会議が行われたサマルカンド国賓館で習近平主席がトルコのエルドアン大統領と会談したことを国営新華網が写真付きで大きく報じた。習主席が「『一帯一路』共同構築」を求め、エルドアン大統領が「トルコの『中間回廊計画』と符合」と応じて息の合ったところを見せたが、それを円滑に進めるためにもウクライナの安定が不可欠である。トルコ大統領が骨を折ったロシアとウクライナの和平協議再開協力を申し合わせたとしても何ら不思議ではない。私はソ連崩壊期にサマルカンドをはじめ中央アジア各地域を訪れたが、各地でモスク（イスラム教礼拝堂）が再建されるのを見て、オスマン帝国時代からのトルコの影響力が根強く残っていることに驚いた。プーチン大統領もトルコ大統領の顔を立てて一度は和平協議に応じている。そもそも合意寸前であった和平協議を土壇場でひっくり返したのは、それを申し込んできたゼレンスキー大統領自身であった。プーチン大統領は米国を核で牽制しながらのウクライナ軍との消耗戦に幕を下ろし、和平を探っても良い時期に来ていると考えていた。盟友と頼む習近平主席が新たな和平イニシアチブを取るとしても、歓迎こそすれ反対する理由はない。そうした期待はやがて現実へと形を表していく。

習近平・プーチン会談で「日本有事」の議論か

さらにもう一つ、青の都と言われるシルクロードのオアシス都市サマルカンドでの習近平・プーチン会談では「日本有事」が具体的に議論された形跡がある。「重要軍事演習」と前後し日本海や日本列島周辺で中露海空軍の合同軍事演習が頻繁に行われるようになったのは偶然ではなく、日本列島を囲むニューノーマルは中露共同の対日戦略が新たな次元に入ったことを示唆している。軍略上は常識の類だが、「重要軍事演習」は米軍、自衛隊との偶発的衝突という最悪事態を想定し、事前から対米軍の〝第一のシナリオ〟、対自衛隊の〝第二のシナリオ〟を準備していたことであろう。米国がウクライナ方面で力を削がれ、二正面作戦は難しいと踏んでいただけに、行動予測不能の日本の自衛隊を対象とした〝第二のシナリオ〟に比重を置いていたとも考えられる。

事実、それは発動寸前まで行っていたのである。ペロシ議長一行が韓国を経て日本へと向かった8月4日午後3時頃、福建省沿岸から発射された弾道ミサイル「東風」が与那国島周辺の排他的経済水域（ＥＥＺ）の外側に落下し、1時間後には浙江省などから計5発の弾道ミサイルがEEZの内側に落下した。自衛隊が出動したら即、〝第二のシナリオ〟対応である。

同日、もう一つの際どい事態が発生していた。「中国の無人機3機が沖縄県周辺を飛行し、航空自衛隊南西航空方面隊の戦闘機が緊急発進した」と防衛省が発表したのである。翌5日、実兄の安倍元首相譲りの対中強硬派と知られる岸信夫防衛相（当時）が防衛省で緊急記者会見を開き、「『台湾有事は日本有事』とするなら、自衛隊がどの段階で介入することを考えているのか？」と自衛隊機の緊急発進について聞かれ、「日本に対する武力攻撃が発生していない場合でも重要影響事態となれば自衛隊は後方支援活動等を行うことができるし、存立危機事態となれば防衛出動を行うことができる」と答えた。岸防衛相が「中国の無人機3機」への撃墜命令でも発していたら日中開戦に発展したであろうが、幸いにして、最高責任者の岸田首相がそれを命じることはなかった。「日本政府は『日本が巻き込まれる』と水面下で米政府に中国を刺激しないように求めた」（朝日新聞10月16日朝刊）と報じられたが、まさに危機一髪であった。

「重要軍事演習」は終了したが、〝第二のシナリオ〟が廃棄された訳ではなく、演習の成果を取り入れて一段と効率化され、ロシア軍との合同作戦へと発展している。中露海空軍が日本周辺で常態的に合同訓練を繰り返すことがそれを物語る。「中国船が領海侵入　尖閣周辺、今年22日目」と地元紙の八重山日報（8月15日）が報じたが、尖閣諸島（釣魚島）一帯では機関砲を装備した中国海警局船が頻繁に見られるようになった。ロシア軍の動きも活発化する。「重要軍事演習」の1カ月後、ロシア国防省は「東洋の敵を撃退する」との攻撃的スローガンを掲げた極東軍事演習「ボストーク2022」（9月1～7日）を4年ぶりに実施し、兵士5万人、戦車5千以上、航空機140機、艦艇60隻を動員した。中国、インドなど13カ国軍が参加し、日本海、オホーツク海が主たる海軍演習域とされたが、7カ所に絞られた陸上演習場には岸田政権が「ロシアが不法占拠する北方領土」と再宣言した択捉島《えとろふ》、国後島《くなしり》がこれ見よがしに加えられた。この2島には最大射程400キロのミサイルが配置されている。

さらに9月15日、ロシア国防省は露中海軍が太平洋で合同パトロールを実施と公表した。中露海軍が日本を周回する大規模合同演習を実施したのは21年10月であったが、両国の連携が一段と緊密化した。10月18日にはロシア国防省が「(核弾頭搭載が可能な)戦略爆撃機ツポレフTU95MS 2機が戦闘機ミグ31に護衛されて空中給油しながら太平洋、ベーリング海、オホーツク海上空を12時間以上にわたり飛行した」と聞こえよがしに公表した。

各種情報を総合すると、中露は海軍力強化と同時に〝第二のシナリオ〟を合同で練っていたと考えるのが合理的であろう。「重要軍事演習」3カ月前の5月中旬、「台湾有事」を想定して実施された沖縄での米軍・自衛隊合同活動と同時期に、中露空軍機が合同演習をしている。「中国の爆撃機H6 2機が日本海上空でロシア爆撃機TU95 2機と合流して東シナ海まで共同飛行し、その後H6 2機とロシア爆撃機2機が加わった計4機で太平洋にかけて共同飛行した。航空自衛隊の戦闘機を緊急発進させた」と岸防衛相(当時)が緊急記者会見(5月24日)で明かしたが、客観的には偶発的な衝突の危険性があったのである。

プーチンの「特別軍事作戦」と習近平の「重要軍事演習」は相関関係にあった。共産党機関紙・人民日報傘下の環球時報の社説「目を覚まさせるために、日本に猛省を促すべきだ」

（2022年6月7日）は「台湾問題への干渉がアメリカ以上に過激化している。封じ込められていた日本の軍国主義が台頭している」と日本軍国主義批判を公然化させた。その約1ケ月後、インドネシアのバリ島で開催されたG20の外相会合（7月7日〜9日）で王毅外相はラブロフ外相と会談し、米欧の対露制裁は「非合法で一方的」と断じた。

さらにそれより1ケ月後のペロシ上院議長一行が台湾に着いた翌日（8月3日）、カンボジアのプノンペンでASEANと米日韓露外相による「東アジアサミット（EAS）外相会議」が開催されたが、中露が米日非難に公然と足並みを揃えた。ブリンケン国務長官と林芳正外相がG7外相声明を発表し、「ペロシ下院議長の訪台を攻撃的な軍事活動の口実にすることは正当化できない」と非難した。すると翌日、北京で鄧励《とうれい》・中国外務省次官がG7各国とEUの駐中大使らを呼び出して抗議し、特に日本の垂《たるみ》秀夫大使に対して「G7やEUと共に中国の顔に泥を塗った。日本は長期にわたり台湾を植民地化した歴史的な罪を負っている」と怒気を隠さなかった。垂大使が「日本のEEZ内へのミサイル発射は受け入れられない。日中関係の局面が大きく変化する」と逆抗議したが、聞く耳を持たなかった。林外相は日中友好議員連盟会長時代には「米中両方と話ができるのが日本の強み」が持論で、自民党内の反中派から「親中派」と陰口まで叩かれていた。その林外相を4日午前の外相会合で王毅外相が呼び止め、「日本の歴史的責任を忘れるな！」と罵声を浴びせ、同日に予定されていた日中外相会談をキャンセルした。さらに翌日、外相会議で林外相が発言に立つと、ラブロフ外相と示し合わせて退席してしまった。ラブロフ外相は王毅外相との会談後、記者団に「おかしな議論だ」と、ブリンケン長官の言いなりになっている林外相を批判した。「重要軍事演習」を支持し、米日にノーと声を合わせたのである。

　習近平とプーチンの対日歴史認識は基本的に一致している。ともに第二次世界大戦の敗戦国である日本の戦後処理は米国の横やりでねじ曲がったと考えている。日本占領を解除する「サンフランシスコ講和条約」（１９５1年）について中国（中華民国、中華人民共和国）、ソ連、インドなどは侵略への謝罪・賠償問題が不十分として反発し、調印していない。特に中国は日中戦争の被害国であるだけに、根強い対日不信感が残っている。近年、日中戦争を柳条湖事件（１９３1年）からと再定義し、記念館の整備に力を入れているが、一度も南京大虐殺記念館を訪れていない安倍首相（当時）が靖国神社を参拝した時に「軍国主義の亡霊を呼び戻し、対外侵略と植民地支配の歴史を美化している」と厳しく非難した当時の中国外交部報道官が、秦剛新外相である。

　そうした対日不信感に火を点けたのが尖閣（釣魚島）問題である。２０１2年9月初めに日本政府は尖閣諸島を民間から買い上げ、同島を国有化した。中国側は激怒し、その直後のウラジオストクでのＡＰＥＣ会場（9月9日）で胡錦濤国家主席が怒りの形相で野田佳彦首相に近づき、「日本の国有化は違法だ。あれだけ言ったのに裏切られた」と伝えた。その直後に中国全土で反日デモが吹き荒れるが、やがて沈静化する。同年11月に習近平は共産党総書記に選出されるが、対日批判は控える。鄧小平直伝の韜光養晦《とうこうようかい》〔才能を隠して力を蓄える〕である。中国のＧＤＰはその2年前に日本を抜き世界2位に浮上したが、まだ発展途上であった。しかし、「習近平主席は２０１６年に開かれた軍幹部の非公開会議で、釣魚島（尖閣諸島）や南シナ海の権益確保は『我々の世代の歴史的重責』だと述べ、自身の最重要任務と位置付けていたことが内部文献で分かった」と共同通信（２０２２年10月29日）が報じた。中国経済は日本を引き離しつつあり、韜光の必要が薄らいでいた。その重要発言の約３カ月半後、中国の軍艦が初めて尖閣周辺の接続水域に公然と進入している。尖閣諸島を巡る問題は単なる無人島の話ではなく、かつて日本の関東軍が満州（中国東北部）の奉天（現瀋陽）で線路を爆破し、中国軍の犯行と偽って攻撃した「柳条湖事件」に始まる歴史認識が深く関わっているのである（拙著『〝二人のプリンス〟と中国共産党』参照）。少なからぬ日本人は日中戦争は70余年前に終わった話と考えるが、被害者意識は時間に影響されない。

総書記の3期目続投が決まった習近平主席は王毅外相を外交トップを担う党中央政治局員に、「重要軍事演習」を陣頭指揮した何衛東《かえいとう》・東部戦区司令官を軍最高指導機関の中央軍事委員会副主席にそれぞれ抜擢した。同作戦の主旨を継続、貫徹するとの意思表示であるが、「ネオナチ」反対をウクライナへの「特別軍事作戦」の名分としたプーチン大統領とピッタリと息が合ってきた。岸田首相が「日米同盟の抑止力、対処力」と期待する対米恐怖心は過去の幻想であり、同演習が秘めていた〝第二のシナリオ〟が中露合同の対日「特別軍事作戦」へとアップデートしていると考えても論理的には少しも矛盾しない。

習近平体制の確立――中国共産党第20回大会で「社会主義現代化強国建設」宣言

世界が熱くも冷たくも視線を注ぐ北京で開催された中国共産党第20回大会（22年10月16日～22日）は習近平総書記の独壇場であった。自信に満ちた表情で活動報告に立ち、「小康社会（ややゆとりのある社会）」を実現したと過去5年の成果を高らかに総括し、それを一段と充実させる「共同富裕」の具体的指標を示しながら、「建国100年の2049年までに世界トップの総合国力と国際的影響力を有する社会主義現代化強国を建設する」と宣言した。それは最終日に採択された党規約改正案に明記され、「共産党中央の集中統一」と「党の核心としての習近平総書記の地位を守ることが党員の義務」とする「二つの擁護」が併記された。「社会主義現代化強国」へと一丸となって突き進むことが9400万党員の矜持となり、義務となった。ソ連崩壊と共にワシントンは「社会主義、共産主義は消滅した」と快哉を叫んだが、それは不死鳥のように蘇ったのである。

党規約には「台湾独立に断固として反対し、抑え込む」と書き加えられた。習総書記は「台湾独立分子の分裂活動と、外部勢力の干渉に対し、闘争によって国家の主権と領土を守る決意と能力を示した」と「重要軍事演習」の成果を誇り、「平和的統一の展望を目指すが、武力行使の権利を放棄することは決して約束しない」と述べ、「台湾独立勢力と外部勢力」に言及しながら「外部勢力」への「武力行使」を「権利だ」と断言した。

新たに選出された政治局常務委員（総員7人）は福建省、浙江省など習近平総書記の下積み時代からの部下で、志を同じくする。「新指導部が延安時代の伝統と行いを継承し、発揮するため」として習近平はじめ政治局常務委員7人がそろいの中山服（人民服）で抗日戦争中の根拠地「延安」を訪れ、毛沢東が10年起居した旧居などを見学した。習近平自身が文化大革命の時代に7年間過ごした洞窟も保存され、ひたすら結党の原点を確認した。今後10年間で小中高大学での共産主義教育に力を入れ、新世代の人材育成に努めるとし、中央党学校長時代の副校長であった李書磊《りしょらい》・中央宣伝部副部長らを中央委員に抜擢している。習近平の政治思想を「21世紀のマルクス主義」と位置付け、その核心的地位と思想の指導的地位を認める「二つの確立」がすでに党内で学習されており、正式に党規約に盛られるのは、5年後の4期目出帆時となろう。

全世界に生中継された閉会式では、ハプニングがあった。約200人の中央委員が選出され、いよいよ規約改正案が採択されようかという矢先、改正案らしきものを手に取ろうとした胡錦濤前総書記の手を左隣の栗戦書《りつせんしょ》政治局常務委員・全国人民代表大会（国会）委員長が押さえ、なにやら押し問答となった。右隣の習近平総書記の目配りで走り寄った二人の係員に、歩行が不自由な胡前総書記は抱きかかえられるように退席した。「習近平氏と意見不一致か」と伝えるメディアもあったが、当たらずとも遠からず、である。ナンバー2であった李克強首相が中央委員から外され、翌日の中央委員会で首相候補と目されていた胡春華副首相が政治局員に選ばれなかったが、二人とも胡錦濤前総書記直系の共産主義青年団（団派）第一書記を経験した「改革派」である。その後の経済幹部人事でも、中国人民銀行総裁ら米国留学経験で西側と太い人脈がある「改革派」が次々と交代させられている。習近平主席には「団派」や「改革派」への拭い難い不信感がある。才気にあふれ行動力があるが、米欧にかぶれ、社会主義への信念が薄く、蓄財に流れる者が少なくない。鄧小平改革開放政策の負の部分であり、習近平総書記はそれを止揚して中国社会主義を本軌道に乗せようとしているのである。

「核大国」と米国が認定した中国への「敵基地攻撃能力」保有は自殺行為

「日本有事」に対する日米の認識にはギャップがある。自民党安保調査会長の小野寺五典《いつのり》・元防衛相ら防衛族議員や元自衛隊最高幹部が顔を揃える「日本戦略研究フォーラム」はかなり前から中国への「自衛力行使」をシミュレーションし、2021年に「複合事態」なる台湾有事をシミュレーションした。「2027年に中国軍が台湾を封鎖し、漁民を装った中国民兵の漁船団が尖閣に上陸する」と想定し、「敵基地攻撃能力」保有と防衛費倍増論を提唱した。中国軍の「重要軍事演習」の4カ月前であったが、先制攻撃論を盛り込んだ「国家安全保障戦略」改定案まで提言した。

日本側は中国による攻撃地域をあくまでも南西諸島に限定し、国民にもそう説明するが、米側はそうは考えない。米政府系のシンクタンク「戦略国際問題研究所」が「日本戦略研究フォーラム」よりやや遅れて「台湾有事」をシミュレーションしたが、それによると、2026年に中国が台湾に軍事侵攻し、在日米軍基地、自衛隊基地を爆撃して台湾に上陸、「自衛隊が参戦すると中国は日本全国への攻撃に踏み切る」とした。その後、米側は中国軍の侵攻予測時期も早める。新任のデービッドソン・インド太平洋軍司令官が「中国の台湾侵攻は今後6年以内」

とし、ギルデイ米海軍作戦部長が「台湾有事は２０２２年あるいは２３年の可能性もある」（米シンクタンク・大西洋評議会での発言、２２年10月19日）とさらに早め、日本側とのタイムラグが広がった。

　また、米国の関与度に関しても日本との温度差が露わになる。不安を感じた浜田靖一新防衛相が米側の意思を確認すべくワシントンに飛び、オースティン国防長官との会談（９月14日）で「日本の防衛に対する米国の関与を再確認し、それには核能力を活用する拡大抑止が含まれる」と再保証を得た、と述べた。しかし、その１ヵ月後に公表した核政策指針「核態勢の見直し」で米国は「30年までに史上初めて２つの核大国に対峙することになる」と中国を「核大国」と認定した。中国との核対決はありえないと言うことである。ロシアが絡んでくればなおさらである。

　そして、有無を言わせぬ在日米軍の新シフトが始まる。米側は米軍普天間飛行場の名護市辺野古移転や鹿児島県種子島沖の馬毛島《まげ》（西之表市）への米軍機訓練場移設で生じる空白を埋める自衛隊基地の建設促進を求めた。自衛隊を前面に立たせ、米軍が後方に退く新戦略である。従前は自衛隊が「専守防衛」の盾《たて》、米軍が敵領土を攻撃する矛《ほこ》の役割分担があったが、今後は自衛隊が矛となって対中戦線の第一線を担い、米軍は背後に退くという訳である。

　その新シフトは実は、「重要軍事演習」終了後から米軍主導で粛々と進展していた。日米共同訓練（８月14日〜９月９日）が実施されたが、その事前点検にフリン米太平洋陸軍司令官が吉田圭秀陸自幕僚長をともなって自衛隊奄美駐屯地を訪れていた。そこは「台湾有事」における日米重要拠点として安倍政権時の3年前に新編された駐屯地であるが、ウクライナにも供与されているハイマースとともに陸自の「12式地対艦誘導弾」が配備され、砲身を上空に向けていた。同誘導弾の射程は200キロであるが、米軍の要請で防衛省は中国沿岸部を収める射程1000キロまで延ばす方針を決め、量産化の費用を来年度予算で要求していた。防衛省は2年前に「北朝鮮の脅威」「離島防衛」を理由にして長距離ミサイルの国産化を内部で決定していたが、岸田新政権が「専守防衛」から「集団的自衛権」に踏み出す新防衛計画を決めたタイミングを見計らって、それを「敵基地攻撃能力」の中核となる「スタンド・オフ・ミサイル」と位置付けた。

米軍側は通常兵器による日本全土の防衛は不可能であると認識する。自衛隊と米軍による日米共同統合演習「キーン・ソード23」（22年11月10～19日）が南西諸島を中心に日本全国で実施され、武力攻撃かどうか判別が困難な「グレーゾーン事態」から有事の武力攻撃事態まで準実戦態勢を取った。南西諸島のみでなく日本全国をカバーしようとしたのであるが、演習の結果、カバーしきれるものではないと判明する。事実上、不可能なのである。

その最大の根拠が、米中間の中距離ミサイル・ギャップである。米国は1988年に発効した米露間の中距離核戦力（INF）全廃条約に縛られ、射程500～5500キロの地上発射型中距離ミサイルの保有数は現時点でゼロである。INF条約は2019年に失効し、トランプ前政権は新規開発の意向を示したものの実現していない。他方、同条約の対象外であった中国は開発に力を入れ、米国防総省はその規模について同時点で日本全土を射程圏に置く地上発射型中距離弾道ミサイルを1900発、中距離巡航ミサイルを300余発保有と推定していた。それらから安全な場所は小笠原諸島以外、日本列島には存在しない。その弱点をカバーしようと米国は中距離弾道ミサイルの在日米軍への配備を計画したが、断念した。その穴を少しでも埋めようと日本の「防衛力整備計画」に合わせて巡航ミサイル「トマホーク」500発を売却し、日本独自に12式地対艦誘導弾改良型約1000発を開発、生産する計画が浮上しているのであるが、時間的に間に合いそうもない。

そこにロシアまで加わってきたら対応不能となるが、それを見据えた中国はあくまでも強気である。報道官時代から日米への歯に衣着せぬ物言いで西側メディアが「戦狼外交の担い手」との別名を与えた華春瑩《かしゅんえい》外務次官補が「台湾問題について日本は歴史的な罪を負っており、とやかく言う資格はない」と言えば、ラブロフ外相が打てば響くように、外務省外交アカデミー主催の「軍国主義日本の犯罪」をテーマにした国際会議で「日本軍国主義の犯罪は時効がなく、容認できない」と演説した（タス通信9月28日）。

転んでもただでは起きぬバイデン大統領が最後の秘策を巡らす。米日韓三角同盟を形成して韓国まで「台湾有事」に引き込み、韓国軍を自衛隊と共に中国軍と戦わせることである。現地人同士を戦わせる究極の極東戦略であり、具体的には尹錫悦《ユンソギョル》大統領抱き込み工作である。検事総長上がりの新大統領は米中等距離外交を旨とした文在寅前大統領と異なり、就任間もない米CNNのインタビューで台湾有事について聞かれ、「中国が台湾を攻撃した場合、北朝鮮も挑発をする可能性が非常に高い」と答え、前年末に公表したグローバルな「インド太平洋戦略」で「台湾海峡の安定が韓国の平和に欠かせない」と応えた。そこに目を付けたバイデン大統領は五泊七日の最高級の国賓待遇で招き、北朝鮮に対する核抑止力強化を盛り込んだ「ワシントン宣言」を採択した。宣言には韓国が米国の核計画に「関与」と明記され、定例の「米韓核協議グループ」（ＮＣＧ）が創設され、米国の核搭載原子力潜水艦が釜山《プサン》港に寄港することも決まった。共同記者会見でバイデン大統領は「北朝鮮の韓国に対する核攻撃に即時、圧倒的、決定的に対応する」（4月26日）と久しぶりに怪気炎を上げた。

だが、尹大統領もしたたかであり、バイデン大統領が再三求めた「台湾有事」には一言も言及しなかった。ソウル大学法学部在学中に起きた民主化運動弾圧の光州事件（１９８０年）の模擬裁判で全斗煥大統領に死刑を求刑する検事役を務め、地方に身を潜めた武勇伝を有する反骨の士であり、どこかの成りあがり親米派とは一味違う。国民世論も日本とかなり異なり、前年に岸田首相が靖国神社の秋季例大祭に供え物の「真榊」を奉納したことに「過去の侵略戦争を美化し、戦争犯罪者を合祀している」と韓国外務省が非難声明を出している。歴史認識では中国に近いのである。最近の二回の日韓首脳会談で岸田首相が安倍元首相の言葉を借りて「過去の出来事（植民地支配）に心が痛む」と謝罪し、「価値観外交」で連携を強めようとしたが、上辺だけの謝罪で何の価値を共有するのかと韓国民の反応は冷ややかであり、尹政権の支持率も低迷する。

尹大統領が気にするのはあくまでも北朝鮮の「核」であるが、元はと言えば日本もそうであった。このパラドックスから日本の迷走が始まったと言っても過言ではない。遡って解かないと、「日本有事」という迷走の果てに待っている大惨事をかわす手立てはないのである。

２０２２年秋――ウクライナ戦争は負けない戦争に転換、米国離れ加速

さて、筆者が予測した習・プーチン密約が顕在化し始めた。習主席との会談から4日後（22年9月21日）、プーチン大統領は「部分的な動員令」を発動した。国民向けのテレビ演説で「我が軍が対峙するのは事実上、西側集団の全戦争マシンだ。祖国防衛のため、部分的な動員を求める国防省と参謀本部の提案を支持する大統領令に署名した」と述べ、国民の理解を求めた。戦争を意味する総動員令ではなく、「特別軍事作戦」を補強する限定措置である。ショイグ国防相は「数カ月かけて予備役30万人を段階的に召集する。１０００キロ以上に及ぶ前線の後方を強化し、領土（占領地）を支配する」と補足説明した。

なぜ、「部分的な動員令」なのか？　プーチン大統領はそれに答えるように、「ウクライナ東南部4州の多数の住民が自らの将来について行う決定を支持する」と述べた。前日にドネツク人民共和国、ルガンスク人民共和国、ザポリージャ州、ヘルソン州で親露派の指導者がロシアへの併合を問う住民投票を実施すると発表していた。そして、同月30日、プーチン大統領は大統領府（クレムリン）で盛大な併合式典を開催し、住民投票は併合賛成派が多数であったとして4州併合を宣言した。来る和平交渉におけるロシアの譲れない一線を明示したのである。

感極まったプーチン大統領は「ソ連末期の指導者らが我々の偉大な国を破壊した」と振り返り、「ソ連はもう存在しない。過去を取り戻すことはできない。ロシアはソ連を目指していな

い」と、虚空を睨んだ。言わんとしたのは、ソ連を懐かしむのではなく、超えねばならないことである。その後、「赤の広場」での祝賀イベントに移り、壇上で「我々に真実がある。真実には力があり、ロシアは勝つ。1、2、3」とカウントし、ウラー〔万歳〕、ウラーと大観衆と一緒に雄叫びを上げた。数日後、編入に関する4つの憲法草案が上下院で成立した。併合地域の行政機関は23年6月1日までに設立され、当面はウクライナ通貨フリブナの使用も認められるが、将来的にはルーブルに統一される。4州住民には年金も支給され、4共和国の軍隊はロシア軍に編入され、併合作業が完了するのは8カ月後の2023年6月1日とされた。

その一方で、ゼレンスキー政権の継戦能力を削ぐためウクライナ全土の発電所、水道施設、鉄道など社会経済インフラをミサイルやドローンで攻撃した。ウクライナ政府はロシア軍のエネルギー・水道インフラへの攻撃により10月20日の時点で発電能力の40%が失われ、首都キーウでも停電や断水が慢性化したとしてNATOやEUに発電機の緊急支援を求めた。国連難民高等弁務官事務所は、ウクライナ難民は1400万人に達すると明らかにし、「世界で最も厳しいとされる冬に直面している」と救済と早期停戦を呼び掛けた。

さらに、プーチン大統領は、併合宣言の正当性を国連でアピールした。国連憲章第1条の「人民の同権および自決の原則」を根拠に挙げ、二つの「自治共和国」と南部の占領2州の併合宣言は正当な「編入条約」であると主張した。来る和平を頭に入れたものであることは二言するまでもない。それに対して米国はG7を誘って非難声明を出し、国連安全保障理事会に領土変更を認めないとの決議案採択を求めた。ロシア国連代表は「ネオナチ排除」の非常措置であると領土拡張の野心を全面的に否定し、決議案は否決された。中国が「一方的な断定はできない」として15理事国のうちインド、ブラジル、ガボンなどと共に棄権し、ロシアをバックアップしたのである。

ゼレンスキー大統領も慌ただしく動く。ロシアの併合宣言を見て、NATOへの迅速加盟を求める申請書に署名した。トルコのエルドアン大統領が仲介した22年3月のロシアとの停戦協議暫定合意ではウクライナの「中立化」によるNATO非加盟を自ら提案していたが、掌を返した。野党を非合法化して反対論を押さえ、独裁的戦時大権を掌中に収めた元コメディアンは「ロシアとの交渉の用意はあるが、別の大統領と行うことになる」と、ロシア政変まで期待する大見得を切った。

しかし、現実は厳しい。厳しい冬将軍が足早に迫り、ゼレンスキー政権は国外難民770万に帰国延期を呼び掛けたが、衣食住を保障できない空手形である。22年4～6月のウクライナのGDPは前年比マイナス37・2％と壊滅状態となり、財政赤字は毎月50億ドルに上る。猛烈なインフレは8月に23・8％に達し、財政・金融政策破綻の責任を負ってウクライナ中央銀行総裁が辞表を提出した。ウクライナの命綱は米欧の経済支援であり、同年上期だけで総額123億ドルの金融支援を得たが、下期には少なくとも180億ドルの支援が不可欠とされた。

ゼレンスキー大統領はIMFに570億ドルの緊急支援を要請したが、回答はなかった。

頼りのバイデン大統領はというと、動かない、というよりも、動けなかった。目前の中間選挙で民主党が負けたら、ウクライナ支援には急ブレーキが掛かるのは必定であった。

プーチンと習近平が近づくほど〝バイデンの戦争〟は勝利の展望が立たなくなり、負けないように繕《つくろ》うしかない。バイデン大統領は「国際社会のリーダー」ともてはやされた当時の激烈なプーチン批判を控え、本来の標的である習近平批判に比重を戻すが、国連で守勢に回る場面が増えた。英国を誘って中国のアキレス腱とみなす新疆ウイグル自治区の人権問題を蒸し返し、国連人権委員会で討議するように提案したが、47理事国による投票（22年10月6日）で否決されてしまった。米英独仏などが賛成したが、「人権を口実に他国の内政に干渉」との中国の反論に、11月に迫るG20議長国のインドネシアが「人権問題を政治的対立に利用するのはよくない」と同調し、多くの国が続いた。米国の価値観や物差しは押しつけがましいと敬遠されたのである。

長く米国の裏庭と言われていた中南米でも米国離れが止まらなくなった。2000年代からメキシコ、ペルー、チリ、コロンビアと左派政権が次々と誕生し、地域大国ブラジルでの大統領選で左派のルラ候補が当選決定（2022年10月31日）したことでほぼ流れは決まった。大半の国が中国を最大の貿易相手国として米国から自立する道を歩き始め、中南米で台湾と国交を維持する国はパラグアイだけとなった。

米国離れは中東にも及び、ドル基軸通貨体制を脅かし始めた。原油取引をドル建てで行うペトロダラー（Petrodollar）体制が金ドル本位制に代わるオイル・ドル本位制を支えており、米国がシェール革命で世界一の原油生産国となった今も中東原油はドル基軸通貨体制維持に死活的な役割を担っている。米国が対露経済制裁後に石油輸出国機構（ＯＰＥＣ）に増産を求めてきたのはそのためである。２０２２年7月16日にはバイデン大統領がイスラエル訪問にかこつけてサウジアラビアを訪問し、恥を忍んでサルマン皇太子に直々、増産を求めた。同皇太子に対しては２０１８年にトルコのサウジ総領事館で反体制サウジ人記者が殺害された事件で、米政府が「皇太子が殺害を承認」と結論付け、バイデン大統領も「嫌われ者」と指弾した経緯があった。サウジ訪問には米メディアが一斉に反対の論陣を張ったが、バイデン大統領はそれを押し切って問題の人物に頭を下げたものの、増産の確約は得られなかった。

結局、ロシアが加わったＯＰＥＣプラスの閣僚級会合（10月６日）は「11月から日量２００万バレルの減産で合意」と発表し、バイデン大統領の要求を足蹴にした。翌日、ブリンケン国務長官が「サウジとの関係についていくつかの対応策を検討している」と制裁を示唆したが、サウジを中国側に追いやるだけであった。サウジ、イラクなど中東産油国は「イラクの自由作戦」などで地域を荒廃させた米国への反感が強いが、これまではアラブ特有の面従腹背で耐えるしかなかった。だが、ロシアの「特別軍事作戦」や中国の「重要軍事演習」を見ているうちに恐れも遠慮も薄らいでいく。たとえ米国に経済制裁されても中国が十分に補ってくれるとの判断があるとみられる。中国は最大の原油輸入国であり、すでにドルに代って人民元による決済が進んでいるのである。

バイデン大統領が怖れるXデー・米中GDP逆転の日

米中のGDPが逆転すれば世界の基軸通貨は遅かれ早かれ人民元となるしかないが、バイデン大統領が恐れるそのXデーが現実化しつつあることを物語る冷厳な数字がある。国際通貨基金（IMF）は24兆1913億ドルと20兆8938億ドルという数字を示した。2020年の購買力平価換算（国内の実質的購買力）の世界1、2位のGDPであるが、前者が中国、後者が米国である。米国が中国に抜かれるシナリオはすでに半分、現実化しているのである。経済学の教科書は、一定期間に国内に産み出された付加価値をその時の市場価格で総合した名目GDPと物価変動の影響を差し引いた実質GDPに分けるが、前者の名目GDPだけは米国20兆8938億ドル、中国14兆8667億ドルと米国が何とかトップの座を死守している。IMFは2030年にはそれも逆転するとXデーを予測するが、かなり早まりそうである。バイデン大統領の対中輸出規制にはXデーを遅らせるあるか、あわよくば幻とする狙いがあるが、徒労に終わりそうである。

中国のGDPが世界のトップになるのは文明史的大事件であるが、必ずしもIMFの予測通りになる保証はない。実際、22年5月中旬、ブルームバーグ・エコノミクス（BE）は中国の同年の成長率を2％、米国を2・8％と予想した。1976年以降初めて米国の成長率が中国を上回るとの見通しであった。バイデン大統領は「46年ぶりに中国を上回る」と気を良くし、意気揚々と日韓歴訪の旅に立った。随行したサリバン大統領補佐官は米国の相対的な国力低下の認識を見直すべき「顕著な事例」と随行記者団に新見通しを説いて回った。

しかし、その2カ月後に発表された4～6月（第2四半期）の米実質GDP成長率の速報値は期待を裏切る。前期比年率0・9％減と2四半期連続のマイナスとなり、年間成長率も1・5％に引き下げられた。結局、22年度の米国の成長率は2・07％となり、中国の2・99％を下回った。バイデン大統領を失望させた要因はいくつかあるが、第一はコロナ・パンデミックで社会経済の脆弱性が露呈したことである。2022年9月25日現在、コロナによる米国の累積被害者数は約9600万人と中国の199万人の48倍、死者は105万人で中国の5千人の200倍以上と甚大であった。米国には皆保険制度がないため低中所得層がもろに犠牲となった。

そこに対露経済制裁ブーメランでさらなるダメージを受けたのである。ウクライナ戦争前年の米国の経済成長率は5・95％であり、いかにその打撃が大きかったか一目瞭然である。中国も21年の8・45％から22年は2・99％に落ち、その影響を免れなかった。だが、23年は米国の成長率1％台に対して中国は5％を政府目標としており、再び差が開く。1人当たりGDPでは米国は中国の約5倍であるが、「1％VS99％」の極端な経済格差がその数字を虚しくする。

欧州の成熟した資本主義経済が対露経済制裁ブーメランでここまで痛めつけられると予測したものは西欧首脳にはいなかったが、東欧のハンガリーのオルバン首相は「ロシアへの経済制裁がガス価格高騰とインフレに拍車を掛けている。廃止するべきだ」と早くから警告していた。資源小国である西欧の脆弱性が見えていたのである。

中国の「核大国」化と新たなステージに入った〝ビッグ3〟の覇権争い

〝ビッグ3〟の覇権争いは新たなステージに入った。中国共産党大会閉幕から5日後（22年10月27日）、バイデン政権は核政策の指針「核戦略見直し」を発表し、中国を初めてロシアと並ぶ「核大国」と位置付けた。バイデン大統領は就任前、核使用を核攻撃への抑止と報復に限る「唯一目的化」と小型核搭載の海洋発射型核巡行ミサイルの開発中止を掲げていたが、「唯一目的化」は見送られた。中国、ロシアが米国や同盟国に対して核兵器以外で甚大な損害を与えうる軍事力を有しているのが理由とされた。中国の中距離ミサイルを意識したとみられるが、「台湾有事」「日本有事」を念頭に置いていた。

刮目すべきは、「国家防衛戦略（NDS）」で中国を「最重要の戦略的競争相手」とし、侵攻を抑止する対象の順位をロシアと入れ替えたことである。その2週間前に発表したバイデン政権発足後初の外交・軍事戦略の指針「国家安全保障戦略（NSS）」では中国を「脅威」ではなく、手強い「競争者」と定義していた。「重要軍事演習」後に急遽入れ替えたのは明白である。オースティン国防長官も「ロシアは長期にわたって米国に組織的に対抗することはできない」と補足説明をしたが、ウクライナ情勢が見通せず、戦略資源を適切に配備できないもどかしさが滲んでいた。

新NSSに「日米安全保障条約の適用範囲には尖閣諸島も含まれる」と明記されたが領有権には依然として触れていない。中国の妥協なき「重要軍事演習」を見せ付けられたホワイトハウスで、強硬論一辺倒は危険と対中政策の手直しが静かに進んでいることをうかがわせる。ブリンケン国務長官はスタンフォード大学フーヴァー研究所主宰の講演会（10月17日）で「中国は予想よりはるかに速いスケジュールで台湾統一を目指している。場合によっては武力を使うだろう」としながら、米軍の直接関与には触れなかった。中国と全面衝突しかねない軍事的関与は避け、間接的支援に止まる布石とも読める。ウクライナで見せている「現地人同士戦わせる」戦略であり、「台湾有事」でも自衛隊を参戦させ、米軍は後方支援に当たるシナリオが選択肢として急浮上していると考えられる。

中露はバイデン政権の変化、弱点を見逃さない。プーチン大統領はバイデン大統領が「核戦略見直し」を発表した同日に談話を発表し、習近平主席を「親友」と呼び、ロシアと中国の友好関係は「前例のない水準」にあると誇示した。前日には、自らロシア陸海空軍の核抑止演習を指揮し、ロシア北部のプレセツク宇宙基地から大陸間弾道ミサイル「ヤルス」、北極圏のバレンツ海の原子力潜水艦から弾道ミサイル、戦略爆撃機TU95から巡航ミサイルを次々と北海道に近いカムチャツカ半島の標的に向けて発射させ、すべて命中させていた。習近平主席には全て事前通告していたことであろう。核戦力を誇示して米軍を後方支援へと回らせる圧力行使とみられ、中露による「対日特別軍事作戦」への布石が一段と進んだと解析できる。

習近平総書記は社会主義強国の中国が資本主義強国の米国と同じ土俵で体制の優劣を競い合う念願のG２時代を実力でこじ開けた。G２新外交の始まりとばかり、勇躍、G20首脳会議（11月15日～16日）が開催されるインドネシアのバリ島へと向かった。

習近平主席との初の対面会談が実現するのか、「重要軍事演習」にどう落とし前を付けるのかと世界が固唾を呑んで見守る中、バイデン大統領は記者会見（11月9日）に応じ、「互いのレッドラインを協議し、対応を探る」と会談への積極姿勢を見せた。その5日後の14日午後5時過ぎ、自ら10分ほど離れたライバル滞在のホテルを訪れた。大広間で待ち受ける習近平主席に笑顔を浮かべながら両手を差し出して握手を求め、習主席もにこやかに応じた。随行団を交えた会談の冒頭は記者団に公開され、バイデン大統領が「我々には相違点を管理し、競争が紛争になることを防ぎ、協力の道を探る責任がある」と口火を切り、習近平主席も抑制された口調で「我々は両大国の指導者として舵取りの役割がある」と引き取った。

3時間に及ぶ会談は非公開とされ、共同声明はなかった。バイデン大統領は直後の記者会見で「率直な対話をした」としながら、「米国は中国の『一つの中国政策』と台湾の軍隊の双方を支持する従来の政策を変えていないと習主席に伝えた」と述べた。その後の米側発表によると、バイデン大統領は「台湾に対する威圧的で挑発的な行為は地域と世界の安定を損なう」と苦言を呈した。中国側発表によると習主席は毅然と反論し、「台湾は中国の核心的利益中の核心であり、米国が越えてはならないレッドラインである」と主張した。反論は続き、「米国には米国式の民主主義があり、中国には中国式の民主主義がある。自国を民主主義国家、他国を権威主義国家と定義すること自体が非民主的だ」とバイデン流の「民主主義対専制主義」の二分法を俎上に上げ、「米国は資本主義、中国は社会主義を行っており、双方は異なる道を歩んでいる。中米関係で重要なことは違いを認識し、尊重することだ」と畳みかけた。

一際《ひときわ》火花が散ったのが日本の「敵基地攻撃能力」保有問題であった。習主席は撤回を強く、繰り返し求めたが、バイデン大統領は「日本の問題」とかわした。北朝鮮核問題でも鋭く対立した。バイデン大統領が6か国協議の枠組みでの協力を求めると、習主席は全く応じず、逆に北朝鮮が寧辺《ヨンビョン》の核施設を破壊した後も米国が制裁解除に応じなかった責任を追及した。さらに、日韓を巻き込んで北朝鮮の目と鼻の先で軍事演習を繰り返したことは「中国に対する挑発である」と声を強めた。

両者は対立しながらも妥協点を探す努力を怠らなかった。地球温暖化問題は共通の根本的利益として協力促進で合意し、ウクライナ問題でも核兵器の使用反対で原則一致した。和平については習主席はバイデン大統領の腹を探った。和平そのものにもはや異論はないが、主導権をどちらがどのように握るか、それが問題であった。会談に同席した王毅外相が翌日朝、「レッドラインを明確にする所期の目的を達成した」と積極的に評価する談話を発表し、バイデン大統領も記者会見で「新たな冷戦の必要はない」と応えた。ブリンケン国務長官が訪中し、協議を継続することで合意した。

波乱万丈のG2の船出であった。副大統領時代のバイデンが仲介して習近平主席とオバマ大統領の間で一度は合意した「米中新型大国関係」の再現である。オバマ大統領（当時）が翻意して幻の合意となったが、運命の悪戯で11年後、〝バイデンの戦争〟で現実となったのである。互いに思うところがあり、言いたいことも多々ある。

政権基盤が盤石となった習近平主席と対照的にバイデン大統領の政権基盤は液状化してい

る。バリ首脳会議に合わせたようにトランプ前大統領が2024年の大統領選挙への出馬を表明してバイデン大統領非難のトーンを上げたが、殺し文句が二つ、「この2年間で経済が駄目になった」「私が大統領ならウクライナ問題は起きなかった」である。共和党が多数派になった下院新議長候補のマッカーシー院内総務はかねてから「ウクライナにブランク・チェック（白紙の小切手）を渡さない」と公言し、ゼレンスキー政権の命綱である米国の支援は難しくなる一方である。

〝ビッグ3〟は互いに手の内を隠しながら、共滅を避ける暗黙のルールを符牒として共有した。そうして、「同盟国」、「同志国」、「下僕」、その他諸々の駒を使って陣取りゲームを展開する。それは宇宙にまで及ぼうとしている。22年10月31日、中国は独自に開発した宇宙実験棟「夢天」の打ち上げに成功したと発表した。ロシアとの協力関係を宇宙にまで拡大する狼煙《のろし》である。ロシアは米国が運営する国際宇宙ステーションにロシアの宇宙船「ソユーズ」で宇宙飛行士を運んでいるが、プーチン大統領は2024年以降協力しないと米側に通告している。

Jアラートは反北朝鮮、反中国感情を煽るツール

中露の急接近に岸田首相はプレッシャーを感じざるを得ない。東アジアで信頼できる友人が一人もおらず、四面楚歌となったことに日本国民の中にも動揺が広がる。それを見てバイデン大統領が奥の手を繰り出した。就任後初の極東訪問が韓国、日本の順で始まったのはそれなりの算段であった。真っ先にサムスンの電子半導体工場を視察し、「サプライチェーンを構築す

ることが重要だ」（2022年5月20日）とインセンティブをちらつかせながら米国へのさらなる投資を求めた。米国にとって中国との半導体戦争で韓国の協力が不可欠である。軍事的にも、誕生したばかりの保守的な尹錫悦《ユンソギョル》大統領に歴史認識問題で対立する日本との和解を促し、米日韓三角同盟を構築することが急務であった。

例のごとく、「北朝鮮の脅威」が最大限に利用された。ハワイ沖で米日韓3カ国ミサイル防衛演習（同年8月8日～14日）を実施し、続けざまに4年ぶりの定例野外機動訓練である米韓合同軍事演習（8月22日～9月1日）を行い、北朝鮮を挑発した。金正恩総書記は「米国の究極的な目的は我々の政権を崩壊させることだ」（最高人民会議演説9月8日）と反発し、対抗措置に乗り出す。それを「北朝鮮の脅威」と逆手に取り、原子力空母ロナルド・レーガン打撃群を5年半ぶりに北朝鮮と目の鼻の先の日本海（東海）に送り込み、米日韓対潜水艦共同訓練（9月30日）を実施した。北朝鮮は「我が国への先制攻撃演習」（祖国平和統一委員会談話、10月4日）と一段と反発し、中距離弾道ミサイルを発射した。ミサイルは津軽海峡上空を越えて日本のEEZの外側遠くの太平洋上に落下したが、日本上空通過は6回目の核実験を行った2017年以来のことであった。

バイデンの目論見通り、日本で5年ぶり、令和時代初の空襲警報であるJアラートが安倍国葬問題一色だった日本中にけたたましく鳴り響いた。「北朝鮮の弾道ミサイルが日本上空を通過。落下の危険に注意！」とNHKが速報を繰り返し、日本社会が半ば忘れかけていた「北朝鮮の脅威」を呼び起こした。

それを確かめると、空母ロナルド・レーガンは再び日本海に向かい、米国防総省は米韓海軍合同演習（10月7日〜8日）を実施すると発表した。その演習前日の早朝、北朝鮮は弾道ミサイル2発を東海（日本海）に発射し、北朝鮮外務省が「米国の原子力空母が東海に再び展開したことは、我が国への露骨な威嚇」と非難する談話を発表した。だが、米国は演習を強行し、さらに、米韓合同訓練「ビジラント・ストーム」を10月31日から11月4日まで行うと発表した。北朝鮮外務省は演習当日、「挑発行為だ」と中止を求めたが、米韓側は軍用機約２４０機を投入し、24時間態勢の実戦さながらの演習で応えた。やったらやりかえせと、同年の北朝鮮の各種ミサイル発射数は過去最多の73発に上った。米国は国連安保理で非難決議を採択しようとしたが、中露が応じることはなかった。

北朝鮮が第7回核実験にでも踏み切れば日本世論が沸騰し、「抑止力」強化へと一丸となって走る。それはそのまま中国牽制に使える、とバイデン大統領はほくそ笑む。

年が明けても同じパターンが繰り返された。たとえ北朝鮮のミサイルが飛んでこなくとも、Jアラートが練習の名目で日本各地で鳴り響き、通勤、通学途中の人々が地下道や建物の中などに避難し、学校や職場では机の下に頭を隠したりと様々な退避訓練が行われた。韓国でも年に一回、「北朝鮮有事」を想定した民間訓練の「民防衛の日」（8月23日）に全国に空襲サイレンが鳴る。以前は毎月行っていたが、今では日本の方が回数が多く、緊張感もはるかに高い。その宣伝効果で「北朝鮮の脅威」が「中国の脅威」に拡大され、「防衛力強化」「防衛費増額」止む無しの世論が高まり、岸田首相の背中を押している。

振り返れば、Ｊアラートこそ憲法９条を形骸化し、安保法制整備による日本の総動員体制を築く最大最強の宣伝ツールとして機能してきた。麻生太郎政権、安倍第一次政権で整備され、第二次安倍政権下で「弾道ミサイル攻撃に関する情報」（平成２９年版消防白書）と公式に位置付けられたが、背後で日米合同委員会→米国防総省→日本防衛省のラインが整備されてきた。北朝鮮が弾道ミサイルを発射すると「武力攻撃情報」として米国が早期警戒衛星によって探知して防衛省に知らせ、そこから内閣官房に伝えられ、消防庁が発する仕組みである。かくして日本中で空襲警報が鳴り響く異常が常態化されてきた。精神的にはすでに準戦時体制と言える。自公連立政権の一翼を成す公明党の北側一雄副代表が「反撃能力（敵基地攻撃能力）は弾道ミサイル発射を繰り返す北朝鮮を念頭に置いたもので、中国本土にミサイルを発射するような想定は現時点ではしていない」（日本記者クラブ会見２０２２年10月27日）と釈明したが、北朝鮮云々を理由にひとたび保有した武器はいかようにも使える。肝心の相手（中国）がそう考えることを理解しない、理解できない認知バイアスが自ら火の中に入る愚を犯している。

そうした集団認知バイアスに乗った日本の安全保障論議はブレーキの壊れた暴走車を想わせる。「防衛省はアメリカ軍の戦略爆撃機Ｂ１、Ｂ２機が加わった日米共同訓練を実施したと発表した。北朝鮮が相次ぎ弾道ミサイルを発射するなか、日米の緊密な連携を示すのが狙い」（テレビ朝日11月６日）とのニュースが茶の間に流れ、ステルス戦略爆撃機のＢ１Ｂが核搭載可能の「死の白鳥」と面白おかしく紹介される。それが２機参加した日米共同訓練が九州北西の東シナ海、つまり、中国の面前で行われ、航空自衛隊のＦ２戦闘機５機と「各種戦術訓練に取り組んだ」という。防衛省は「北朝鮮が弾道ミサイルを相次ぎ発射していることを踏まえ、自衛隊とアメリカ軍の即応態勢を確認し、緊密な連携を内外に示す」と共同訓練の目的を説明したが、北朝鮮軍のみでなく、中国軍も厳戒態勢に入ったことであろう。「重要軍事演習」で未発となった〝第二のシナリオ〟が出番を待っていることに誰も思いが至らない。

何故か岸田首相は状況を冷静に踏まえた対話が出来ない。「死の白鳥」が参加した日米共同訓練1週間後の11月13日にカンボジアのプノンペンで開かれた第17回東アジア首脳会議（EAS）で「東シナ海で日本の主権を侵害している」と李克強中国首相の面前で中国を名指し批判した。先の「重要軍事演習」で中国軍ミサイル数発が沖縄の与那国島に近い日本のEEZに落下したことに抗議したのであるが、火に油を注いだに等しい。会議にはバイデン大統領も参加していたため気が大きくなったようだが、中国共産党機関紙・人民日報系列の環球時報（英語版）は「ばかげている」と一蹴し、「中日関係は分岐点に来ている」との専門家のコメントを紹介した。会議にはロシアのラブロフ外相がプーチン大統領の代理で参加していたが、ソ連時代から外務官僚として鳴らした〝プーチン外交の代理人〟は中国側と目配せした。

その4日後の11月17日にアジア太平洋経済協力会議（APEC）首脳会議が開かれるタイのバンコクに移動した岸田首相はその日夜、習近平主席と会談した。オーマイゴッド、ではないが、日中国交正常化50周年の年に3年ぶりに持たれた日中対面会談であったにもかかわらず、実質30分足らずのあっけないものであった。岸田首相は「率直な議論が出来た」と記者団に語ったが、中国国営中央テレビは習主席が歴史認識や台湾問題で「両国関係の政治的基礎と基本的信義に関わり、必ず約束を守らなければならない」と述べ、「いかなる者のいかなる口実による中国内政への干渉も受け入れない」と警告したと伝えた。岸田首相は東シナ海での日米合同軍事訓練が中国に対する「抑止」となったと考えていたが、ひどい一方通行であった。

東アジアの火薬庫は38度線（朝鮮半島）から南西諸島（沖縄）へ

日中会談前日から沖縄で米軍と自衛隊による大規模共同統合演習「キーン・ソード23」が始まって、習主席の神経を逆撫でしていた。防衛省発表によると、台湾に近い与那国島の自衛隊駐屯地に米軍が初めて展開し、英加などNATO加盟国9カ国関係者がオブザーバーとして参加した。武力攻撃事態や「グレーゾーン事態」を想定し、自衛隊2万6千人、米軍1万人が参加して陸海空域、宇宙、サイバー、電磁波に及ぶ実践的な訓練を行った。「敵基地攻撃能力」の主役となる陸自12式地対艦誘導弾（12ＳＳＭ）やウクライナに供与された高軌道ロケット「ハイマース」も試された。民間の船舶や病院まで含めた総動員体制として沖縄中心に日本全国で行われたという。「日米の相互運用性向上などを図る」とされたが、中国の「重要軍事演習」で与那国島近くの日本のＥＥＺに中国ミサイルが着弾したことへの　対抗措置であった。

側近二人にあらゆる情報の管理を任せている岸田首相がどこまで状況を把握しているのか心許ないが、日中は準臨戦態勢にあったのである。沖縄各紙は「宮古島の駐屯地にものすごい数の軍用車両が入ってきている。これはもう訓練というよりは戦争準備、実戦の準備を行っている」と住民の脅える声を紹介し、「ノーモア沖縄戦命《ぬち》どぅ宝《たから》の会」などが中止を訴える反対集会を沖縄各地で開いていると伝えた。

こうした事態を中国側が座視するはずもない。「キーン・ソード23」に対抗して魚釣島（尖閣諸島）一帯を含む水域への中国艦船のパトロールが強化され、日中首脳会談前日には従来より倍の76ミリ砲を装備した警備艦が増派された。日本メディアは「沖縄県石垣市の尖閣の接続水域」に「侵入」と報じたが、中国側は自国の領海と考えているので「領海警護」となる。自衛隊機なり自衛艦が出動すると一気に満州事変の逆の「対日特別軍事作戦」となりかねない。

東アジアの火薬庫は朝鮮半島を南北に分ける境界線（38度線）と言われてきたが、今は沖縄に移った。私は38度線を南北から訪れたことがあるが、そこは意外と豊かな自然が保全された静かな場所であった。習主席は尹《ユン》韓国大統領とはバリ島で親しく会談し、さる8月に国交樹立30周年を記念して両国外相間で締結した中韓自由貿易協定をさらに発展させ、「地域と世界に多くの安定をもたらす」ことで合意した。韓国は台湾問題では米国と距離を置き、中国の内政問題には関わらない。

中国外務省は中日首脳会談で関係の安定・発展に関する「五つの共通認識」に達したとする声明（11月18日）を発表し、「異見を管理できればサプライチェーン安定と域内経済回復で協力できる」と述べた。中国にとって日本は素材・製造装置の先端技術を蓄積した貴重な技術大国である。日本にとって中国は最大の貿易相手国であり、2位以下は米、韓、台湾、香港、タイと並び日本経済は中国なくしては存立しえない。安保上の異見を管理したいと中国は望むが、岸田政権に見切りをつけ始めていることも否定できない。抗日戦争（日中戦争）の総死傷者数を３５００万人（江沢民総書記）と認識している中国の対日認識は日本人が考える以上に厳しく、特に旧日本軍の奇襲攻撃で何度も苦杯を呑ませられた中国軍は自衛隊にも同様の警戒感や敵愾心を抱いている。

米国の対北朝鮮政策の破綻と課題

米国の対北朝鮮政策は米ソ冷戦終結の悪しき遺産であり、ＮＡＴＯの「１インチの約束」と似た面がある。米国は北朝鮮を東アジアに残る旧ソ連圏の残滓とみなし、クリントン大統領が米国にとり好ましくない「悪」の国を意味する「ならず者国家（rogue state）」（１９９４年１月演説）とレッテルを貼った。ついで、ジョージ・Ｗ・ブッシュ大統領は２００２年の年頭教書演説でイラク、イランとともにテロリストと同義の「悪の枢軸（axis of evil）」と名指し、先制攻撃（preemptive attack）の対象とした。国際法上、差し迫った脅威に対する自衛戦争は容認されるが、ブッシュ（子）の先制攻撃論はそれを拡大解釈した予防戦争（preventive war）の前例となった。歴史のアイロニーであるが、それがプーチン大統領の「特別軍事作戦」のモデルとなり、「対日特別軍事作戦」でも流用される可能性がある。

米国の標的にされた北朝鮮は「自衛」を名分に核・ミサイル開発へと向かった。北朝鮮のミサイル・核開発問題に対して日本では「侵略的」「攻撃的」「脅威」と報じられるが、米国の色眼鏡で見ている。ソ連が健在な時代、米海軍の情報収集艦プエブロが北朝鮮の沖合で北朝鮮海軍に拿捕された「プエブロ号拿捕事件」（１９６８年１月）が物語るように、米国の海軍艦艇が北朝鮮近海にみだりに出没することはありえなかった。北朝鮮の目と鼻の先で米軍が公然と軍事訓練を始めるようになったのはソ連崩壊後であり、北朝鮮の核開発もそこから始まった。

それは、「南朝鮮（韓国）とあくまでも国交を結ぶのなら、我々は核を開発しなければならない」との金日成《キムイルソン》主席（当時）の一言に凝縮されている。1990年9月のことであるが、ソ連・韓国国交樹立への了解を求めるためにゴルバチョフ書記長は片腕のシュワルナゼ・ソ連外相をピョンヤンに派遣した。だが、金日成主席は烈火のごとく怒り、会おうとしなかった。代わって金永南《キムヨンナム》外相がシュワルナゼ外相と会談し、再考を促して激論を交わした後、金主席の言葉を伝えたのである。当時、北朝鮮はソ連と「朝ソ友好協力相互援助条約」を締結し、韓国が米国と結ぶ「韓米相互防衛条約」に対抗していた。事実上、ソ連の「核の傘」に入っていたのであるが、金日成主席はそれを失うことを恐れたのである。

おりしも私は朝ソ国境に近いウラジオストクにいた。ソ連共産党沿海州地区委員会主催の国際シンポジウムに招請され、1週間ほど滞在していたのである。日本人学者やジャーナリストを含む我々5人は軍事都市として閉鎖され、ロシア人すら出入りが制限されたウラジオストクに日本から最初に入った外国人であったろう。ピョンヤンでの生々しいやり取りは主催者側からつぶさに聞いたが、激怒する金日成主席の姿は想像だにできなかった。思い起こせば1981年春、朝鮮大学教員として学術交流のために訪朝し、3カ月の逗留中、最高人民会議に傍聴員として招かれた。前列の席から半日、金日成主席の指導ぶりを見る機会を得たが、建国以来の同志である共同農場支配人の代議員に壇上から親しげに農場の経営状況を尋ねるなど、想像した通りの豪放磊落《ごうほうらいらく》にして情に厚い人物であった。

しかしながら、晩年の金日成主席は焦っていた。というのも、ソ連体制の動揺に乗じてライバルの韓国の盧泰愚《ノテウ》政権（1988年～93年）が果敢に進めていた「北方政策」——韓国をソ連と中国が、北朝鮮を米国と日本がそれぞれクロス承認して国交樹立をする——にゴルバチョフ書記長が拙速に応じ、1990年9月30日に韓国と国交を樹立する。中国も2年後に続くが、ともに韓国の経済援助を求めていた。だが、北朝鮮と日米との国交正常化は積み残された。米国の傀儡政権と見下してきた韓国に出し抜かれた衝撃は大きかった（拙書『朝鮮が統一する日』日本評論社、参照）。その後、金日成はカーター米大統領をピョンヤンに招いて会談（1994年）、続いて韓国の金泳三《キムヨンサム》大統領との会談に臨もうとしていたが、直前に病死する。つまり、クロス承認の未完成部分を自分の手で仕上げようとしていたのである。その遺志を金正日《キムジョンイル》が受け継ぎ、「朝日ピョンヤン宣言」（2002年）で日本との国交樹立直前まで行くが、米国の横槍が入り、頓挫する。オバマ大統領が米国の対外政策の軸足をアジア太平洋地域に移すリバランス政策を発表し（2011年、オーストリア連邦議会演説）、事態はますますこじれる。その翌年発足した第2次安倍政権はオバマのリバランス政策に乗ったのである。

新風を起こしたのが金正恩《キムジョンウン》総書記であった。トランプ大統領（当時）とトップダウンで三度会談し、膝詰談判で「北朝鮮がニョンビョンの核施設を廃棄する見返りに、朝鮮戦争終戦宣言や相互連絡事務所の設置を行う」との合意文書を交わす寸前まで行った。北朝鮮の核問題はクロス承認の未完部分である米日との修好と表裏の関係にあり、トランプ・金正恩会談はそれに沿っていた。ところが、代わって登場したバイデン大統領は「実務者レベルの協議で進展がない限り金総書記と会うつもりはない」と背を向け、その対北朝鮮政策はクリントン政権時代の「ならず者国家」論まで後退した。

バイデン政権の後向き対北朝鮮政策の破綻を世界に示したのが北朝鮮の核・ミサイル問題をめぐる国連安保理の新常態である。22年の5月25日、北朝鮮はバイデン大統領の日韓歴訪直後、大陸間弾道ミサイル（ICBM）を含むミサイル3発を発射した。米国と日韓との「核共有」に反発したのであるが、バイデン政権は「違法な大量破壊兵器（WMD）と弾道ミサイル開発計画を進める能力をさらに厳しく制限する」とする決議草案を示し、安保理での採択を目指した。これまで通りのパターンであったが、翌日の総会で中国国連代表部報道官は「米提案決議は何の問題解決にもならない」と批判し、ロシアとともに拒否権を行使した。安保理は2006年以降、北朝鮮の核・ミサイル開発の資金源を断つとして全会一致で制裁決議案を繰り返し採択してきたが、初めて否決されたのである。事実上、これまでの北朝鮮関連国連決議はすべて白紙にするとの中露の意思表示でもあった。

バイデン政権が「北朝鮮の脅威」を日本の軍拡に利用していることも中露はとうに見抜いている。北朝鮮の弾道ミサイルが津軽海峡上空を通過したと当該地域でJアラームがけたたましく鳴り響いた時も、米国は国連安保理緊急会合を招集し、北朝鮮非難決議を採択しようとした。だが、中露の反対で流れ、安保理の報道声明すら出せなかった。キアリ国連事務次長補が「ミサイル発射と米韓軍事演習が互いに緊張を高める『負の連鎖』に陥っている」と懸念を表明し、関係国に対話を促した。米国連大使は「北朝鮮は59発もミサイルを発射した。恐ろしいのは安保理の沈黙だ」と不満を表したが、米国の思い通りになる国連は過去の話となったということである。日本では「国連軽視」、「安保理機能不全」と批判する論調が新聞各紙を飾ったが、中露北に言わせれば、米国に「世界の警官」との誤った認証を与えてきた国連の正常化となる。

今年（23年）の朝鮮戦争休戦協定締結70周年（7月27日）に合わせてロシアのショイグ国防相と中国の李鴻忠《りこうちゅう》・全人代副委員長をそれぞれ団長とするロシアと中国の代表団がピョンヤンを訪れた。中国、ロシア、北朝鮮は同盟国時代の緊密な関係へと確実に向かっていることを世界に見せつけたが、中露代表が金正恩委員長とともに壇上から見守った記念閲兵式で強純《カンスン》男《ナム》国防相が演説し、「大韓民国」と韓国を正式国名で叫んだ。北朝鮮としては異例のことであり、特別なメッセージが込められている。

スイスで小中等教育を受けた金正恩ならではの合理主義的発想であるが、韓国に相互承認を呼びかけたのである。それまでは南朝鮮「政府」、傀儡政権と見下していたが、正式な国名で呼び合い、二つの国家として関係を安定化させる。東西ドイツをモデルにしており、分断の固定化ではない。

早くから韓国を承認したロシア、中国に異論があろうはずもなく、むしろ未完の南北クロス承認を仕上げると歓迎したであろう。北朝鮮には鄧小平の改革開放政策に対して「資本主義の道を行く修正主義」との疑惑が根強くあった。その迷いの中で金正日前総書記は病死し、急遽後継者となった金正恩も激しく揺れた。だが、習近平総書記が「社会主義現代化強国」路線を鮮明にしたことで、吹っ切れた。中国をモデルに経済再建を図る。そのために韓国との国境を安定化させる必要があるのである。

岸田首相に訪朝を勧める理由

「北朝鮮有事」は、「台湾有事」「日本有事」にその座を譲った。北朝鮮は「武力統一革命路線」を事実上放棄し、38度線は事実上の国境線化しつつある。在韓米軍司令部、第8軍司令部、在韓国連軍司令部がソウル中心部の龍山《ヨンサン》からソウル南方80キロの平沢《ピョンテク》市に移転するなど、米軍基地の縮小整理が進み、米国の韓国への影響力が低下した。私は移転前の龍山基地を基地運営民間諮問委員を務める友人の紹介で案内してもらったことがあるが、想像していた緊張感はまるでなかった。先の朝鮮戦争は東西両陣営の角逐の結果であったが、その構図は消えたということである。

代わりに急浮上したのが「台湾有事」「日本有事」であるが、朝鮮半島をそれに絡めるバイデン大統領の新たな企ては成功しそうもない。懲りない策士は米国と核政策や戦略を協議する米日局次長級の「拡大抑止協議」をNATO加盟国国防相の「核計画グループ」に倣った米日韓「拡大抑止協議」に格上げし、日韓首脳を招いた「キャンプ・デービット精神」(8月18日)で3ヶ国協力強化を謳った。だが、「台湾有事は韓国有事」と韓国を台湾問題に巻き込むことには失敗した。

世界の米国離れは岸田首相の想像以上に急進展していると言って良いだろう。米国を世界最強と信じ、「日米同盟の抑止力」さえあればどうにかなると考えるのは、もはや信仰に等しい。

迫り来る未曽有の国難を打開するには、危機を招く「防衛力増強」＝軍拡路線の軌道修正、ズバリ、転換が必要であろう。初心に帰り、平和外交へと発想を転換することであるが、それには対北朝鮮外交が突破口となるだろう。岸田首相は第二次岸田内閣の所信表明演説（2022年10月3日）で「私自身、条件を付けずに金正恩委員長と直接向き合う決意です。日朝ピョンヤン宣言に基づき、日朝国交正常化の実現を目指します」と覚悟のほどを披歴した。その言葉に嘘がなければ、即、ピョンヤンに向かうことである。カービー米NSC戦略広報調整官が「バイデン大統領が金正恩委員長に首脳会談を呼びかけたが、何の返事もない」（共同通信インタビュー、8月17日）と嘆いたが、金正恩委員長は米国を通さずに岸田首相から訪朝打診があれば、直ちに受け入れ、歓迎準備を整えるだろう。「日朝ピョンヤン宣言」で日朝修好のゴールはすでに合意されており、それを再確認し合えば万事決着する。ソ連崩壊で南北クロス承認の未履行部分として積み残された日朝国交正常化さえなれば、東アジア国際政治の歪みが矯正され、日本国民を無暗に不安にさせて原爆投下や東京大空襲の記憶を呼び起こすJアラートなどは過去の笑い話となる。中国、ロシアとの対話正常化の入り口も見えてくるであろう。

岸田首相を含めた日本人の多くが意外に思うであろうが、実は、日本の首相の訪問を歓迎する数少ない国の一つが、ほかでもない北朝鮮なのである。岸田首相は日本の首相として5年ぶりに訪韓（23年5月7日～8日）したが、歴史認識に抗議するデモ隊でソウルは騒然となり、岸田首相を招待した尹錫悦《ユンソンジョル》大統領の支持率も30％台に低下している。岸田首相は、北京やモスクワには行くことも難しい。それとは異なり、北朝鮮には1959年12月から始まった北朝鮮帰国事業で日本人妻約1万人を含む在日朝鮮人9万3千人が新天地を求めて渡り、その子供、孫、曾孫ら係累は数十万に達する。彼ら彼女らは日本を第二の故郷と偲《しの》び、日本との自由往来を夢見ている。大阪の鶴橋で生まれ朝鮮高校を卒業した経歴を持つ母親の高英姫《コヨンヒ》（高容姫は後に改名）を強く慕う金正恩総書記も無論、例外ではない。秘密裏に日本を訪れていることも分かっている。

北朝鮮との修好は日本外交の新たな地平を切り拓くであろうと、学生時代から半世紀以上も日本、南北朝鮮、中国、ソ連（ロシア）を観察、分析してきた国際政治の専門家として保証する。

第四章　ウクライナ戦争の真実

――プーチンの陰謀、バイデンの策謀、習近平の遠謀

プーチンの原点と秘めた信念

「敵を知り、己を知れば百戦危うからず」と言い残したのは古今東西切っての兵法家、孫子だが、その意味でプーチン大統領を最もよく知るのがバイデン大統領である。米国の政治家にとってプーチンはその私生活と共に長らく謎の人物とされ、カーター政権の国家安全保障問題担当大統領顧問であったズビグネフ・ブレジンスキーは「ナルシスティックな誇大妄想」と匙を投げた。しかし、バイデンは「ソ連再建を狙っている」と見抜いていた。その秘めた信念を知ったからこそ「特別軍事作戦」へと誘導できたとも言える。NATOのウクライナへの不拡大の約束、すなわち「1インチの約束」をバイデンが守るとさえ言っていたら、プーチンが「特別軍事作戦」なる陰謀に踏み切る必要はなかったのである。何故バイデンはその一言を言おうとしなかったのか。その答えは、「ロシア側の反プーチン勢力を支援し、レジームチェンジを起こす」とのボルトン元大統領補佐官の提言にある。「最大にして唯一の競争者」と位

置付ける中国を背後から揺さぶることが出来ると、策謀が閃いたことだろう。バイデンはプーチンの求めを無視し、「特別軍事作戦」を誘発することに成功した。未必の故意による共同正犯と言っても過言ではない。だが、「戦って勝つは下策、戦わずして勝つが最上」とも孫子は言っている。バイデンがその意味を知るのはかなり後のことである。

「1インチの約束」違反はソ連圏解体を狙ったアメリカの戦略であり、最終目標はソ連＝ロシアである。東欧の社会主義国で次々と体制転換を起こしてＮＡＴＯに加盟させ、ポーランドからウクライナまで迫っていた。プーチン大統領には到底許せない背信行為と映る。ソ連は先の第二次世界大戦で２７００万人もの犠牲者を出しながらベルリン攻略に一番乗りし、ナチス・ドイツを打ち砕いた。その日、１９４５年5月9日を「大祖国戦争勝利記念日」とし、ソ連崩壊後も盛大に祝っているが、その戦争で父親を失ったプーチン大統領には格別の思いがあった。

「1インチの約束」が存在したことは紛れもない事実である。東西冷戦終了を米ソ首脳が話し合っていた30余年前、その存在を西側メディアはしきりに報じていた。ゴルバチョフ・ソ連共産党書記長とブッシュ（父）米大統領（在任１９８９年〜９３年）が東西冷戦終了の具体的協議に入り、ＮＡＴＯとワルシャワ統一機構の同時解体で基本的に合意した。それを受けてベーカー米国務長官がゴルバチョフ書記長と会談（１９９０年2月9日）し、ドイツ再統一への同意を取り付けるために「ＮＡＴＯ軍の管轄は1インチも東に拡大しない」と約束したと、ニューヨーク・タイムズなどが報じた。その翌日、西独のゲンシャー外相、コール首相が相次いで訪ソして同趣旨の発言を伝えて了解を求めた。ヴェルナーＮＡＴＯ事務総長も同年5月に

「NATO軍を西ドイツの領域の外には配備しない」と明言している。問題は、外交文書に明記されなかったことである。

プーチン大統領は後にゴルバチョフ元書記長に直接会って確かめている。米国の映画監督オリバー・ストーンとのインタビュー（2015年7月）で明かしたことだが、「1インチの約束は書面にされてはいなかった。ゴルバチョフ書記長はペラペラしゃべっただけで十分と判断した」と述べたという。それ以上にプーチンは米国に劣らぬ超大国であったソ連が自壊した原因が理解できなかった。「国に変革が必要であることは明らかであった」と一定の理解を示しつつも、「どのような方法で実現すべきかはまるで分かっていなかった」と、KGB中佐時代は絶対的権威と信じていた元ソ連共産党書記長を批判し、決別した。

ソ連崩壊を「社会主義の悲劇」と臍《ほぞ》を噛《か》んだプーチン、習近平

ゴルバチョフ書記長のペレストロイカ（改革）が見掛け倒しであったことに、筆者も1990年9月の時点で気付いていた。というのは、既述のソ連共産党沿海州委員会がウラジオストクで開催したシンポジウムの合間、地区党幹部から「西側から来たからよく知っているだろうが、市場経済とは何なのか？」と尋ねられたことがあった。質問の趣旨がよく分からなかったが、「ゴルバチョフはペレストロイカでそれを導入しろと言うが、何のことかさっぱり分からない」という。驚いたが、やがてウラジオストク市内を見学するうちに問題点が見えてきた。車窓から最初に目にしたウラジオストクは極東に出現したロシア風の美しい港町であった

が、一歩踏み入れると幻滅の連続であった。大通り中央の大噴水は錆びついて、ボウフラが湧いていた。大通りに並ぶ五階建集合住宅を眺めて10年前に訪れたピョンヤン市街を思い出したが、中に入るとエレベーターがゴトゴトと危なっかしく、ベランダは支柱が腐食して崩れそうであった。スターリン時代の1930～40年代に建てられたまま、住民の代だけ変わっていた。配給制の街には東京では当たり前の小売店や喫茶店もない。ロンドンやパリのように賑わいのある街にしようとゴルバチョフ書記長は「ペレストロイカ」の掛け声で市場経済導入の大号令を発したが、何をどうするのかの指示がまったくなかった。嘘のような本当の話だが、貨幣で買い物をした経験がないゴルバチョフは市場経済の何たるかが分かっていなかったのである。

日本にいたときの筆者は「ペレストロイカ」を「新思考」と評価していたが、ガラリと見方が変わった。後に調べて分かったことだが、イギリスのサッチャー首相から入れ知恵された「サッチャー改革」の受け売りであった。ゴルバチョフが1年後に裸の王様同然となって最側近たちにクーデターを起こされたのは自業自得であった。

ゴルバチョフ書記長は政権末期にマルクス・レーニン主義から社会民主主義への転向を匂わせたように、誰よりも当人が混乱していた。「人の話をよく聞かない」「実情を無視する」し、エリート意識ばかりが強く、「右から危機が来れば右に傾き、左から来れば左に傾いた。一貫性のなさと主観的な物の見方が特徴だった」(チェルネンコ・ソ連共産党書記長元補佐官ペチェネフ)と酷評された。そうした人物をトップに戴いたことが、ソ連の体制的限界であった。高齢のアンドロポフ、チェルネンコ書記長が就任1～2年で急逝し、1985年に54歳のゴルバチョフ政治局員が1票差で書記長となったが、その時点で硬直した官僚主義で人材が枯渇したソ連の命運は尽きていたのだ。レーガン大統領との「アイルランド・レイキャビク会談」（1986年10月）で米ソの核備蓄全廃を提案し、「新思考外交」と西側でもてはやされたが、国内は経済が非効率的な分業体制の下で長期停滞に陥っていた。同じ頃、バイデンは上院司法委員長となり、大統領選挙民主党予備選挙（1988年）への出馬を準備していた。外交通と評判が高く、「1インチの約束」も当然、承知していたであろう。

ゴルバチョフは米欧からは「米ソ冷戦に終止符を打った」と絶賛され、ノーベル平和賞まで授与されたが、ロシア国民からは「国民を塗炭の苦しみに投げ込んだ裏切者」と酷評されていた。政界引退後、「ソ連はロシア指導部と反乱分子によって解体された」と責任転嫁をしたが、プーチン大統領が競争原理導入でロシア経済を再建したことは高く評価し、クリミア半島併合（2014年）も「私もそうした（だろう）」と支持した。プーチンの「特別軍事作戦」発令2日後、総裁を務めるゴルバチョフ財団名で「即時の停戦と交渉の開始が重要だ」と声明を発表し、プーチンの決断を批判も肯定もしなかった。ゴルバチョフの母親と先立ったライサ夫人はウクライナ人であった。22年8月30日に91年の生涯を閉じ、葬儀にプーチン大統領の姿はなかったが、後に「ソ連邦崩壊は第二次世界大戦後最大の悲劇であった。ソ連崩壊を喜ぶのは心がないが、ただ懐かしむのは能がない」と追悼している。

同じ思いを抱く人物が習近平である。プーチン同様に、元ソ連共産党書記長の失敗から然るべき教訓を得ていた。党総書記・国家主席となった2013年に訪露してプーチン大統領と会談して「我々はすごくタイプが似ている」と意気投合し、「戦略的パートナー」と認め合った。同年齢で共産党活動歴も似ている。国こそ違うがソ連崩壊後の苦楽を共にしてきた両者の胸に去来するのは、ソ連の失敗を繰り返すまいとの共通の覚悟である。

ソ連は「赤の広場」正面のレーニン廟に今も眠るウラジーミル・イリイチ・レーニンが率いたロシア革命（1917年）で打ち立てられた人類史上初の社会主義国家である。天国を地上に再現する究極の夢の楽園とされる共産主義社会を目指す社会主義の祖国となり、それをモデルに中華人民共和国、朝鮮民主主義人民共和国などが次々と誕生した。資本主義国で社会福祉制度が発達したのはその影響であった。だが、ソ連のフルシチョフ首相のスターリン批判（1956年）を機に「修正主義」と中国はソ連を批判して対立し、国際共産主義運動の主導権を争った。その負の歴史から学んだ二人は同じ愚を繰り返すまいとの決意を共有した。生粋のマルクス＝レーニン主義者、すなわち共産主義者を自負する習近平がレーニンを尊崇していることは二言を要しないが、ウラジーミル・プーチンのファーストネームもレーニンから貰っている。

習近平が師と仰ぐ鄧小平元中央軍事委員会主席は、ゴルバチョフに批判的であった。中国を訪れてきたゴルバチョフ書記長と会談（1989年5月15日）し、「ペレストロイカ」に耳を傾けたが、市場経済を知らずして市場経済を語る危うさにすぐ気付いた。鄧小平は青年時代にパリで苦学し、資本主義とは如何なるものかを体で知っていた。そこから競争原理を導入した

「社会主義市場経済」が生まれたのである。

会談は中ソ対立に終止符を打つことで合意したが、ゴルバチョフは厄介な置き土産を残した。青年学生が北京に続々と集まり、東欧「民主化」に呼応したデモを繰り広げたのである。ゴルバチョフを見送った2日後（5月20日）、中国共産党の最高実力者であった鄧小平は優柔不断な趙紫陽《ちょうしよう》総書記を解任して戒厳令を布き、天安門広場に籠城する学生デモ隊を「反革命」と断じて解散を命じた。デモ隊が反発し、天安門事件（6月4日）となるのだが、鄧小平の決断がなかったらソ連・東欧社会主義圏同様に中国も崩壊に追い込まれたかもしれない、と習近平は教訓を得ている。

ロシア軍侵攻を誘引したバイデン大統領

元はと言えば、ウクライナのNATO加盟問題の発端は2008年にブッシュ（子）大統領がウクライナ政府の加盟申請を独断で受け付けたことにある。ウクライナの政情が不安定化していたため、「内部に民族対立や軍事紛争を抱えていない」とのNATO加盟規約に触れるとして承認は棚上げにされたが、ウクライナの親米欧派が勢いづいた。2013年、自由貿易協定（FTA）を含むウクライナとEUの連合協定が調印直前までいったが、親露派のヤヌコビッチ大統領が取りやめた。それに怒った親米欧派がキーウの独立広場（マイダン）でデモを繰り広げ、反対派（反マイダン派）と衝突し、内乱状態となった。翌2014年、ヤヌコビッチ大統領はロシアに亡命した。親米欧派に押された親露派は東部のドンバス地方で「ドネツク人民共和国」

「ルガンスク人民共和国」樹立を宣言した。同時にロシアが、クリミア半島はソ連時代にウクライナに移管された旧ロシア領であるとして再編入を宣言した。ドンバス二か国は国際法上は「非承認国家・地域」となるが、2015年2月にロシア、ウクライナ、ドイツ、フランスの首脳がベラルーシのミンスクで会談し、ドンバスに特別な地位を与える恒久法採択の「ミンスク合意」が締結された。ウクライナとEUの連合協定が発効したのは2017年である。

ロシアによるクリミア半島再編入措置に対して米国とEUは制裁を実施してロシアに撤退を求めたが、ロシアは米国とEUがウクライナの親米欧派に資金提供してマイダン革命を扇動したと逆制裁を発動した。両者の関係はギクシャクしたが、トランプ政権になって収束するやに見えた。トランプ大統領はウクライナ問題に全く関心を持たず、「NATOの米軍駐留経費は高すぎる」と2020年夏にドイツ駐留米軍の縮小を一方的に発表し、「時代遅れだ」とNATOからの脱退まで示唆した。マクロン仏大統領も「敵（ソ連）が消滅し、NATOは脳死状態だ」と英誌への投稿でNATO解体を主張していたくらいである。

ウクライナ問題を蒸し返したのがバイデン大統領であった。発足間もないゼレンスキー大統領の要請を受ける形で、ウクライナ軍訓練のためにと米軍特殊部隊を密かに送り込む。NATOの主力部隊はドイツのシュトゥットガルトに司令部を置くアメリカ欧州軍であり、プーチン大統領はウクライナをNATOに加盟させる企みと警戒を強めた。

ウクライナに対するバイデンの関心はファミリービジネスとも無縁ではない。オバマ政権の副大統領時代から国際ビジネスを営む次男のハンターを連れてウクライナを度々訪れ、ハンターはウクライナ企業の役員に就任した。ロシアのクリミア半島編入に対して「モスクワに侵略の代償を血と金で支払わせる断固たる行動」をオバマ大統領に進言したが、それと無関係ではない。後に次男はウクライナ企業から得た報酬を税務申告しなかった疑惑が浮上し、前回の米大統領選でトランプ大統領が「次男が月５００万ドルの報酬を得ていた」と暴露している。２３年になっても「税務処理に関する疑惑などで検察当局によるハンター周辺への聴取が加速している」（ニューヨーク・タイムズ3月31日）と報じられており、バイデン大統領のウクライナへの執着が「自由と民主主義を守る」という綺麗ごとだけではないことを覗《うかが》わせている。

バイデン大統領に急接近したのが、ＮＡＴＯ解体論に危機感を強めていたストルテンベルグ事務総長らＮＡＴＯ高官たちである。２００８年のロシアによるジョージア（グルジア）侵攻を契機にジョージアとウクライナに加盟を打診し、「ウクライナを欧州大西洋地域に統合する戦略的な道筋」なる行動計画を策定していたが、好機到来と勢いづいた。カリフォルニア州兵や英国、カナダなどの軍事顧問団がウクライナに入り、ＮＡＴＯ式の演習や訓練をウクライナ軍に指導を始めた。開戦を予想し、英国軍事顧問団は２０２１年10月からロシア軍の「特別軍事作戦」が始まる直前まで英陸軍の携行式対戦車（ＮＬＡＷ）ミサイルをウクライナ軍に供与し、訓練していた。

バイデン大統領は２０２１年秋頃からロシア軍がウクライナ国境で大規模な軍事演習を繰り返しているとの情報を受けていたと明かしたが、米国が武力行使と一体化したハイブリッド戦の主役になると開発に力を入れてきたサイバー戦がウクライナでは始まっていた。「米軍がウクライナ支援のためのサイバー攻撃を実施し、攻撃、防御、情報などあらゆる領域で（ロシアに対する）作戦を実施してきた。国防総省の決定した政策に基づく」と、ポール・ナカソネ米国家安全保障局長官・サイバー軍司令官がスカイ・ニュース（2022年6月1日付）などに明かしている。サイバー大国のロシアも黙っておらず、ロシア政府機関のウェブサイトが友好国を除く海外とのインターネット通信接続を遮断するなどネットはすでに戦場と化していた。

実は、その流れに呼応するかのように日本では岸田政権が「敵基地攻撃能力」保有へと動いていたのである。

ウクライナ国民の日常を地獄へと落とし、世界を核の脅威で覆う運命のカウントダウンが始まるが、何が起きていたのか、〝ウクライナ戦争の真実〟を時系列で追ってみよう。

2021年6月14日、バイデン大統領はベルギーのブリュッセルでのNATO首脳会議に参加し、会議後の記者会見で「ロシアによるクリミア半島併合やウクライナ東部での役割などを踏まえると、ウクライナがNATOに加盟できないことはない」と述べ、「加盟には汚職根絶などの条件を満たす必要がある」と具体的条件を付けた。同日、ゼレンスキー大統領も記者会見で「ウクライナのNATO加盟行動計画についてバイデン大統領の返答を待っている」と述べ、米国に経済支援を要請したことも明かした。

同年12月7日、バイデン大統領はプーチン大統領とオンライン形式の会談を持ち、約2時間、緊迫のやり取りを交わした。バイデン大統領が「ロシアが侵攻に踏み切れば同盟国とともに強力な経済制裁などを科す」と伝えると、プーチン大統領はNATOのウクライナへの不拡大と米国がウクライナのロシア国境付近に先端兵器を配備しないように求めた。バイデン大統領はNATO不拡大問題は「ウクライナが決めること」とかわし、会談は平行線となった。ただし一点だけは合意した。核軍備管理を協議する「戦略的安定対話」を外交・安保チームのレベルで継続することである。核戦争は防ぐ、その一点が米露の接点であった。

その直後、バイデン大統領は英仏独伊の首脳と電話会談をし、理解と協力を求めた。にわかには信じがたいが、「何が起きているのか仏独伊首脳にほとんど伝わっていなかった」とジョンソン首相が辞任後にCNNとのインタビュー（2022年11月21日）で驚愕の内幕を明かしている。それによると、ウクライナのNATO加盟にマクロン仏大統領は「最後まで否定的」、ショルツ独首相は「ウクライナが折れた方がいいと考えていた」、ドラギ伊首相は「米英の立場を支持できないと言い切った」という。ゼレンスキー大統領が仏独伊首脳に「de jure（認証）加盟国」手続きを飛ばした「de facto（事実上の）加盟国」を求めても、誰も応じなかったという。ジョンソン元英首相の証言が事実ならば、その瞬間までバイデン大統領は仏独伊首脳に真実を伝えていなかったことになる。

バイデン大統領は切り札と考える対露経済制裁について仏独伊首脳の支持を得られるかどうか、最後の最後まで自信がなかったのであろう。ロシア軍の侵攻を誘い、経済制裁でプーチン政権を壊滅させる——それが〝ウクライナ戦争の真実〟に近いが、〝事後承認〟しか手はないと見切り発車する。

年が明けた22年2月7日、バイデン大統領の要領を得ない電話に不安を覚えたマクロン大統領が事実確認に動く。モスクワに飛びプーチン大統領と会談した。通常の2〜3倍長いテーブルを挟んでプーチン大統領と向き合ったコロナ禍中ならではのノーマスク会談後、「向こう数日間が事態を決めることになる。我々は共に取り組む」と記者団に語った。プーチン大統領はマクロン大統領の仲介努力を評価し、「ウクライナがNATOに加盟すれば欧州諸国は自動的にロシアとの軍事紛争に引きずり込まれる。軍事紛争に勝者はいない」と率直に語り、その3日後、バイデン大統領に対話を呼びかけた。

2月12日、バイデン大統領とプーチン大統領の電話会談が持たれた。プーチン大統領はウクライナ内務省傘下のウクライナ軍に「アゾフ連隊」などのネオナチが混じっていると指摘し、その排除を求めたが、バイデン大統領は「ゼレンスキー大統領はネオナチではない」ととりあわず、嚙み合わなかった。ホワイトハウスのブリーフィングによると、1時間余りの会談でバイデン大統領は「ロシアがウクライナに侵攻した場合、同盟国などとともに厳しい代償を科す」と警告した。その一方で「米国とロシアが銃撃を交わせば世界戦争になる。ウクライナ国内の米国民は今すぐ出国するように」（NBCニュースとのインタビュー）と緊急避難を呼び掛けていた。

最後まで対話に期待を繋いでいたのが、他ならぬプーチン大統領であった。ロシア大統領府は声明で「バイデン大統領はNATO拡大に対するロシアの懸念を十分に考慮しなかった」と非難しつつも、「2月23日に露米外相が首脳会談の調整をすることで合意した」と明かした。

政治家同士のドロドロした腹の探り合いに不安を覚えたのが、核の怖さを知っている米露の制服組である。オースティン米国防長官とショイグ・ロシア国防相、ミリー米統合参謀本部議長とゲラシモフ・ロシア軍参謀総長がそれぞれ電話会談し、先に核を使用しない「相互確証破壊（ＭＡＤ）」を確認し合った。オースティン長官は前年11月からウクライナ軍を訓練していた「米州兵１６０人」をヨーロッパの別の国へ配置換えし、その言葉に嘘がないことをロシア側に示した。

久々に外交交渉の場に登場した「相互確証破壊（ＭＡＤ）」とは別名ＭＡＤ（狂う）、悪魔の契約である。旧冷戦下の「キューバ危機」の産物であった。米軍が亡命キューバ人部隊を支援してキューバに侵攻した「第二次キューバ危機」（１９６２年10月〜11月）で米ソが核戦争直前まで行ったが、土壇場でケネディ米大統領とフルシチョフ・ソ連首相が大妥協して収束した。その教訓から、「対立する核保有国の一方が先制的に核兵器を使用した場合、他方が報復核攻撃する。双方が甚大な被害を受ける『相互確証破壊（ＭＡＤ）』が成立し、核保有国同士の軍事衝突は理論上発生しない」とされた。理論というより賭博に近いが、岸田首相が信じてやまない「核抑止論」の根拠となっている考え方である。

ゼレンスキー大統領の動きも慌ただしくなる。突如訪米し、バイデン大統領に直訴した。「ゼレンスキーはロシアへの制裁を求めたが、バイデン大統領は『いま制裁をすればロシアの侵攻を防げない』と拒否した」（朝日新聞２０２２年5月21日）と、ボルトン元米大統領補佐官が内実を暴露している。バイデンは対露経済制裁を決め手と考え、時期をうかがっていたのである。ロシア軍が侵攻すればウクライナ軍はひとたまりもない。アメリカはゼレンスキーをどこかに亡命させ、侵攻を理由に仏独伊などを誘ってロシアに対して最強度の制裁を発動する。ロシア経済の崩壊↓プーチン政権崩壊となって習近平を背後から揺さぶり、強力な対中包囲網が完成する……。バイデンは「プーチン大統領は合理的行為者」（CNN　22年10月11日）と評していたが、自分の読み通りに動くと考えていたのであろう。80年間の人生をかけた策謀はいよいよ引き返せないラインを越えようとしていた。

22年2月20日、北京では冬季オリンピックの閉会式が華やかに行われ、習近平主席が晴れやかな表情で閉会挨拶を行ったが、それに花を手向けるのか冷水を浴びせるのかいまいち不明の声明がホワイトハウスから発せられた。サキ大統領報道官が「ロシアが侵攻に踏み切らないことを条件に、バイデン大統領がプーチン大統領と会談することを原則的に受け入れた」と発表したのである。ところが、翌日、プーチン大統領が国家安全保障会議を緊急開催し、「ウクライナ政府軍が親露派に攻勢をかけている」として、親露派救済のために「ドネツク人民共和国」と「ルガンスク人民共和国」の独立承認を「検討する」と表明し、直ちに承認された。ゼレンスキー大統領がしきりに緊張地帯に赴き、ウクライナ軍がドンバス地方の親露派地域に激しい砲撃を加え、怯えた両共和国の指導者がロシアの保護を求めていた。混迷する現地の声にいかに応えるか、プーチン、バイデンそれぞれが決断を迫られていたのだ。

2月23日、米露外相のオンライン会談予定日であったが、ブリンケン国務長官が一方的に会談中止を発表し、サキ大統領報道官が「首脳会談は予定にない」と追認した。プーチンに絶縁状を叩きつけたのである。

〝バイデンの戦争〟の幕開けである。バイデンに不安があるとしたら、習近平が対露経済制裁に同調するか今一つ読めないことであった。米欧市場を失えば中国経済が甚大な打撃を被るのは必定であり、秋の共産党党大会を控えた習近平は冒険を避けるだろう。米国に次ぐ世界第2位の経済大国が制裁に同調すれば、プーチンの命運は尽きる。しかし、プーチンを見放し、むざむざ罠に嵌まるようなことを習近平はするだろうか。習近平がプーチンの側に付いたら面倒なことになる。……決断は誰にとっても半分は賭けであるが、「経済制裁にロシア経済は1カ月と持たない」との専門家の占いにバイデンは賭けることにしたのだ。

最後に背中を押したのは意地であったろう。バイデンはプーチンには借りこそあれ恨みはないが、習近平に煮え湯を呑ませられた記憶が拭えない。北京大会の成功を誇らしげに祝うその姿に屈辱のトラウマがフラッシュバックしたのであろう。

そして2月24日、欧州の安全保障を根底から揺るがす事態が勃発した。ロシア軍がミサイル、重砲など圧倒的な火力の支援を受けながら北部、東部、南部から怒涛のごとくウクライナの国境を越えたが、米国防総省はその数15万～20万と推計した。首都キエフにベラルーシから大機甲部隊が迫り、数十キロにも伸びる戦車、装甲車、軍用トラックの車列が人工衛星から写された。戦場の模様が世界に同時中継されるデジタル時代の戦争の始まりであった。

出生率の低下を人口統計的に分析してソ連崩壊を予測したと評されるフランスの歴史学者のエマニュエル・トッドは「ロシアは軍事力はあるが、経済は欧州に依存して弱い。ウクライナで戦争を起こすなどとは誰も考えていなかった」（NHKニュースウオッチ9インタビュー5月6日）とショックを隠さなかった。英国首相を除く欧州首脳の誰もが予想だにしていなかったが、否応なく〝事後承認〟を迫られた。

プーチン、バイデン両大統領の対話実現に最後まで奔走したマクロン大統領でさえ、ここまでの事態は夢想だにしていなかった。「1インチの約束」にこだわるプーチンの陰謀も、それを無下にするバイデンの策謀も理解できなかった。それが交わされた時マクロンはまだ10代であったのだから無理からぬことである。NATOは1949年に欧州12カ国で結成され、「アメリカを引き込み、ソ連（共産主義）を締め出し、ドイツ（ナチズム）を抑え込む」（イスメイ初代事務総長）と親米、反共、反ナチズムを掲げたものだが、それは40代のマクロンの目には過去の物語でしかなかった。

仏独伊首脳はまんまとバイデン大統領の策謀に乗せられてしまった。ありえない事態に驚愕するばかりで、不安と怒りで沸騰する世論をなだめるしかない。ロシアに対抗できる核戦力を有する米国＝NATOに依存し、バイデン大統領が求めるままにウクライナ支援と対露経済制裁に同調するしかなかったのである。

しかし、事態が中長期化して国内外に様々な歪みが生じる中、仏独伊首脳はバイデン大統領に手玉に取られていたのではないかと薄々気付き、次第に距離を置き始める。そんな折の習近平和平案は渡りに船であった。

習近平の和平案に期待を寄せるプーチンの事情とは

プーチン大統領も習近平の和平案に密かに期待を寄せた。「タタールのくびき」の何たるかを痛感させられていたからである。「特別軍事作戦」を発令した翌日、プーチン大統領は国家安全保障会議を招集し、ウクライナ軍兵士たちを「兄弟」と呼び、「ネオナチの巣窟であるキエフ政権から権力を奪ってほしい」とクーデターを呼び掛けた。ロシアとウクライナが一丸となってナチスドイツと戦い大勝利したソ連時代の栄光の記憶――父親の記憶でもある――が、心の底で熱く波打っていた。プーチンの大義とロマンチズムはロシア国民の胸を打ち、支持率は80％台に跳ね上がった。ロシア下院で絶対多数を占める与党「公正ロシア」は「戦争」と呼ぶのを「虚偽情報罪」として最長禁固15年に処する罰則を刑法に追加する立法措置を取った。その音頭を取ったトルストイ下院副議長は、「戦争と平和」を著した文豪トルストイの直系の子孫である。

だが、その呼び掛けはウクライナ国民の反発を買い、独善であることを痛感させられた。それはソ連時代から、より正確には帝政ロシア時代からの悪しき伝統に縛られていたことを示すものであった。ドイツから嫁いできた啓蒙専制君主のエカチェリーナ2世は「ロシアは欧州である」として〝モンゴルの300年〟をロシア史から消し去り、ウクライナ人の恨《ハン》を再生産してきた「タタールのくびき」を社会深く沈潜させてしまっていたのだ。それが噴出し、ロシアとウクライナが「大祖国戦争」を共に戦った東スラブ民族としての連帯を取り戻すことはもはや不可能に近いことを思い知らされた。

西に幻滅したプーチンは、東にロシアの未来を見る。ユーラシア大陸の地図を見るまでもなく、ロシアはモンゴル大帝国の旧領を継承したアジアにまたがる大国である。怪我の功名ではないが、それを気付かせてくれたのが米欧の制裁であり、盟友の習近平主席であった。欧州から切り離され、中央アジア５カ国まで離反の動きが出てロシアの孤立化は決定的になるかにみえたが、習近平主席の「一帯一路」が押し返し、ロシアは中央アジア、中国と「運命共同体」と改めて認識させたのである。米欧の禁輸で行く先を失った原油やＬＮＧはアジアへと流れ、インドへのロシア産原油輸出額は２０２２年７月に約29億ドルと３月の13倍超となった。２０１９年に一部開通したロシアと中国東北部を結ぶ「シベリアの力」延長工事が再開され、モンゴル経由でロシア西部と中国北部を結ぶ天然ガスのパイプライン「シベリアの力２」建設が合意された。カザフスタン方面から新疆《しんきょう》ウルムチに繋ぐパイプライン建設も始まる。その先には南アフリカ、ブラジルなどグローバルサウスが無限に広がる。欧州に依存する必要がなく、ＮＡＴＯの影に脅えるのが愚かにさえ思える。

プーチン大統領に対して西側メディアは「冷酷」「スパイ」とイメージ操作するが、根は愚直なロマンチストである。ソ連崩壊後の混乱から実力で伸し上がった怜悧な思考の持ち主でもある。「特別軍事作戦」という命名には、相手の策謀の上を行く陰謀が込められていた。一般に戦争学では戦争を兵力による国家間の闘争と定義するが、「特別軍事作戦」はあくまでもキーウのネオナチ勢力を排除する治安活動的な軍事作戦であり、国連憲章の「敵国条項」に該当する。この命名は米国へのあてこすりでもあった。ブッシュ（子）大統領は国連決議もなくイラクを攻撃した「イラクの自由作戦」（２００３年～11年）でフセイン・イラク大統領に「大量破壊兵器容疑」をかけて拘束し、死刑に処した。「イラクの自由作戦」に賛成票を投じたバイデン元上院議員がどの口で「特別軍事作戦」を非難するのか、と。プーチン大統領は昇り《のぼ》竜《りゅう》の経済大国中国との連携を強化し、バイデン大統領に意趣返ししながらロシアの国際的地位を高める陰謀に磨きをかける。

プーチン大統領はゼレンスキー大統領と一度だけ会ったことがある。大統領になって間もないゼレンスキーが捕虜を交換したいと会談を求めてきたのであるが、マクロン大統領、メルケル独首相の仲介でパリのエリゼ宮で４者会談（２０１９年12月９日）が持たれた。モスクワのテレビで人気を集めたひょうきんな若いコメディアンの印象しかない新大統領相手に、「ロシア系住民やロシア語話者が迫害されている」とウクライナ政府がウクライナ語を一方的に公用語とした弊害を逐次取り上げ、善処を求めた。返事はあれやこれやと要領を得ず、薄っぺらな笑いを取る演技のようであった。

深夜にずれこんだ記者会見では、正面テーブルにメルケル首相、マクロン大統領を間に挟んでプーチン大統領とゼレンスキー大統領が並んだ。ゼレンスキーは記者団に向かってやにわにロシア語訛りのウクライナ語で語りだし、途中から流暢なロシア語に切り替え、「ウクライナでは誰もロシア語で話すことを禁じていない。ロシア大統領は全く逆の見解だが……」と混ぜ返した。軽妙な話術にメルケル首相、マクロン大統領の笑いは取ったが、プーチン大統領は憮然とした表情でメモを取り続けた。首都キエフがキーウと変えられたように、日本なら東京弁と関西弁程度の違いだが、ソ連時代にはロシア語が学校などで教わる標準語とされ、ウクライナ語は方言とされた。ロシア語圏で生まれ育ち、モスクワで芸能事務所を構えて世に出たゼレンスキーは、ウクライナ語を猛勉強中であった。プーチンにはその時点ではまだ新大統領の素性を知らず、ネオナチとの確証もなかったが、時流に踊るポピュリストと判断し、それ以来、会おうとしない。ゼレンスキーをバイデン大統領の駒と見なすのは現在も変わらないが、習近平和平案を受け入れるのであれば会う用意は出来ている。

バイデンの策謀の上を行く習近平の遠謀

漁夫の利を得る立場に立った習近平は、プーチンの陰謀とバイデンの策謀の上を行くさらなる遠謀を巡らせる。「NATOの東方拡大に反対」という原則的立場をプーチン大統領と共有しつつも、武器支援はせず、「中立」を保った。適度な距離を測りながらプーチンに接近し、バイデンの策謀の全容が見えてくると「ロシアと中国の友情に限界はなく、協力する上で禁じられた分野はない」と一挙に距離を縮めた。単なる「戦略的パートナー」ではない。

核超大国のロシアと組めば米国恐れるに足らずと、果敢に打って出た。「多国間主義は選択肢ではなく、必然」と謳った国連共同宣言（2020年）を錦の御旗とし、バイデンの「米一極主義」を独善と退け、さらに、「NATOの東方拡大」の外延に「防衛力増強」に走る日本の岸田政権を見据え、先の見えたゼレンスキー政権よりも危険になってきたとしてロシアと共同戦線を張るのである。

「策士策に溺れる」は三国志の主人公の曹操に由来するが、英語にも同趣旨の格言がある。それを地で行くのがバイデン大統領である。プーチン大統領の「1インチの約束」に賭けた執念を過小評価していた。

　バイデン大統領はロシア軍の侵攻直後、待ってましたとばかりにホワイトハウスで緊急演説をし、「プーチンは侵略者だ。プーチンがこの戦争を選んだ。何カ月間も入念に計画されてきた。ソ連を再建したいのだ」と名指しで批判した。「ソ連再建」の執念を見抜いていたのは流石と言うべきであった。ジョンソン英首脳と謀《はか》ってキエフの大統領官邸に送り込んでいたゼレンスキー警護の特殊部隊にゼレンスキー大統領のキエフ脱出を準備させた。そこまではシナリオ通りであったが、想定外のことが起きる。ゼレンスキー大統領が米誌タイムに「警護の特殊部隊を送り込んでいた米英から、ロシア軍特殊部隊がキーウの大統領府を急襲するので首都脱出とポーランド東部での亡命政権樹立を打診された。だが、断った」と緊迫の内幕を明かしている。

　バイデン大統領は無謀な男だとゼレンスキーに呆れた。相手はイラク、シリアで米軍を手こずらせたイスラム原理主義勢力を壊滅させたロシア軍だ。ウクライナ陸軍は約13万人、予備役90万人と数はそこそこ揃っているが、ミサイル、重砲などの火力はロシア軍とは10～20分の1と比較にもならなかった。

その一方、バイデン大統領は、ロシア軍侵攻2日目（2月26日）に予定通りにG7やEU諸国を誘ってロシアに対する強度の経済制裁を科した。２０１４年のクリミア併合時から資本取引制限など各種制裁を小出しにしてきたが、今回は原油、天然ガス、小麦などロシアの主要輸出品を一挙に禁輸対象とした。主要輸出市場を閉ざされたロシア経済は一カ月も持たない、はずであった。

ウクライナ軍の奮戦はバイデン大統領にとって嬉しい誤算であった。大統領府の地下壕から徹底抗戦を呼びかけるゼレンスキー大統領を活用しながら制裁効果を高めようと、ＮＡＴＯ諸国を中心とした「ウクライナ国防諮問委員会」を組織し、ウクライナ支援と対露経済制裁をセットにしたのだ。同盟国、同志国もろもろの国会でのゼレンスキー大統領のオンライン演説をアレンジし、反露反プーチンの広告塔にしながら、ウクライナ支援の国際的な輪を広げ、中国、インドなどを巻き込む狙いであった。

バイデンはゼレンスキーから「国際社会のリーダー」と持ち上げられ、ＮＡＴＯ諸国首脳はプーチンの言葉を「核脅迫」と受け取って、頼れるものは米国の核しかないと結集した。ＮＡＴＯがゾンビのように蘇り、Ｇ７もバイデンの号令で動く。最も忠実なのが押っ取り刀でワシントンに飛んできた岸田首相である。一兵の米兵も失わず最大の果実を得るバイデン外交たけなわである。アフガンからの唐突な米軍撤退で貼られた「外交下手」のレッテルも今は昔、79年の人生の絶頂期であった。

事態は新たな局面に入る。三日程度の短期作戦の狙いが外れたプーチン大統領は国防相、軍参謀総長を急遽招集し、ロシア軍の核抑止力部隊を「特別態勢」に置く命令（2月27日）を発した。その映像は全世界に流され、細長いテーブルの先端に陣取ったプーチン大統領は「ＮＡＴＯのリーダーたちが攻撃的な発言をしている。ロシアの安全を脅かす行為には戦術核で対抗する」と述べた。旧ソ連時代を通じてロシア指導部が核兵器使用を公言したのは初めてであった。朝鮮戦争（１９５０年～５３年）でマッカーサー国連軍司令官が「中国東北部への核攻撃」を主張し、トルーマン大統領に罷免されたが、プーチンを罷免できるものはいない。米ソが核戦争寸前まで行ったキューバ危機（１９６２年）収束後に「米ソホットライン」が開設され、翌年に部分的核実験禁止条約を締結して「敵対的平和」を確立した。唯一の救いは「米露ホットライン」である。

核の脅威にバイデン大統領の地が出たというべきか、その翌日（28日）、不可解な行動を取った。「２０２３会計年度（２２年10月～２３年９月）予算教書」を発表し、国防予算を過去最大規模となる前年度比４％増の８１３３億ドルとした。バイデン一世一代の大芝居が米議会上下両院合同会議で余すところなく披露された。一般教書演説（3月1日）に立ち、準備された原稿には目もくれず、「プーチンただ一人に責任がある。自由主義と専制主義が戦っている。後世の歴史にプーチンのロシアは弱く、他の世界は強くなったと記されるだろう」と１オクターブ声を張り上げ、顔面を紅潮させながら「Go Get' em（彼を捕まえろ）」と絶叫した。あの世でシェークスピアを唸らす名演技、いや、迷演技であった。サキ大統領報道官が「世界のリーダーとして立ち上がる」とフォローした。ところが、記者会見では「米国民は核戦争の心配をしなければならないのか?」と質問が集中すると、「ノー!」と声を張り上げ、「米軍は参戦しない」「ウクライナに派兵することもない」とトーンが落ちた。ウクライナに供給する武器についてもゼレンスキー大統領が求める長距離ミサイルや航空機などには「応じない」と引いた。

さらに、同日に米国防総省が米議会に伝達したバイデン米政権初となる「国家防衛戦略」は新核戦略指針「核体制の見直し」と「ミサイル防衛の見直し」で、ロシアよりも中国を優先課題と位置付け、「中国の脅威から米本土を防衛する」として同盟国などと戦闘能力向上に取り組むとした。何故、いま中国なのか、あべこべだろうと誰しも疑問に思うところであるが、これこそバイデンならではの策謀である。プーチンの核脅迫に腰挫けになり、中国に比重を移したのであった。

バイデン流の「第2戦線論」と解析できる。核超大国のロシアに対しては最低限の仁義を切って正面衝突を回避しつつ、国際社会と共に経済制裁を強めて内部瓦解を誘う。同時に、「最大唯一の競争者」と政権発足当初から的を合わせた中国に対しては陰湿な圧力行使で屈服を迫る。執念の綱渡りと言うべきか、習近平へのバイデンのトラウマは第三者には理解しがたいほど闇が深い。

習近平の静かな反撃が始まる。米国は国連総会緊急特別会合の招集を求め、ロシア軍の即時撤退を求める非難決議採択(22年3月2日)に成功した。イスラエルによるシリアのゴラン高原併合非難決議以来40年ぶりであったが、193カ国中、賛成は141カ国であった。だが、『特別軍事作戦』は戦争ではない」と反対したロシア国連大使に同調してベラルーシ、北朝鮮、エリトリア、シリアなど7カ国が反対票を投じた。中国、インド、イラン、南アフリカ、キューバ、ベトナムなど35カ国が棄権に回ったが、体の良い反対である。国連決議を盾に中国に対露経済制裁参加を求めようとしたバイデンの試みは出鼻から挫かれた。

その前後からロシアのルーブルに異変が起きる。その為替相場は制裁の影響で1ドル＝75ルーブルから150ルーブルに急落し、ロシア国内に混乱が起きた。私はソ連崩壊時、モスクワ近郊のバザールでブドウを一房買い、100ドル紙幣で払ったが、ルーブル札の釣り銭が両手で持ちきれず、手提げ紙袋二つに詰めてホテルまで帰った記憶がある。ゴルバチョフの「ペレストロイカ」とともにソ連圏内にドルが浸透していたのだ。バイデン大統領はそのような現象が再現し、ロシア経済崩壊間近と小躍りしたことであろうが、1カ月も経たないうちにルーブルは戻して1ドル＝53ルーブルまで上昇し、高値に張り付いた。

ロシア経済はプーチン大統領独自の改革で旧ソ連時代の弱点を克服していたのである。モスクワからマクドナルドやスターバックスは消えたが、看板を張り替えてほぼ同じものを売っている。ソ連崩壊後のロシアのGDPはギリシャ、ポーランド以下の世界34位（1992年）まで沈み、大量の餓死者まで出したが、非効率な国営企業を民営化してオリガルヒ（新興財閥）に委ねるプーチン流改革で経済を再建し、韓国と並ぶ11位（2021年）まで回復している。制裁と並行してロシアの主要銀行をドル建ての国際銀行間通信協会（SWIFT）から排除し、デフォルトに追い込む作戦も見事に失敗した。ロシアは2015年に人民元建ての国際銀行間決済システム（CIPS）に加入し、SWIFTによると同年のロシアの対外債務621億ドルのうちドルなどの外貨建ては3割に過ぎない。ロシア企業や銀行の人民元決済額は22年の「特別軍事作戦」時の0％から同年7月の時点で約4％であり、香港の73・8％、英国の6・4％に次いだが、その後も急拡大中である。ロシアがドル圏からいち早く脱退する流れである。

バイデン大統領は北京パラリンピックを終えた習近平主席とオンライン会談（3月18日）し、対露経済制裁に同調するように直談判したが、習主席は「中立」とつれなかった。バイデンが「制裁の抜け穴」と非難すると、米欧が決めた措置に中国がなぜ従わなければならないのかと取り付く島もない。習主席は逆に、台湾問題を取り上げ、米国の内政干渉を批判した。とはいえ双方とも言葉にこそ棘があるが、表情も声も穏やかで、副主席、副大統領として親しく交流した往時の余韻すら漂わせていた。

バイデンの大失言――「世界のリーダー」の権威失墜

驕《おご》る者久しからず。「あなたが主役」とスポットを浴びたバイデン大統領の「世界のリーダー」の座は長くは続かなかった。バイデン大統領自らその座を降りるのを早めてしまったのである。ロシアの侵攻後初めての外遊先にベルギーを選び、ブリュッセルでのEU定例首脳会議（2022年3月24日）に意気揚々と参加した。米大統領の参加は初めてであるが、プーチンを抑えられる唯一の人物として下にも置かないもてなしを受けた。「第三次世界大戦は起きない」とEU首脳たちを安堵させ、記者会見では「NATOが今日ほど団結していたことはない」と胸を張り、「より大きな痛みを与えてプーチンを止める」とG20からも排除する意向を示した。中国に言及することも忘れず、「習氏と6～7日前に電話で話した際、脅しこそしなかったが、ロシアを助けるとどうなるか分かっているかと確認した。中国は自国の経済的な未来がロシアよりも西側と密接に結びついていることを理解している」と自信ありげに言い切った。翌日、意気揚々と400万近いウクライナ難民の半数が流れ込むポーランドの南東部ジェシュフを訪れ、駐留米軍部隊を激励し、食事を共にした。

魔が差したと後に自戒することになる運命の翌26日、ポーランドのドゥダ大統領らとともにウクライナ難民の臨時収容所となっているワルシャワのスタジアムを訪れた。難民たちを激励し、「プーチンは虐殺者」「人殺しの独裁者」「悪党」「戦争犯罪人」と言葉をきわめて非難し、大喝采を浴びた。気を良くしながらワルシャワ王宮に移り、バルコニーに立つと、1千人近い避難民の前でマスクをかなぐり捨て、叫んだ。「ウラジーミル・プーチンが権力の座にとどまり続けてはいけない」と人差し指を天に突き上げた。

大統領就任式でも味わえなかった高揚感に本音を口走ってしまったのだが、「世界のリーダー」として言ってはならない言葉であった。国連は「戦争の違法化」、「集団安全保障」とともに「内政不干渉」を基本3原則の一つと定める。それを公然と否定する発言であった。現場から通報を受けたホワイトハウスは間を置かず声明を発し、「演説原稿にはない。バイデン大統領はプーチン大統領の権力や体制転換について話したのではない」と否定した。しかし、フランスのマクロン大統領から「自重すべきだ」と諫められ、バイデン批判の声が西欧首脳陣から公然と上がった。翌日帰国し、ワシントンの教会で記者団に「ロシアの体制転換を求めているのか?」とマイクを向けられ、マスク越しに「ノー」と甲高い声を発し、足早に立ち去った。

世界が注目した暴言問題は共和党の格好の攻撃材料となり、同党の上院外交委員会トップであるリッシュ上院議員は「恐ろしい失言だ。事態のエスカレートを避ける米国の努力が台無しになる。この男が権力の座にとどまることはできない」と、CNNのテレビカメラの前で辞任を求めた。共和党には「ゼレンスキーは悪党で、腐っている」と公言する議員が少なくなく、止まらなくなってきたインフレと相まって、ウクライナ問題は、中間選挙を控えたバイデンの重しとなっていく。

バイデン大統領にとって、早くもウクライナは政治的リスクに変わりつつあった。プーチン政権崩壊の可能性がなくなり、デメリットばかり目につきだした。政権発足当初からトランプ政権に次ぐ歴代ワースト2の50%台と不振をかこった支持率は「特別軍事作戦」直後こそ幾分持ち直したものの、原因不明のガソリン・食料などの生活品高騰とともに40%台へと下降線を描き、22年秋の中間選挙に向けて赤信号が点滅し始めたのだ。

停戦合意を利用した電子諜報戦——「ブチャの虐殺」

現代の国際政治は多極化に加えデジタル化の影響を受けやすくなっている。一つの出来事が瞬時に世界を変えるが、地域大国トルコのエルドアン大統領の仲介によりイスタンブールで進んでいたロシアとウクライナの停戦協議が格好の舞台となった。

２２年３月29日、ロシアとウクライナは停戦で暫定合意した。ロシア国防省はゼレンスキー政権側が提案したウクライナの「中立化」「非軍事化」を受け入れたとして、「安全の保証」を表明した。「キエフ（キーウ）やチェルニヒウ周辺での軍事活動を縮小する」とも発表されたが、実際、キーウを三方から包囲していたロシア軍の長蛇の軍用車列がベラルーシ国境へと撤退し始めた。

ロシア軍は停戦協議を見据えた陣容再編を進める。キーウ方面に向けた「正面軍」を急遽再編し、東部、南部に振り向ける。東部のドンバス地方（ドネツク州、ルハンスク州）では支配地域を拡大した。南部ではメリウポリ、ヘルソンなど主要都市を制圧し、アゾフ海に面する要衝の港湾都市マリウポリもアゾフスタリ製鉄所以外は掌握した。残虐なネオナチ軍団と親露派住民に恐れられたアゾフ連隊の拠点がマリウポリ市であったが、アゾフスタリ製鉄所に追い詰められ、２千人前後がソ連時代に地層深く掘られた地下シェルターでゼレンスキー大統領の徹底抗戦の呼びかけに応えていた。だが、食料も尽き、ロシア軍の投降勧告に応じるのは時間の問題になっていた。その時点で、ロシアの占領地域はウクライナ全土の2割に達した。

停戦協議は対話を考え始めたバイデン大統領にとっても悪い話ではなかったが、ゼレンスキー大統領がロシアを悪魔に仕立てるデジタル戦を仕掛けた。ウクライナ政府が「キーウ州全域をロシア軍から解放した」と発表した翌日（４月３日）、ゼレンスキーは米ＣＢＳの番組で「ロシア軍はブチャでジェノサイドを行った」と主張した。

ロシア国防省はキーウ西郊のブチャからロシア軍が3月30日に完全撤退したと発表していたが、ゼレンスキーはこれを逆手に取り、ブチャを含むキーウ近郊の集団墓地から「民間人400余人の惨殺死体が発見された」と一大宣伝戦を繰り広げた。自身の芸能事務所とテック企業出身者たちで前もって立ち上げたデジタル改革省が凄惨な映像をネット上に拡散した。イラク戦争中にIS（イスラム過激派）が処刑映像を流して顰蹙《ひんしゅく》を買ったことがあったが、同様のことをより巧妙に行ったのである。死者への尊厳も何もない、次々と掘り起こした遺骸をSNSに載せるゼレンスキーのハリウッド映画まがいのゾンビ作戦に国際社会は騒然となった。ジョンソン英首相がいち早く馳せ参じ、ゼレンスキー大統領の案内で「ブチャの虐殺」現場を険しい表情で視察し、「プーチンによる戦争犯罪だ」と用意した糾弾声明を出した。これに釣《つ》られるように西欧首脳が続々と現地を訪れ、案内役を買って出たゼレンスキーに軍事支援強化を約束する。

他方、ロシア国防省は「市民の誰一人としてロシア軍による暴力を受けていない」と全否定し、ウクライナ側が拡散する虐殺写真は「捏造《ねつぞう》」と非難した。真相は中立的な国際団体の解明を待たねばならないが、ゼレンスキーはそれには全く関心がない。国際社会の同情と支援を集め、最新の武器をまんまと大量に手にし、反転攻勢に乗り出していく。ロシアのラブロフ外相が「ウクライナ側は態度を変えた」と声明（4月7日）で非難し、停戦協議は頓挫した。

米欧6カ国は国連総会（4月21日）でロシア非難決議を採択するように求めたが、ロシア代表は米欧が「代理戦争」を仕掛けていると反対し、流れた。代わって、ウクライナからの即時無条件撤兵を求めるロシア非難声明を発表したが、それに名を連ねたのは国連加盟国193カ国の3分の1以下の54カ国であった。NATO諸国以外には日豪、ラテンアメリカ・カリブ海諸国2カ国、アフリカはゼロと、3月の総会でのロシア非難決議に141カ国が賛成したのが嘘のようであった。対露制裁参加国は2022年4月8日現在でEU27カ国に英、豪、カナダ、ニュージーランド、日本、韓国の37カ国にとどまった。

国際社会の大勢を見極めた習近平主席が動き出し、同日、「グローバル安全保障イニシアチブ（GSI）」を提唱した。海南省ボアオでのアジアフォーラム2022年次総会の開会式での基調講演で、「他国への内政干渉をせず、各国国民が自ら選択する発展の道と社会制度を尊重し、陣営を組んで対決しない」と、米欧、というよりも、バイデン主導の対露批判や対露経済制裁を批判の対象にしたのである。

ウクライナ戦線でゼレンスキー大統領が最も恐れていることが現実化した。5月20日、ウクライナ南部の要衝マリウポリの攻防戦で徹底抗戦を命じていたアゾフ連隊が降伏し、約2000人が捕虜となった。ロシア側は鉤十字旗を掲げるアゾフ連隊をネオナチ疑惑解明の鍵と考え、一連の虐殺行為の全容を解明することを明らかにした。その機先を制するのがゼレンスキーの「ブチャの虐殺」キャンペーンの狙いであった、との見立ては穿ち過ぎとばかりは言えない。ホロコーストはナチスの収容所内での恐るべき真実だが、「ブチャの虐殺」は墓地の遺骸を無暗に晒すデジタル諜報戦の一つであった。

「ブチャの虐殺」でデジタル戦線が燃えていた頃、バイデン大統領は別人のように寡黙であった。「恐ろしい失言」への反省を重ねていたのだが、ようやくニューヨーク・タイムズ（5月31日付）に「ウクライナで米国がすること、しないこと」なるタイトルの自省的一文を特別寄稿し、所感を明らかにした。「この戦争は外交を通じてのみ終結する。米国はプーチン氏をモスクワから追放しようとはしない」と失言を正式に撤回し、「対話による解決」を図ると言明した。プーチン大統領との妥協を探るというもので、ウクライナ政策の転換を示唆したものである。

バイデンとゼレンスキーの隙間風――バイデン政権内の亀裂

バイデン大統領とゼレンスキー大統領の間に隙間風が吹き始める。ロシアへの憎悪と復讐を煽り、より多くの支援を求めるゼレンスキーにバイデンは手を焼いていた。ゼレンスキーは「いまが反撃の大きな山場」（ルクセンブルグ議会オンライン演説6月2日）と高機動ロケット砲システム・ハイマースなど最新式の武器支援を求めた。ゼレンスキーの頭に「和平」の文字はなく、何が何でも戦果を挙げて関心を繋ぎとめようとあらんかぎりの手を駆使し始める。バイデンから念押しされたハイマースの射程制限を超えてロシア軍後方の補給基地や橋、道路、鉄道などインフラ施設を狙い撃ちし、クリミア半島とロシア本土を繋ぐ大橋を特殊部隊を送って破壊した。その都度、ロシアからの大規模な報復を招く。キーウなど主要都市へ電力、飲料水を供給する発電所、給水設備など社会インフラがミサイルで破壊され、ウクライナ経済は壊滅状態になる。するとゼレンスキーがますます米欧の支援に頼る悪循環である。

そうした中、「バイデン政権内の派閥対立が激化」（ブルームバーグ6月2日）と報じられた。対露制裁を統括していたシン大統領副補佐官（国家安全保障問題担当）が突然休職し、イエレン財務長官ら財務省グループがサプライチェーン問題、インフレ、不安定な石油価格、食料危機を挙げ、「石油価格に上限を設ける条件付きでロシア産エネルギー購入を認める」との対露妥協案をバイデン大統領に進言したのである。ブリンケン国務長官、ヌーランド次官らゼレンスキーと気脈を通じる国務省やホワイトハウスの対露強硬派らが猛然と反発し、制裁が生ぬるいから効かないのだと逆に「二次的制裁案」を持ち出し、亀裂は深まるばかりであった。

バイデン大統領は経済学者で前連邦準備制度理事会議長のイエレン財務長官の助言を重視するしかない。原因不明とされた物価高は、ＩＭＦ「世界経済見通し・２０２２年４月」（４月19日）が対露経済制裁にあると示唆した。「戦争が経済回復を抑制する」とのレポートは「燃料、食料価格急上昇で世界経済成長率は２０２１年の６・１％から２０２２年と２０２３年は３・６％と推計され、２０２２年の物価上昇率予測は先進国が５・７％」とした。専門家レポートは「制裁がロシアのエネルギー輸出に拡大されれば成長はさらに減速し、物価上昇率は我々の予測を上回る」と対露経済制裁のマイナス効果を指摘した。バイデン大統領主導の制裁措置の失敗を認めることになりかねない「制裁ブーメラン」は禁句であるが、イエレン財務長官の妥協案を無視することは難しくなってきた。

バイデン大統領は公然とゼレンスキー批判を始める。政治資金パーティでの記者会見（6月10日）で「プーチン氏がウクライナに侵攻するつもりだったのは明らかだった。だが、ゼレンスキー氏は聞く耳を持たなかった」と、責任を転嫁するような発言で記者団をどよめかせた。

BRICSをプラットホームにドルから人民元に

クレムリンで聞き耳を立てていたプーチン大統領は時を置かず、動く。第25回「サンクトペテルブルク国際経済フォーラム」（6月15日〜18日）で「旧世界は去りぬ」と題したスピーチを行い、「ロシアに対する経済電撃戦は失敗」と断言し、「（米国）一極世界の終わり」を宣言した。習近平主席が「中露の協力関係はすべての分野で発展している」とメッセージを寄せたフォーラム会場にはアジア、中東、アフリカ、中南米など発展途上国から多数のビジネスパーソンが詰めかけていた。米欧諸国がロシアから資本を引き揚げるのをビジネスチャンスと見ていたのだ。

習近平、プーチンの急接近は軍事から経済分野に拡大する。プーチン大統領は軍事大学の卒業式（6月21日）で演説し、複数の核弾頭を搭載して米本土を攻撃できる次世代の大陸間弾道ミサイル（ICBM）「サルマト」を年末に配備すると言明した。米国がかねてからミサイル防衛網を突破されかねないと警戒していた最新式のICBMである。それはバイデン大統領への牽制であると同時に、習近平主席への連帯のメッセージにほかならない。

2日後、習は「BRICSオンライン首脳会議」で議長国として演説し、「一方的な制裁や制裁の乱用に反対する。冷戦思考を放棄しなければならない」と制裁反対の旗幟を鮮明にした。プーチンへのエールであり、「冷戦思考」のバイデンへの警鐘であった。ペロシ訪台が燻っていた頃であり、プーチンとの連携で「重要軍事演習」の準備に取り掛かっていたと考えられる。

習近平は米国に対抗するグローバルなイニシアチブを意識していた。「人類社会の方向性を決める重要な岐路だ。BRICSは主要な新興国・発展途上国として世界のために大胆に、かつ勇気を持って行動する必要がある」と述べ、その先頭に立つ意欲を隠さなかった。プーチンは「ドル中心の決済システムと決別した新たな国際金融システム」として、「BRICS通貨バスケットに基づく国際基軸通貨」創設を提唱した。ロシア金融メッセージングシステムがBRICS諸国の銀行と接続し、ロシアの決済システム「MIR（ミール）」を活用する。ロシアの主要貿易国をBRICS諸国に切り替え、ロシア市場への中国製自動車参入、インドのスーパーマーケットチェーン出店を促した。人民元との連携が視野に入っていることは言うまでもない。

その翌日の「グローバル発展高位級対話」には新たにアルジェリア、アルゼンチン、エジプト、イラン、カザフスタン、セネガル、ウズベキスタン、カンボジア、エチオピア、フィジーなど13カ国首脳が揃った。習近平主席は「我々は共同の利益に基づき世界経済のガバナンスを強化する」とし、BRICSプラスを米国のG7中心外交に対抗するプラットフォームとして育成強化する考えを明らかにした。影が薄くなる一方のG7だが、元々は「オイルショック」「ニクソン・ショック（ドル危機）」に対応するために1973年にIMFの主要国財務相とEU代表が加わったグループ（互助会）であった。後に「先進国クラブ」とブランド化したが、トランプ大統領はＮＡＴＯ同様に「時代遅れだ」と解体を示唆し、２０２０年の開催を見送っていた。バイデン大統領が対露、対中包囲網に活かそうと再浮上させたのである。しかし、ＧＤＰは合わせて世界の４割と、６割を超えた最盛期の勢いはない。

ロシア経済の東方シフトは確実に進展し、その３カ月後（９月６日）、ロシアの天然ガス会社ガスプロムと中国石油天然ガス集団が決済通貨をドルからルーブルと人民元に変えることで合意した。ロシア大統領府は１～７月の露中貿易は原油、スマホ、自動車などハイテク商品が増え前年同期比プラス25％と発表した。中国税関総署によると、１～８月のロシアからの輸入額は７２９億ドル、前年比50・７％増となり、ロシアからの天然ガス輸入量は４月に８・４億ドル、原油輸入量は５月に59億ドルといずれも過去最高を記録した。

「グローバル発展高位級対話」は歴史的な「北京宣言」を採択したのだが、そこには岸田首相の対北朝鮮外交との関連で注目すべき一文があった。「朝鮮（北朝鮮）と関係国の話し合いを後押しする」と明記されたのである。中露に加えグローバルサウスの主要国首脳が顔を揃えた場で、米主導の対北朝鮮制裁に縛られないと一線を画した。

対露経済制裁ブーメランに足並み乱れるＥＵ、日本経済も青息吐息

バイデン大統領は急遽、ＥＵへと足を運ぶ。仲間を増やしている習近平に対抗するには、まず足元を固めなければならない。習近平主催の「ＢＲＩＣＳオンライン首脳会議」の翌日、バイデンはその向こうを張るようにベルギーのブリュッセルで開催されたＥＵ首脳会議（６月24

日）に米首脳として初めて対面参加した。しかし、採択された「合意文書」にロシアへの追加制裁は見当たらない。

制裁ブーメランが民心を動揺させているのはEUも変わらなかった。独のショルツ首相の社会民主党は2022年5月の二つの州議会選で大敗し、フランスでもマクロン大統領の与党連合（中道）が総選挙の決選投票（同月19日）で過半数を大幅に下回り、NATO脱退を公約に掲げる極右の「国民連合」や格差是正を共通公約とする「不服従のフランス」中心の左派連合に押されていた。西欧諸国の国民は対露経済制裁ブーメランを日常生活で感知しており、これ以上刺激できない。台所が火の車のどの国もゼレンスキー政権への財政支援どころではなくなっていた。ウクライナ支援に積極的なEUの政策執行機関である欧州委員会は88億ユーロ（約1兆5400億円）を貸し付けるウクライナ緊急金融支援策を決めたが、「ドイツが承認せず」（ブルームバーグ7月1日）、欧州委は代案として8分の1以下の10億ユーロを提示した。結局、ウクライナが求める戦車などの武器を各国が在庫処理する形で提供することでお茶を濁した。

欧州経済は米国に劣らず危機的であった。IMFが同年7月に緊急発表した「2022年世界経済見通し改訂版」は同年度の世界の実質経済成長率予測を4月時点の3・6％から3・2％に下方修正した。23年成長率予測も4月時点の3・6％から2・9％に下方修正した。コロナパンデミックが始まった2020年のマイナス3・1％はウイズコロナ効果で翌年に6・1％と回復したが、原油高と猛烈なインフレーションにより米欧で金融引き締めが相次いだ22年第

２四半期はマイナス成長と落ち込んだ。ロシア産ガスの欧州への供給が完全遮断され、ロシア産原油輸出がさらに30％減少すると仮定すると、２０２２年の世界の成長率は２・６％、２３年は２％と減速し、欧州と米国の経済成長率は事実上ゼロになると死刑宣言に等しいものだった。国別にみると、消費者物価が40年ぶりの９％台、ＦＲＢが小刻みに利上げする米国の経済成長率は２０２２年２・３％、翌年１・０％となる。消費者物価上昇率が６月に８・６％に達したユーロ圏は欧州中央銀行（ＥＣＢ）が11年ぶりの利上げを決め、成長率が２０２２年に２・６％と鈍化し、ドイツすら１・２％、英国はマイナス成長となった。ＥＵ主要国の本音は、継戦は経済的に限界、停戦が正解、であった。

　しかし、バイデン大統領特有の年季の入った策謀が本領を発揮するのはここからであった。プーチンの核恫喝で米国の核戦力に頼るＮＡＴＯ諸国を手練手管で懐柔する。スペインのマドリードで開催されるＮＡＴＯ首脳会合（６月29日）に、中国の「構造的な挑戦」に対処するためにＮＡＴＯとインド太平洋の同盟国を「結集」させる必要があると急造の理屈を持ち出し、日本、韓国、ニュージーランド、オーストラリアを「パートナー国」として招待したのである。有無を言わせぬノリでＮＡＴＯの行動指針となる「戦略概念」を12年ぶりに改訂し、ロシアを「最大かつ直接の脅威」とし、中国を「我々の利益、安全保障、価値観への挑戦」と巧妙に書き入れた。欧州の安保体制であるＮＡＴＯを強引にアジアに拡張する手法はさすがに反発を受け、「中国を『脅威』とすることにフランスやドイツが反対し、表現を和らげて僅差で承認された」（ニューヨーク・タイムズ）と、辛うじて押し切った。

異彩を放ったのが岸田首相である。日本の総理大臣として初めてNATOに招待されたことを無上の光栄と考え、「NATO・アジア太平洋パートナー国セッション」で「東シナ海、南シナ海で力を背景とした一方的な現状変更の試みが継続されている。NATOは日本の重要なパートナーであり、一層の協力強化に取り組む」と一人気を吐き、「NATO本部への自衛官派遣」を表明した。

そうした立ち位置は特異というしかない。岸田首相はウクライナ停戦に一言も触れようとしない。経済が仏独伊などに劣らず限界に近付いているにもかかわらず、である。日本経済はコロナの影響をもろに受けた2020年の経済実質成長率はマイナス4・28％とリーマンショック以来の景気後退に落ち込んだ。その反動もあって翌年はプラス2・15％と1990年代のバブル崩壊以来久しぶりの成長を味わった。ところが、ウクライナ戦争で再び落ち込み、通年では1・08％（IMF）となる。エネルギー・生鮮食料品が高騰しているにもかかわらず、米欧のように金利を上げることが出来ず、日本売りの円安が140円台に突入した。国家の累積債務がG7最悪のGDP2倍超に達する極端な国債依存体質のために、ゼロ金利政策を維持するしかないのである。

ガソリンの高騰が社会問題化し、青息吐息の日本経済であるが、命綱をロシアに握られていることは意外と知られていない。岸田首相は対露経済制裁を口では支持するが、実際には参加していない。ロシア国営企業が極東のエネルギー資源を開発する「サハリン1」（原油）、「サハリン2」(天然ガス)から日本は撤退していない。LNGの消費量の一割を占めるロシア産を禁輸したらエネルギー価格は暴騰するので、ロシア側の言い値で買っている。プーチン大統領は安倍元首相との交流から、建前と本音の使い分けは日本の文化と理解し、許容してきたが、そろそろケジメが必要と考えはじめている。

「核大国」同士の「管理された対決」

インドネシアのバリ島でG20外相会合(7月7日~8日)が開催され、米国は議長国のジョコ大統領に会合からロシアを排除するように申し入れたが、ラブロフ外相が平然と乗り込んできた。外相会合前日の歓迎晩餐会でブリンケン国務長官はラブロフ外相との同席を拒否し、G7外相とともに退席した。だが、他に従う国とてなかった。

G20外相会合の共同声明発表は見送られ、慣例の写真撮影も中止となった。米国の影響力低下は覆い隠せない。ロシア批判の声より、対露経済制裁がグローバルなサプライチェーンを混乱させ、食料危機やエネルギー価格高騰をもたらしていると懸念する声の方が強まっている。東南アジア諸国では域内生産する主食のコメの値段が安定し、ブリンケン長官が闇雲に食糧価格高騰の責任をロシアに押し付けようと声を張り上げても何のことかと糠に釘であった。

22年の春先から燻っていたペロシ米下院議長の訪台問題は流動化する国際情勢の中、米中関係を再定立する格好の機会となった。ペロシ議長が正式に訪台の意思を表明し、中国外務省が抗議声明（7月19日）で「越えてはならない一線」と軍事的対応を示唆した。サリバン米大統領補佐官が中国の楊潔篪《ようけつち》国務委員に電話を入れ、「ペロシ訪台について説明したい」としてテレビ電話による米中首脳会談を提案した。その翌日、バイデン大統領も「国防総省が今は良い考えではないと判断している」と反対の意向を表明し、習主席を電話会談に誘った。

7月28日（米東部時間午前8時半、北京時間午後9時半）、米中首脳の電話会談が持たれた。同年3月のテレビ電話会談以来で、バイデン政権発足以降は5回目である。2時間あまりに及ぶ会談でバイデン大統領は、ペロシ訪台は「議長の判断」であり、米政府は直接関わっていないと理解を求めた。「一つの中国」という従来の方針に変わりはないとも付け加えた。

習近平主席は怒りを隠さなかった。下院で討議されている「台湾関係法案」を問題視し、撤回を求めた。中国メディアによると、「火遊びをする者はやけどを負う」と強い言葉で牽制した。同時に、軍事的対応に踏み切っても限定的であり、米軍との偶発的な衝突は避けたいとも伝えた。バイデン大統領は米中の決定的対立を避けることに同意した。習近平は内部問題を抱えている、とバイデンは見ていた。三期目続投に反対する声が中国共産党にあることは把握しており、それを確かめてからでも遅くない。インドネシアでのG20首脳会合での対面式会談を呼び掛けた。バイデン大統領は電話会談直後、「今日我々は、対話を深め、違いを責任をもって管理し、相互の利益増進のために努力することを話し合った」とツイッターに投稿した。

習近平主席は河北省保養地で党長老や最高幹部たちと意見を交わす北戴河会議に臨もうとしていた。秋の党大会を控え、共産党総書記の3期目続投に同意を取り付けねばならないが、唯一最大の懸案事項が台湾問題であった。ペロシ訪台が決行されると、直ちに「重要軍事演習」を発令し、内外に指導力と決断力を余すところなく誇示した。習近平を見る目が一変した。米国大統領に正面切って遠慮なく物申すことが出来る唯一の人間、それが彼であることを証明した。

それを機に、北京に外国首脳がひっきりなしに訪れ、ワシントンに並ぶ世界政治の中心となる。中国と親密な社会主義兄弟国であったが中越戦争(1979年)後にギクシャクしたベトナムの最高実力者であるグエン・フー・チョン(阮富仲)共産党書記長が訪中(10月31日)し、南シナ海での領有権争いは「両国関係全体に影響を与えない」(グエン書記長)、「両党は社会主義近代化建設を推進し、いかなる勢力も我々の発展の制度的根幹を揺るがすことを許さない」(習総書記)と連携を確認した。パキスタン首相、タンザニア大統領と訪中が続き、さらにG7の一角であるドイツのショルツ首相が初訪中した(11月4日)。EU第3の規模のハンブルク港で中国国有海運企業が営んでいるコンテナのターミナル運営会社をショルツ首相が積極的に後押ししてきたことは知られている。訪中団には多数の企業経営者が随行し、ショルツ首相は「視点が異なるテーマについて首脳同士が対面会談することが必要だ。ドイツは陣営対立に反対している」とバイデン政権の中国包囲網に加わらないと明言した。バイデン大統領はドイツに対して中国とのサプライチェーンのデカップリングを求めるが、100万人以上のドイツ人が中国関連企業に就職しているドイツで賛同する声はほとんど聞かれない。習近平が進める

「一帯一路」は欧州にも広く伸び、世界有数のギリシャのピレウス港運営会社の株式67％を中国国営企業が取得したのをはじめ、中国はフランス、ベルギー、スペイン、イタリアなどの港湾施設にも積極的に出資し、物流拠点を広く築いている。

アジアに目を転じると、米国の数少ない同盟国は日本、韓国、フィリピンの3国であるが、日本以外は中国とも適度な距離を保つ。米比相互防衛条約を結ぶフィリピンのマルコス大統領は「国益はロシアのウクライナ侵攻を巡る潜在的懸念より優先される」として、「燃料および他の主要商品の購入でロシアと協議を行っている」（ブルームバーグテレビジョンのインタビュー（9月23日））と述べ、「台湾有事」と関連した米軍基地の使用は「認めない」と言明している。

バイデン大統領は習主席との真剣勝負を意識し、対中政策により多くの人的物的資源を振り向けざるを得なくなった。イエレン財務長官の助言を受け入れて停戦協議を視野に入れた対ウクライナ支援の大幅縮小を図る。

「米政府はドイツにウクライナ支援を統合する司令部を新設する。秘密にしていたのは、プーチン大統領に米国がウクライナ戦争の当事者と主張させる口実を与えないためだった」とCNN（9月3日）が「政府関係者」の話としてすっぱ抜いた。ウクライナ支援の米軍司令部はロシアの「特別軍事作戦」前から存在し、ロシア側と「秘密協議」を重ねていた。それをことさら「新司令部」の触れ込みで公然化したのは、ひとえに財政問題居である。G7貿易相会合

（9月14～15日）でウクライナの経済復興を支援する共同声明が採択されたが、バイデン大統領は新たに「総合抑止」を提唱し、同盟国に軍事力ばかりでなく経済的負担も求め、日本にも「応分の負担」を求めた。

アメリカ自身は背後に徐々に退き、ウクライナ支援はEUや日本などに委ねるのがバイデンの新たな戦略である。ウクライナ戦争は欧州の一角での戦争と米国民一般は考えており、来る大統領選挙での争点化を避けるためにも、欧州の戦争にするしかない。

ブリンケン国務長官は声明で「米国はこの紛争が大きくなるのを防ぐ決意に満ちている。交渉の場でウクライナの立場を強くする」（CBSテレビインタビュー9月25日）と交渉重視の姿勢を強調し、暗にゼレンスキー政権に交渉による解決を促した。サリバン大統領補佐官も同番組で「我々はロシアに対し、核兵器の使用は壊滅的な結果をもたらすことを明確かつ具体的に直接、内々に非常に高位の相手との間で伝えてきた」と回りくどい独特の言い回しでプーチン政権トップ級との協議が進んでいることを明かした。ブリンケンはバイデン上院外交委員会委員長の下で事務局長を務めて以来、行動を共にし、短気な上司の失言をその都度カバーしてきた。両親がユダヤ教徒で継父はホロコースト生存者でありネオナチへのアレルギーは強いが、同盟主義とリベラル介入主義を信条とする。また、サリバンは最高裁判事のロー・クラーク（調査官）の経験がある法務博士であり、「トランプ政権の外交政策でも有効なものは引き継ぐ」と公言する現実主義者である。米軍制服組トップのミリー統合参謀本部議長も記者会見（11月16日）で「ウクライナはハリコフ州とヘルソン州で成功したが、ウクライナ全土の20％を占領するロシア軍を軍事的に追い出すことは非常に難しい」とバックアップした。

そうした中、米国防総省はドイツのヴィースバーデンに新司令部を設置すると正式に発表した。敗戦国のドイツには日本ほどではないにしても米軍基地が要所に置かれている。新司令部設置の狙いは、密かに一元管理してきたウクライナ支援を透明化、効率化し、米国に偏ったウクライナ支援をＮＡＴＯ諸国に「公平」に分担させることである。これまで米欧州軍が同盟国やパートナー国40カ国以上のウクライナ支援国グループと毎月定期会合を開き、支援兵器などをウクライナ国境付近へ輸送し、ウクライナ軍への操作訓練も実施した。ゼレンスキー得意のデジタル作戦を支える衛星通信サービスの「スターリンク」の利用料も米国防総省が負担してきたが、そのサービス提供者のイーロン・マスクから「毎月数千万ドルの費用支払が滞っている」（ツイッター10月14日）と停止を通告されるなど、債務上限問題は米軍をも縛り始め、取り立てるしかない。支援国グループには表明した支援未払い分が少なくない。ロシア軍の侵攻以降、米国はウクライナに１８０億ドル（２０２２年11月１日現在）の武器を支援し、ロシアの東南部４州併合宣言後もハイマース４基など６億２５００万ドル（約９００億円）の追加支援を発表した。だが、ゼレンスキー政権からの追加支援要請はひっきりなしであり、欧州諸国に投げるしかない。

当然のごとく、バイデン主唱の「拡大抑止」に不信感が生まれる。米英以外ではＮＡＴＯ唯一の核保有国であるフランスの大統領が「ウクライナとその周辺地域が核で攻撃されても、フランスが核で反撃する事態には当てはまらない」（公共放送「フランス２」10月12日）と、ロシアの核攻撃の不安を訴えるインタビュアーの疑問に答えた。アメリカに代わるロシアへの核の盾にはなれないと明言したのである。マクロンは自国の安全しか考えていないと東欧諸国などから批判を浴びたが、フランスの核弾頭は300発であり、核戦略論上、ロシアに対抗するのは不可能である。核保有、即、「抑止力」ではなく、相手より多くの核弾頭を保有してこそ「抑止力」となる。無謀なチキンレースをロシアと始めるつもりはないと、マクロン大統領はドイツのショルツ首相を誘って、米露双方にものが言える中国に急接近する。

世界を二分してそれぞれの陣営を整えた宿縁の二人は、初の対面会談へと向かい始めた。バイデン政権が「核戦略見直し」で中国を「核大国」と位置付けた三日後の10月30日、ブリンケン国務長官が王毅外相と電話会談し、「米中関係を衝突に発展させず、責任を持って管理する」ことについて意見を交わしたと明かした。ブリンケン長官は翌月にインドネシアのバリ島で開かれるG20首脳会議（11月15日〜16日）の場での米中首脳会談を打診した。バイデン大統領は早々とG20首脳会議への参加意思を表明したが、習主席はまだ態度を表明しない。因縁のライバルとの「責任ある競争」にはもとより異論はないものの、ウクライナ問題に関しては盟友のプーチン大統領の意向を無視できないと考えていたのである。

その一方で、バイデン政権は水面下でロシアと接触していた。米中間選挙投開票日2日前（11月6日）、「サリバン大統領補佐官はこの数カ月間、ロシアのパトルシェフ安全保障会議書記、ウシャコフ外交政策補佐官と核のエスカレーションを回避する極秘協議を行っていた」（ウォール・ストリート・ジャーナル）とスクープされたが、その極秘協議の中身を当のサリバン補佐官が「ウクライナ和平についてだ」とニューヨークでの公式イベントで公表した。和平の一方の当事者は言うまでもなくゼレンスキー政権であり、ワシントン・ポストなどがこの前の週から「複数の米政府高官がウクライナ政府にロシアとの交渉に応じるように促している」と伝えていた。ゼレンスキー大統領は、「ロシアを和平交渉の席に強制的に着かせることが必要だ」と強気の言葉でビデオ演説をしたが、和平交渉自体は否定しなかった（7日）。その翌日、プライス国務省報道官は米露が戦略核兵器の配備数を制限した新戦略兵器削減条約（新ＳＴＡＲＴ）の「履行促進」のための2国間協議委員会（ＢＣＣ）の協議再開でロシアと合意し、「近い将来」に会合を開くと発表した。ロシアはさる8月、ＢＣＣによる核関連施設の相互査察を停止していた。それを再開するのは和平協議のシグナルにほかならなかった。ペスコフ大統領報道官が「米国の冷静で公正な判断」と称賛し、「ナルイシキン対外情報局長官らロシア代表団が米代表団とトルコのアンカラで14日から交渉を開始」とロシア紙が伝えた。米露代表団の交渉は「特別軍事作戦」後初となった。

習近平主席が首脳会談に応じる意向を伝えてきた。バイデン大統領とはこれまでに5回、バーチャルまたは電話形式の会談はあるが、対面は初である。バイデン大統領は談話（11月9日）を発表し、「お互いの譲れない一線を示し、中国の国益を理解し、アメリカの国益と衝突するものなのかを見極めたい。両国の国益がもしぶつかるようなら、どう問題を解決し、向き合っていくかを話し合いたい」と率直な所感を披歴した。

バイデン大統領と習近平主席の対面会談は、11月14日午後6時半すぎから午後9時50分までバリ島のホテルで3時間余り行われた。全世界が見つめる、名実ともにG2首脳会談であった。共同声明の発表はなかった。ホワイトハウスは会談要旨をサイトで公表し、様々な相違点があったことを認めつつも、「今後とも対話を続けていく」と強調した。米中が「相違点」を「対話」で克服していく問題の要諦は、「核大国」として正面切って争わない相互の基本的スタンスをいかに認識、調整するかにあったが、両者ともにそのことを十分に理解していた。

習近平主席が会談の冒頭、「現在、中国とアメリカの関係は両国や両国人民の根本的な利益や国際社会の期待に合致していない。我々は2つの大国のリーダーとして正しい発展の方向を見つけ出さなければならない。世界が注目する会談でバイデン大統領と率直に意見を交換したい」と述べた。バイデン大統領は「これまでのようにオープンで真摯な対話を続けていくことを楽しみにしている」とフランクに応じたが、心中は複雑であった。

「2つの大国」の関係、つまり、「米中新型大国関係」構築が習主席の持論であることをバイデン大統領は副大統領時代から知っている。二人のすれ違いはそこから始まっていると言っても過言ではない。バイデン大統領は会談後の記者会見で、「中国との衝突を望んでいるわけではなく、責任を持って競争を管理したい。新冷戦である必要はない」と述べた。その「競争」が「新冷戦」となるのか「平和的な体制競争」となるのかは、ひとえに、相互の対立点をいかに「管理」するかにかかっている。

米中の公式発表や各種報道を総合すると、会談は相互が意見の違いを明確に理解することに重点が置かれた。対立点は台湾問題、サプライチェーン問題、北朝鮮問題と多々あるが、世界が注目したのはウクライナ問題である。会談後、ホワイトハウスは声明を発表し、「両首脳はウクライナでの核兵器の使用や核による威嚇に反対することで合意した」と述べた。米露間で進んでいる核対話を中国も了承したということであり、ウクライナ和平が暗黙の了解事項となったことを意味した。どちらが先にイニシアチブを握るか、強烈な対抗心を微笑みに包んだ二人の心中に去来するのはその思いであったろう。

激しく対立したのがやはり台湾問題であった。バイデン大統領は会談後に記者会見で「一方的な現状変更に反対すると伝えた。中国が台湾に攻め込む差し迫った状況にはないと思う」と述べた。「台湾海峡をめぐる問題は平和的に解決しなければならないと明確に伝えた。習主席が私が言ったことを正確に理解したという確信がある」とも付け加えた。しかし、中国外務省は「習主席は『台湾問題は両国関係において越えてならない一線だ』と述べた」と明かした。この問題で習近平主席が一歩も譲らないし、昔のように米国を恐れてもいないことを明確に伝えたのである。

北朝鮮問題では、中国は北朝鮮との関係改善を急ぎ、ウクライナ危機以降は事実上の旧同盟関係復活へと動いている。ホワイトハウスがサイトに公表した「会談要旨」は、バイデン大統領が「中国が北朝鮮を制御できる力があるかは不透明としつつも、習主席に北朝鮮が長距離ミサイル・核実験を行わないよう説得する義務があると伝えた」と記した。中国の姿勢は明確で、米国が軍事的な圧力を加えるから北朝鮮も反発すると明快に批判した。習主席がバイデン大統領にトランプ前大統領の前例を踏まえた米朝直接交渉の必要性を説いた可能性が高い。

バイデン大統領と習主席との個人的関係は、依然として悪くない。一途で誠実な人間性や人格に一目置き、「副」からトップに上り詰めた互いの能力や努力に敬意を払う。だが、政治信条や信念に妥協しがたい異質性を感じ、容認は難しい。「中国とアメリカの首脳が台湾問題を本当に具体的かつ積極的に議論するならば、困難や障害は大きくなるだろう」（時殷弘・中国人民大学国際関係学院教授、ＮＨＫ「米中首脳会談」２２年11月15日）との中国専門家の悲観的な見立ては的外れとも言えない。

今回の米中首脳会談の隠れた主題は経済問題であった。バイデン大統領の左隣で習近平主席とのやり取りを心配そうに見守っていたイエレン財務長官の姿がそれを端的に物語る。インフレ対策などでブリンケン国務長官と衝突する姿がしばしば目撃されているイエレン財務長官を陪席させたことに、バイデン大統領の苦しい内情をうかがい知ることが出来る。バイデン大統領は債務上限問題でイエレン財務長官なしには対応できない。経済音痴のブリンケン推奨の対露経済制裁と米中デカップリングで米経済に黄信号が点灯しており、年季の入った経済専門家である財務長官に活路を切り拓く司令塔役を任せるしかないのである。

イエレン財務長官はその2日後、周小川《しゅうしょうせん》・中国人民銀行長と個別会談し、「2時間以上にわたってエネルギーと原材料価格高騰問題を議論した」と明かしている。中国は協力相手との認識である。ブリンケン国務長官やサリバン補佐官らはＡＩやスパコン向けの技術や製品、半導体製造装置などを対中輸出規制の対象リストに加え、中国抜きのサプライチェーンを作ろうと先走ったが、イエレン財務長官にすれば全くのナンセンスである。すでに中国や台湾の工場から製品を出荷しているアップルなど米ＩＴ企業が大幅減収となり、人員整理に追い込まれていた。グローバルなＩＴ企業は製造業が空洞化した米経済の最後の砦であるが、アップルなどにスマートフォンを提供し、世界で最も勢いのある14億人の巨大市場を自国政府が閉ざそうとしているのだから自殺行為というしかない。

経済は、誤魔化すことはできない。ＩＭＦの最新統計には米国に厳しい数字が並ぶ。22年9月の時点でG20主要国のインフレ率は、ロシア12・6％、ドイツ10％、英国8・8％、米国8・2％、仏6・8％、日本3・0％、中国2・8％となる。制裁に加わらない中国の一人勝ちといっても過言ではない。バイデン大統領は中国のＧＤＰが米国を追い抜くＸデーが足早に迫っていると腹心の財務長官から耳元で囁かれ、ブルっとしたことであろう。

ポーランド領内「ミサイル着弾事件」――バイデンがゼレンスキーを見限った瞬間

弱り目に祟り目ではないが、久しぶりに顔を合わせ懐かしくもあるライバルとの会談で威圧され、やや消沈気味のバイデン大統領にウクライナ方面から急報が入った。ポーランド外務省が11月15日深夜（現地時間）、「15日午後3時40分頃、ウクライナ国境から7キロ離れた南東部の村プシェボドフにロシア製のミサイルが着弾し、2人が死亡した」と発表し、ポーランド政府は緊急の安全保障会議で防衛体制を固めるとした。直後の同日深夜、ゼレンスキー大統領がビデオ演説で「NATO加盟国に対するロシアのミサイル攻撃だ。重大なエスカレートで、行動が必要だ」と訴えた。バイデン大統領はドゥダ・ポーランド大統領との電話協議で「ミサイルがロシア製だった可能性が高い」と伝えられた。現地では、ポーランド首相がNATO条約第4条に基づく加盟国との協議をストルテンベルグNATO事務総長に求めた。同事務総長は前日、オランダのハーグで同国外相、国防相らとの会談後の記者会見で、「ウクライナ軍がヘルソン市を奪還したことは信じられないほどの勇気だ。今後数か月が試練になる」としてウクライナへの支援継続を各国に呼び掛けていた。

バイデン大統領の判断次第でNATOとロシアとの戦争に発展しかねない。バイデンは、ポーランドのドゥダ大統領にはNATO同盟国を防衛する「断固たる義務」を果たすと伝えた。そのうえでG20参加中のG7、NATO諸国首脳との緊急会合を開いた。

それをSNSで知った筆者は「ゼレンスキーの謀略も否定できない。NATOを紛争に引き込む動機がある。ロシア側は事態が面倒になるだけで、利点は何もない。先入観を排除した冷静な判断が必要だ」とツイッター（2022年11月16日午前11時14分）に投稿したが、その通りとなる。直後、バイデン大統領が緊急会合後の記者会見で「ミサイルの軌跡から考えるとロシアから発射されたとは考えにくい。何が起きたか正確に把握するつもりだ」と述べた。G7の緊急会合共同声明も「ポーランドによる調査を完全に支持する」とロシア説を否定した。警戒飛行中の米軍機がミサイルの軌道を分析してウクライナ軍から発射された対空ミサイルであると確認し、米情報機関当局が会議中のバイデン大統領に伝えたのである。ポーランドのドゥダ大統領も「ロシアのミサイルを迎撃するためにウクライナ軍が発射した地対空ミサイルS300である可能性が高い」と認めたが、ゼレンスキー大統領だけが「我々のミサイルではないと確信している」と記者会見（16日）で言い張り、着弾現場へのウクライナ調査団派遣を求めた。しかし、ポーランド大統領が「調査は米国とポーランドの専門家が実施する」として拒否した。ウクライナ軍がその時間帯に現場周辺で地対空兵器を作動させ、ロシア軍が発射したミサイルの迎撃を試みていたことも確認された。ゼレンスキーがNATOを巻き込もうとポーランド領にミサイルを発射させた疑惑が浮上した。ゼレンスキーは以前から「NATOはロシアに対し予防的攻撃をすべきだ」と主張しており、動機も十分で、弁護士出身のバイデン大統領の心証はクロである。

暴走するゼレンスキーを切っても良い時期に来ていたが、バイデンにはゼレンスキーに対し大っぴらにできない借りがあった。ゼレンスキー大統領は2019年の就任早々米国に最新鋭武器の売却を求めていたのだが、当時のトランプ大統領は民主党の大統領候補に浮上していたバイデンと家族の金銭スキャンダルに関する調査をウクライナが行うことを交換条件にした。ゼレンスキーはそれを断り、武器売買は白紙となった。トランプ大統領と大統領選を争っていたバイデンには借りとなったのであり、弱みを握られていることにもなった。

米国の危険なドタバタ劇を目の当たりにしたG20首脳たちは、米国に冷めた目を向けた。G

20首脳会合共同宣言の採択は困難を極め、議長国のジョコ・インドネシア大統領が次期議長国のインドのモディ首相やエルドアン・トルコ大統領の協力を得て何とかまとめ、一部日程を変更した16日午後のセッションでかろうじて共同宣言が採択された。バイデン大統領が目指したロシアへの名指し批判はなく、「ウクライナでの戦争についてほとんどの国が強く非難する」としながら、「ほかの見解や異なる評価があった」と併記された。「核兵器の使用、もしくは使用の脅しは容認しない」との表現についてはジョコ大統領が事前にモスクワを訪問してプーチン大統領の了解を得ていたため、ロシアのペスコフ大統領報道官が「バランスがとれた文書」と評価した。G20はG7やNATOと異なり、バイデン大統領の思いのままになる場ではなくなったのである。

G7も一枚岩とはいえなくなっている。ほんの少し前のトランプ前政権時代は解体寸前まで行っていたことを考えれば何ら不思議ではないが、バイデン大統領の自国第一主義の独善的行動への不満が鬱積していた。G20全体会合でそれが噴出し、場内がどよめいた。マクロン大統領がバイデン大統領肝入りの「インフレ法」を自由貿易主義に反する点があると取り上げ、「電気車購買補助金を北米内の組立車に限ったことを強く批判した」(ニューヨーク・タイムズ同月17日)。

G20の全体会合に参加していた習近平主席はマクロン大統領とバイデン大統領に交互に目をやり、場内を見渡しながらうなずいた。米国の影響力が低下する現下の国際情勢の縮図と見て取ったのである。バリ島では首脳外交を精力的にこなし、10人余の外国首脳と公式、非公式会談を重ねたが、傍目にも余裕と貫禄を漂わせていた。

　Ｇ20が閉幕し、中間選挙で下院を共和党に奪還されたバイデン大統領があたふたと帰国した後も、習近平主席は悠然とバリ島に留まった。あるホテルで開催されたインドネシア初の高速鉄道のオンライン視察会場を訪ね、ジョコ大統領が中国製車両が映る巨大モニターを見ながら「２０２３年６月に稼働」と宣言するのを笑顔で見守った。首都ジャカルタとバンドン間１４２キロを結ぶ高速鉄道が事業費72億ドルを融資した中国の支援で２４年前半に完成し、中国とインドネシアを結ぶ「一帯一路」のもう一つの巨大モニュメントになることだろう。

　習近平主席は、バンコクに移り、アジア太平洋経済協力会議（ＡＰＥＣ）首脳会議に参加するが、隠然たる存在感を放っていた。ＡＰＥＣ首脳宣言文（19日）に米加豪ＮＺのアングロサクソン４国プラス日本が中途半端なＧ20首脳宣言よりも強い表現のロシア批判を含めるように求めたが、容れられず、同じ表現となった。その前日、北朝鮮がＩＣＢＭを日本の北海道沖のＥＥＺに落下させた。帰国したバイデン大統領に代わってハリス副大統領が有志国の緊急会合を呼び掛け、「最も強い言葉で非難」する声明を発表したが、有志国に名を連ねたのはＡＰＥＣ参加21カ国・地域首脳中、岸田首相、韓悳洙《ハンドクス》韓国首相ら米日韓豪加ＮＺのわずか６カ国に過ぎず、孤立を浮き立たせた。独自の理想や執念満載のバイデン外交が漂流しはじめる。

ＡＰＥＣから見た岸田首相は〝東洋のゼレンスキー〟

　さて、目を転じてＡＰＥＣ関係諸国から見ると、米国を味方に大国中国と張り合う岸田首相の存在はいかにも軽く、危うく映る。

ＡＰＥＣ首脳宣言の翌日（11月30日）、自民、公明が「敵基地攻撃能力」保有について実質合意したが、同日午前に中国の爆撃機２機が東シナ海から対馬海峡を通過して日本海からロシア方面に向かった。同時刻、ロシア機２機が日本海を南進し、円を描いて反転して同方向へ向かった。午後には中国の爆撃機２機とロシアの爆撃機２機が日本海から東シナ海、太平洋にかけて長距離共同飛行を実施した。４機が東シナ海に達した際に中国の戦闘機２機が加わり、沖縄本島と宮古島の間の空域から太平洋に向かう際にさらに中国戦闘機２機が合流し、中国方面に向かった。さらに夜にはロシア戦闘機２機が対馬海峡を通過してロシア方面に向かった。中露機の共同飛行は２０１９年７月に初めて確認されたが、ロシアの「特別軍事作戦」が始まった今年５月以降、頻繁に行われ、今回が最大規模となった。日本の防衛省は「両国の連携の強化が進んでいる可能性もある」と呑気に発表したが、東南アジアからは中国とロシアが対日共同作戦みたいなものを計画しているのが見えてくる。

防衛省は「自衛隊機を緊急発進させて対応した」と発表したが、岸田首相がゼレンスキー大統領と重なって映る。「陸自、沖縄部隊格上げへ　旅団から『南西防衛集団』に」（産経新聞２０２２年12月３日）によると、防衛省が沖縄県を中心とした南西諸島防衛を担当する陸上自衛隊の第15旅団を補強して師団に準ずる「南西防衛集団」に格上げし、台湾有事を睨んで地対艦ミサイルなどを装備した小規模部隊を分散展開する米海兵隊の「遠征前進基地作戦（ＥＡＢＯ）」とタイアップする。ウクライナ開戦前夜を思わせる物々しさであり、ＡＰＥＣからは「日本は大丈夫か」との声も聞こえる。

〝バイデンの戦争〟のソフトランディング

G20から帰国したバイデン大統領を待っていたのは厳しい現実であった。「白紙小切手」発言のマッカーシー下院新議長誕生でウクライナ支援に急ブレーキがかかり、トランプ派の下院共和党議員有志が記者会見（11月17日）で「ウクライナは米国の51番目の州になったのか。ゼレンスキーが我々の政府のどの役職に就いているというのか」（グリーン議員）、「私はもう1ドルたりともウクライナに与える票を投じない」（ゲーツ議員）とまくし立てた。バイデンファミリーのウクライナでの金銭スキャンダルを追及し、大統領弾劾に持ち込む動きまで出てきた。

共和党側の基本スタンスは、トランプ前大統領の参謀役に復帰したバノン前大統領首席戦略官の言葉、「ウクライナ問題に米国の国家安全保障上の利益は何もない。欧州の問題であり、欧州自身に任せるべきだ」（朝日新聞インタビュー　２０２２年4月26日）に集約される。バイデン大統領の対中強硬姿勢にも「そうしなければ支持率がゼロになってしまうからだ」と手厳しい。バイデン大統領としてもウクライナ戦争を〝欧州の戦争〟にするのはほとんど規定路線であるが、ゼレンスキー大統領がスキャンダル資料を取引材料にしてくる懸念があり、簡単には進められない。

習近平との「管理された対決」へとシフトするバイデンにとって、ウクライナはもはや重荷でしかない。有効な政策転換に必要なのは、甘言ではなく、諫言である。バイデン大統領は初の国賓として、バイデン政権の「拡大抑止」や米中デカップリングを公然と批判するマクロン大統領を招く。安倍元首相以来、日本の首相は放っておいても飛んでくるが、誇り高いド・ゴール主義のフランスの大統領はそうはいかない。

プーチン大統領と独自のチャンネルを有する気鋭の大統領から、プーチンとの和解を直言された。会談終了後（22年12月1日）、「フランス大統領やNATO友邦と相談したうえで、プーチン大統領と話し合う。何を望んでいるのか確認する」と記者団に述べた。プーチンが何を望んでいるかは聞かずもがなである。〝バイデンの戦争〟はそこから始まり、そこで終わるしかない。

翌日、G7、EU、オーストラリアが1週間以上続いたマラソン協議に終止符を打ち、ロシア産原油の「上限価格」を1バレル＝60ドルとすることで合意（12月2日）した。禁輸を主張するポーランドなどが30ドル案を主張したが、イエレン米財務長官が1バレル＝65ドルを提示して協議をリードし、60ドルで押し切った。ロシアの採算ラインは40ドルであり、ロシアのノバク副首相は「上限価格」に協力する国には売らないと余裕のコメントを出した。債務上限問題が頭から離れないイエレン長官の主たる関心は原油価格の安定化とインフレ対策であり、ウクライナ対策ではない。

「風船撃墜事件」で再びバイデン大統領を揺さぶった習近平主席はある種の確信を得て、大勝負に打って出た。ウクライナ開戦一周年を前にロシアを訪れてプーチン大統領と会い、ウクライナ和平案を提唱し、基本的な同意を得た。「中立」の立場を活かした和平案にウクライナ疲れのEU主要国も期待を寄せる。米国も和平を模索し始めたが、ゼレンスキー政権への武器支援を主導してきた一方の当事者であるため思うように動けず、中国が主導権を一挙に握る流れになってきた。12項目の和平案について戦争を終わらせるロードマップとしては抽象的過ぎるとの声もあるが、和平案は勝利宣言でも降伏文書でもない。政治は妥協の芸術、との名言があるが、対立する当事者の思惑を吸収する抽象性こそ今や最大の利点なのである。

その一方、岸田首相がG7で英国に代わってゼレンスキー政権支援に前のめりになってきた。ブレーキが壊れたのか、「東京事務所設置」などNATOとの連携に熱心である。「台湾有事」にNATOの力を借りる「防衛力強化」という名の軍拡路線の一環とみられるが、ますます習近平主席の神経を逆撫でし、「日本有事」をタイムスケジュール表に乗せてしまっている。大いなるパラドックスであるが、両者を仲介できる人物は存在しない、恐らく、北朝鮮の金正恩総書記以外は……。

〝ビッグ3〟の壮大な世界史的な闘争劇は最終章へ

〝ビッグ3〟が陰謀、策謀、遠謀の限りを尽くすパワーゲームは、それぞれの政治的信条や信念が激しくぶつかる壮大な世界史的な闘争劇なのである。私欲なら、たちの悪い喜劇でしかない。プーチン、バイデン、習近平三者の政治的信条や信念が普遍性を獲得しようとするのなら貧富の格差など最も深刻なグローバルな社会的経済的格差に何らかの回答を示さねばならない。

民主主義、法の支配などはそうした矛盾を解決する有効な社会制度であるが、富裕層優遇税制など矛盾を巧みに隠蔽し正当化する手段としても悪用されてきた。

例えば、バイデン大統領は新疆ウイグル自治区での人権侵害を問題視するが、習近平主席は同地区の経済生活水準は「共同富裕」で急速に改善され、ウイグル人のスラムは消滅したと反論する。逆に、南北戦争で奴隷から解放された黒人の差別問題がいまだに解決できず、「1％ vs 99％」の格差拡大でホームレスが溢れる米国病を批判する。米国資本主義と中国社会主義の中間にいるのがプーチン大統領のロシアである。ソ連社会主義体制は崩壊したが、モスクワの赤の広場のレーニン廟は丁重に管理され、ソ連国歌の曲に新たな歌詞を付けたロシア国歌を歌い続けている。

世界を巻き込む〝ビッグ3〟の熾烈な戦いは畢竟、資本主義と社会主義の体制選択の戦いなのである。世界最終戦争へと突き進むか、平和的な体制競争になるか、米国次第である。バイデンと習近平は一度は心を許しあった間柄であるが、それぞれの正義が噛み合わなくなり、激しく火花を散らす。歴史の矛盾や必然と闘う人生最後の晴れ舞台で親兄弟子孫の為、同胞の為、祖国の為、人類の為にいかに戦い、いかなる役割を演じ切るか。持ち時間は限られ、勝負の時は確実に迫る。

バイデンの観点から見ると、なるべく早くプーチンと手打ちし、これ以上習近平に接近することを防がねばならない。プーチンが今も大事に保管しているソ連共産党員証をロシア共産党員証に書き換えるようなことにでもなれば、国際政治のバランスは旧東側に一挙に傾きかねない。ソ連共産党の後裔であるロシア連邦共産党は２０２１年のロシア下院選挙で得票率を13％

から21・7％に大きく伸ばし、与党の統一ロシアに次ぐ第二党の地位を固めた。野党ではあるが、プーチン大統領とは有無相通して協力し、密かに復党を待っている。寄せ集めの統一ロシアと異なり、ソ連共産党の全国組織を受け継いでいるのだ。

プーチンはというと、バイデンが最も恐れる方向に向かっている。ロシアは今年9月の新学期から初めて「全国統一歴史教科書」（16歳〜18歳用）を採用することを決定したが、そこでは超大国ソ連の輝かしい歴史が語られ、ソ連崩壊に伴う混乱を収めてロシアに秩序と繁栄をもたらしたプーチン大統領の功績が記されている。８月11日に旧ソ連時代以来、半世紀ぶりに無人月探査機が打ち上げられた。プーチンは「特別軍事作戦」についてＮＡＴＯへのウクライナ加盟を阻止する所期の目的を達成していると自信を深め、和平もウクライナ側の疲弊を待って急がない。２４年秋の米大統領選の結果を見てからでも遅くないと考えているだろう。トランプが大統領に返り咲けば、事はよりスムーズに解決するからである。

バイデンはこれまで4回訪中している。初訪中は米中が国交正常化した１９７９年で、米議員団の一員として訪れた。タイム誌の「200 Faces for the Future」の１人に選ばれるなど新進議員として頭角を現し、第二次戦略兵器制限交渉（ＳＡＬＴ Ⅱ）など東側との軍備管理を専門としていた。バイデンが初めて目にした中国は貧しかったが、前年から鄧小平の改革開放政策が始まり、活気に満ちていた。この年、習近平が清華大学化学工程部を卒業している。その後、米国でホームステイを経験し、精華大学人文社会科学学院大学院で法学博士の学位を得た。

2回目が「天安門事件」が尾を引いて米中関係がギクシャクしていた2001年8月である。バイデン上院外交委員会委員長は20年の間に中国が目覚ましく発展したことに目を見張った。バイデンが特別に希望した訪問先は、北京市北西20キロの貧しい寒村、燕子口村であった。明代皇帝の陵墓「明十三陵」に近い人口200人ほどの寒村であるが、数百年にわたってカトリック教の信仰を受け継ぎ、みすぼらしい平屋の教会が建っていた。同じカトリック教徒のバイデンは村で最も貧しい家を訪れ、帰り際、こっそりと200元を置いて帰った。

その頃習近平は福建省長に任命され、革命第二世代（紅二代＝太子党）の有望株として走りだしていたが、バイデンの名を脳裏に刻んだ。「天安門事件」直後、G7がハイレベルの接触禁止を含む対中制裁を実施する政治宣言を発し、欧米の指導者は中国と距離を取っていた。あえて訪中し、200元のエピソードを残した米国の心優しい政治家に胸打たれるものがあった。

3回目がその10年後、オバマ政権の副大統領時代の2011年8月であるが、次期総書記が決まっていた習近平副主席が「老朋友（古い友人）」と呼んで接待役を買って出た。北京飯店で米中ビジネスの拡大をフランクに話し合い、6日間行動を共にする。習副主席は3日間にわたって中国各地を案内し、心優しく飾らないバイデンらしいエピソードを目撃している。3年前の四川大地震で被害を受けた四川省の高校を訪れて学生たちとの討論会に臨んだが、「米国をどう思うか？」と学生たちに尋ね、ある学生から「何故米国ではホームレスが多いのか」と聞き返されて返答に窮した。その後日本に立ち寄ったバイデン副大統領は菅直人首相との会談で、「習近平は自分自身の言葉を持つ、優れた政治家だった。中国の課題もよく理解している」と述べ、目を細めた。

２０１２年、習副主席が訪米すると、今度はバイデン副大統領が案内役を買って出て、都合10時間も米国各地を見て回った。ニューヨーク・タイムズは「この２年で両者は８回以上会い、会談・会食時間は25時間に及ぶ」と伝えた。「本当の会話をした。習は中国になぜ共産党が必要なのかと語り、集団指導体制の問題点や政治腐敗に言及し、自身が今後取り組むべき大きな課題として経済格差の是正を挙げた。バイデンは米大統領の意思決定プロセスなどを語り、習は一言一句に注意深く耳を傾けた」と、アジア上級部長として同行したラッセル元国務次官補が朝日新聞とのインタビュー（２０２２年６月６日）で明かしている。習近平の一人娘はハーバード大学に留学して心理学を学んでおり、バイデンの目に習近平は熱烈な親米派と映っていた。

初訪米を終えた習近平は、その年11月に共産党第18期１中全会で中央委員会総書記に選出され、翌２０１３年３月、第12期全人代（国会）第１回会議で国家主席にも選出され、名実ともに中国のトップに立つ。太平洋の彼方のホワイトハウスで、習主席誕生を誰よりも祝福したのがバイデン副大統領であった。しかし、習近平は総書記に就任するや、娘をハーバード大学から退学させて帰国させ、以後、米国留学の党幹部の子弟たちが続々と帰国する。

習近平主席は同年（２０１３年）６月に訪米し、オバマ大統領との会談で「それぞれの社会制度を尊重し、衝突しない、対抗しない、相互尊重」を原則とするウィンウィンの関係である「米中新型大国関係」構築で合意した。前年９月に日本が国有化した尖閣諸島（釣魚群島）問題でも突っ込んだ意見交換がなされ、オバマ大統領は「領有権問題には関知しない」と中立的立場で応じた。会談は終始友好的で、習主席はオバマ大統領の訪中を招請し、受け入れられた。「米中新型大国関係」構築を勧めていたのが外交担当のバイデン副大統領であり、「私は世界の政治指導者の中で誰よりも習近平と多くの時間を過ごした」とオバマ大統領にアドバイスしていた。

翌2014年11月、オバマ大統領はアジア太平洋経済協力会議（APEC）非公式首脳会議（10日〜12日）参加をかねて訪中し、習近平主席と再会談するが、笑顔が一瞬、凍り付く。習近平は「中米は完全対等な関係である」と至極当然のごとく口にし、「中国の特色ある社会主義」を誇った。オバマは「米国の世界のリーダーとしての地位」に挑戦していると理解した。中国を投資や通商政策で資本主義へと穏やかに誘導し、ソ連を揺さぶり、社会主義を地球上から消し去ることが米中国交正常化以来の米国の関与政策の根本であった。バイデンもそう考え、オバマ大統領にリバランス政策の中核とすべく「米中新型大国関係」の構築を勧めた。米国中心のG7と同類のG2の位置付けであった。ところが、習近平は対等な関係を求め、「米一極主義」への挑戦を隠さなかったのである。社会主義体制の理想を誇り、資本主義との平和的な体制競争を求めた。社会主義・共産主義は終わったと理解していたオバマは驚愕した。習近平は2年前に共産党総書記に選出された大会での挨拶で「中国の特色ある社会主義」堅持を大目標に掲げたが、米側にはその意味が正確に伝わっていなかったのである。

中国の改革開放政策の目標を知ったバイデン、「朋友」習近平から宿敵へ

２０１４年11月、バイデン副大統領は中国側の真意を確かめるべく訪中した。習主席は北京の人民大会堂で以前と変わらず「私の老朋友」と笑顔で迎えたが、会談はささくれた。会談直前（11月23日）に中国は２０１２年に日本が尖閣諸島（釣魚島）の国有化を一方的に宣言したことを理由に、同諸島を含む東シナ海一帯に防空識別圏（ＡＤＩＺ）を設定していた。岩礁のような無人島の国有化問題に何故そこまでとバイデンは訝《いぶか》ったが、それが歴史認識問題と絡んだ日中のデリケートな問題であることを知らされるのである。後の台湾有事に日本を巻き込む戦略のヒントがそこにあった。

バイデンは習近平が別人に見えてきた。時計の針が30年余巻き戻されたかのように、旧ソ連時代に会った共産党幹部たちそのままである。中国共産党総書記に選出された習近平は「社会主義のみが中国を救うことができる」（２０１２年11月）と宣言し、「中国の特色ある社会主義」を目標に掲げたが、バイデンはそれを額面通りには受け取っていなかった。今も半信半疑である。共産党員証を出世のパスポートと割り切り、私財蓄積に目がない共産党幹部を何人も知っていた。バイデンは鄧小平をゴルバチョフと重ね見て、その改革開放政策は資本主義へと向かう「国家資本主義」と受け取っていた。バイデンの限界と言えばその通りだが、「マルクスに会いに行く」と言い残して逝った鄧小平も、その遺訓に忠実な習も理解する術がなかった。

オバマ大統領はその翌年（２０１５年）９月、習近平主席を国賓として招き、慇懃《いんぎん》無礼《ぶれい》な言

葉で「米中新型大国関係」を白紙に戻した。「核のない世界」をプラハで訴えて世界を熱狂させ、ノーベル平和賞まで授与されたオバマは２０１１年に「リバランス政策」を提唱した。欧州や中東などで米軍を再編縮小し、主要な外交・経済・軍事資源をアジア太平洋へとシフトするものであった。最大のターゲットは核・ミサイル開発を続ける北朝鮮であり、中国を「協力者」と位置付けていた。その中国を米国に挑戦する覇権主義的な「ライバル（競争者）」と再定義したのである。オバマ大統領は２０１２年3月にヘリで38度線を訪れ、核攻撃まで匂わせながら北朝鮮を牽制した。北朝鮮が衛星を打ち上げた直後であり、それを機に石垣島などへのパトリオット・ミサイル配備が進められていく。

割を食ったのがバイデン副大統領である。オバマ大統領から責任を問われて「Getaffe machine（失言製造機）」と遠ざけられ、民主党の次期大統領候補の座はヒラリー・クリントン前国務長官に持っていかれた。弁護士から上院議員に転じ、順調に出世階段を登ってきたバイデンにとって初めての挫折であり、屈辱であった。

おりしもドナルド・トランプが「you're fired（おまえは首だ）」と毒舌を吐く大富豪のキャスターとして米国人を喜ばせていた。大統領選はクリントン候補が本命と見られていたが、「政治は素人」と政界に飛び込んできたトランプ候補が大番狂わせを演じた。スキャンダル暴露戦術が奏功したのだが、民主党支持層が割れたことも敗因であった。民主党予備選では「私は民主的な社会主義者だ」と公言するサンダース上院議員が「1％ VS 99％」の格差解消・貧困対策や奨学金無償化などを公約に掲げて青年学生や無党派層の支持を集めてクリントン候補と最後まで競ったが、その支持層の多くが本番で棄権したのである。

退任間近のバイデン副大統領は習近平主席と会っている。トランプ政権発足直前のダボス会議（2017年1月）で「老朋友」とにこやかに呼び掛けてきた習近平と旧交を温めた。習は「あなたは中米の相互理解と友好の促進に立派に貢献した」とバイデンを労った。前年の米大統領選でのヒラリー・クリントン候補への応援演説で、バイデン副大統領が「核兵器を持てないように私たちが日本の憲法を書いたことを彼（トランプ候補）は知らないのではないか」と熱弁したことを伝え聞き、対日歴史認識は同じと理解していた。安倍首相（当時）の靖国神社参拝を叱責したバイデンもその点では異論がないが、習に裏切られたとの思いが消えない。「失言製造機」の汚名を着せられたまま政界を去ることはできない。

雌伏4年、78歳になっていたバイデンは民主党候補予備選に敢然と打って出る。一歳上のサンダース上院議員とのテレビ討論会（2021年3月）で、唐突に「この男は極悪人（thug）だ。数百万のウイグル族を強制収容所に収容し、ジェノサイドを行っている。香港を見よ！」と声を張り上げた。「この男」とは習近平主席を指す。藪から棒に名指された習近平こそいい迷惑だが、バイデンは8カ月後の大統領選で対決するトランプ大統領を意識していた。稀代のポピュリストは「失言製造機」問題を蒸し返し、「親中派」「対中弱腰」と攻撃材料にしていたのである。バイデンの次男ハンターの中国ビジネス疑惑まであげつらっており、バイデンとしては「反中」「強腰」で切り返すしかなかった。それは後々までバイデンの外交政策を縛っていく。

それも宿命であろう、バイデンが念願の座を手にしたその年、永遠のライバルとなった習近平は共産党創建100周年「歴史決議」で「天安門事件」を「動乱」と明確に定義し、「党と国家の存亡に関わる戦いに勝利した」と、米中両軍が激しく銃を交えた朝鮮戦争と同列視して評価したのである。反中をアピールして当選した手前、バイデン大統領は黙っていられず、習近平の発言を民主主義への挑戦、「権威主義」「専制主義」とさらに声を張り上げた。

「アメリカの夢」と「中国の夢」

バイデンとトランプの選挙戦のとばっちりを受けた習近平は米新大統領の「反中」「強腰」はポーズだろうと考え、様子見を決め込んだ。「連邦議会襲撃事件」を背負った「老朋友」に同情すらしていたのである。

習近平は筋金入りの共産党員として、一貫している。毛沢東と抗日革命戦争を共にして国務院秘書長兼副総理まで務めた中国革命の八大元老の一人である習仲勲《しゅうちゅうくん》を父とする革命第二世代であるが、9歳の時に父親が文化大革命で冤罪を着せられ、失脚した。文革終了後に復権するまで、近平は生活苦を味わう。中学生の時に陝西省延安市延川県の梁家河という寒村に「下放」され、思想改造と肉体労働に従事する。トイレの臭いが漂う洞穴住居で7年余、模範生の近平は共産党入党(1974年1月)が許され、生産大隊の党支部書記となった。延安は毛沢東麾下の共産党軍が立てこもった中国革命の聖地である。一徹を地で行く習近平の原点であり、貧困撲滅と「共同富裕」政策の根っこである。2回目の訪中で「200元のエピソード」を残したバイデンと共鳴した部分とも言える。

習近平にはもう一つ、バイデン大統領と重なる強烈な光景がある。「不正投票、バイデン当選無効」と敗北を認めないトランプ大統領に煽られた数千人のトランプ支持派がバイデンの大統領就任を阻止しようと武装して審議中の連邦議事堂に雪崩《なだ》れ込み、占拠したが、世界に生中継された映像は習近平に「天安門事件」を彷彿させるに十分であった。その２週間後、バイデン新大統領は祝賀色など微塵もない就任式（２０２１年１月20日）で、コロナで亡くなった40万余人に黙祷を捧げ、「民主主義の大義を祝う」と自ら命名した就任演説を始めた。冒頭から「私たちは台頭する政治的過激主義や白人至上主義、国内テロに立ち向かい、打倒しなければならない」と述べ、「私が通う教会の聖人、聖アウグスティヌスは」と引用して「神の下に」「神の加護で」と祈りを交えながら、「私たちはもう一度、世界のかがり火になる『アメリカという物語』のために立ち上がろう」と声を絞った。

自分の理想を追う「老朋友」の姿は、自分と重なるものがあった。「アメリカという物語」は「バイデンの夢」なのであり、同様に、習近平の「中国の夢」は「習近平の夢」にほかならない。

バイデン大統領は就任後初の記者会見（２０２１年３月25日）で、「中国は世界で最も裕福かつ強力な国となることを望んでいる」と述べた。「習近平の夢」を解釈したが、「極悪人」非難も蒸し返した。その記者会見の２週間後、「アフガニスタンからの米軍撤退を５月１日から開始し、９月11日までに完了する」と発表し、世界を驚かせた。トランプ前大統領が前年２月にタリバンと交わした米軍の完全撤退合意を実行したのであるが、短兵急に過ぎた。米大使館から職員がヘリで脱出し、アフガン人が米軍輸送機にしがみつき、修羅場となった。ガニ政権を見捨て、積年の宿敵であるタリバンに政権を譲る結果となったのである。同盟を見捨て、米国がアフガンに提供した膨大な兵器を置き去りにし、「外交音痴」と内外から非難されたが、バイデンには秘めた狙いがあった。アフガンの悲劇から4カ月後（同年12月9日～10日）、「民主主義サミット」をオンライン形式で緊急開催し、111の国・地域の首脳らを招いたが、中露を除外し、台湾を招待した。開会挨拶で「共産党一党支配の中国式民主主義」を俎上に載せ、「独裁者たちは世界中で影響力拡大を求めようとしている」と非難した。そのうえで、中国経済をグローバルなサプライチェーンから切り離す「輸出管理と人権イニシアチブ」を唐突に提唱し、トランプ前政権の保護主義との決別を期待して集まった各国首脳を失望させた。アフガンからの強引な米軍撤退は対中包囲網に戦略的資源を集中させることに狙いがあったのである。「失言製造機」トラウマがフラッシュバックし、オバマ元大統領の「リバランス政策」を過激に受け継ぐ。ブリンケンをはじめ副大統領時代の首席補佐官や顧問、大統領選時の選挙対策本部長、広報戦略本部長等らネポティズム（縁故主義）人事で脇を固め、〝バイデンの戦争〟に行き着いたのであるが、そのシナリオの果てにゼレンスキー政権が第二のガニ政権となる最終章が透けて見える。

バイデンの対中政策はトランプ前大統領のそれをより過激化する結果となった。不動産王でもあるトランプは現ナマ重視で分かりやすいが、理念重視のバイデンは思い込みが強く、極端化しやすい。バイデン自身が「保守以上に保守的になってきた」と自嘲気味に振り返っているのが、真ん中と自意識する中道派の宿命である。社会全体の右傾化とともに右に流れるしかないのだ。

バイデン大統領の対中認識にはいくつかの誤解、偏向があるが、最たるものが共産主義とナショナリズムの混同である。バイデン大統領の肝いりで任命したエマニュエル駐日大使は日本外国特派員協会での記者会見（22年11月21日）で、「中国はロシアの戦争を止める気がない。習主席はナショナリズム色の強い戦狼《せんろう》外交……」と批判した。オバマ政権で大統領首席補佐官を務めた人物の言葉とは信じがたいが、初歩的な誤認識である。習近平は「中華民族の偉大な復興」のレトリックで国民の愛国主義を鼓舞するが、同時に、「人類運命共同体の構築推進」を強調し、「一帯一路」を進める。返す刀で、「米一極主義」や「米国ファースト」こそ独善的なナショナリズムと批判しているのである。

近現代史の簡単な御復習《おさら》いとなるが、共産主義はナショナリズム（国家主義）と対峙するインターナショナリズム（国際主義）を本旨としている。万国の労働者階級の連帯、団結を訴える「インターナショナル」を運動歌とし、ナショナリズム（国家主義）に反対する国際連帯主義を本旨とする「共産主義インターナショナル（コミンテルン）」（1919年～43年）、「共産党・労働者党情報局（コミンフォルム）」（1947年～56年）が国境や民族を超えた連帯の場となり、中国共産党と米国共産党も友好関係にあった。中国では「反共主義」「ナショナリズム（国家主義）」「ナチズム」「日本軍国主義」は同義である。

バイデン外交が個人的感情に影響されて左右に揺れてきたとの評価は以前から指摘されていた。ブッシュ政権の国防長官であったゲイツが「バイデンは重要な国家安全保障問題で常に誤った判断を下した」と回顧録で批判しているが、バイデンは「イラクの自由作戦」に賛成しながら、副大統領になってから反対に転じ、イラクからの米軍撤退を主導した。その動機は、長男がイラク戦での負傷が元で死亡し、子供を海外に派兵する家族の気持ちを強く意識するようになったためと当人が明かしている。上院議員初当選時に妻と娘を交通事故で亡くし、議員辞職を考えたというエピソードは有名だが、良し悪しとは別に、政策に個人的感情が混じりやすい。

バイデン外交の致命傷になりかねないのが、トランプなら味方に誘ったであろうプーチンを敵に回し、習近平と近付けてしまったことである。「盟友」「同志」と呼び合いバイデンへの対抗心を強める二人の根底にあるのは、ソ連時代以来のインターナショナリズムである。ロシアはカテゴリー的には「国家資本主義」である。プーチンはソ連崩壊の経済混乱を乗り切るために国有財産を市場経済的な手法で活用し、オリガルヒ（新興財閥）に活躍の場を与えたが、鄧小平の改革開放政策と重なる部分がある。与党の「統一ロシア」の実体はソ連時代の治安・国防・情報機関出身のシロヴィキとオリガルヒを取り込んだ「プーチンの党」、いわば「プーチンの夢」である。ロシア連邦共産党は、81の全連邦構成主体にソ連以来の強固な党組織を維持してきた唯一の政党として、ひたすらその日を待っている。

習近平の見果てぬ夢は、共産主義の創始者であるカール・マルクスが教えた「人間による人間の搾取がなく、万人が自由、平等を謳歌する共産主義社会の実現」なのである。それは民族や国さえなくなる地上の楽園であり、人類究極の夢とされる。

急速に存在感を高める中国の社会主義体制に欧米日メディアは「人々の生活は豊かになったが、自由や民主が後退」とかまびすしいが、「世界の趨勢が変わる時には、人間の考え方も変わる」と著作集に記す習近平は「経済物質的な生活条件が平等に向上するほど、自由、民主の実質的な幅が拡がる。米欧社会は格差拡大でその逆を行っている」と外連味《けれんみ》がない。20余年前、バイデンが「２００元」をそっと置いて帰った貧村の粗末な平屋は現代式の2階建て住居に変わり、住民夫婦は「あの時の『外国人の高官』にお礼をしたい。また来ることがあればごちそうしたい」（東京新聞　２０２０年11月27日）と恩人の再訪を待ち望んでいる。

バイデン大統領が「民主主義 vs 権威主義（専制主義）」と二項対立を煽ることに対して、習主席は米国式「民主主義」を押し付ける「革命の逆輸出」と猛反発する。「革命の輸出」はかつて米ソ冷戦時代に米国が「内政干渉」と反発し、国内の共産主義者を摘発する「赤狩り」に利用した。米国はメーデー発祥の地であり、労働運動が盛んで米国共産党が大きな力を持っていた。それが「赤狩り」で根こそぎ弾圧されたのである。米国はソ連崩壊後、それを逆手にとった「革命の逆輸出」で東欧に干渉し、体制転換を促した。それを今、西ではウクライナ、東では台湾で行っていると習近平は怒っているのである。

80歳の誕生日にバイデン大統領は、２０２４年の大統領選について「また立候補するつもりだが、私は運命を尊重する。最終的には家族の決断となる」と記者団に語った。次期大統領候補予備選を控えた民主党内では「バトンを渡す」ようにと呼びかける声が出ており、ケネディ元大統領の甥のロバート・ケネディ・ジュニアが「国家と企業権力の腐敗した合併を終わらせる」と立候補を表明し、人気を集めている。対外政策ではかつて米外交の基本方針とされた孤立主義的なモンロー主義を提唱している。バイデン大統領は潮時であろう。

米ソ冷戦終了後、世界中に紛争が絶えなくなり、国連食糧農業機関（FAO）によると、80億人を超えた人類の10人に1人、最大8億2800万人が飢餓に苦しんでいる。地球温暖化も止まらない。危機的な現状打開に有効なのは、バイデン方式なのか、習近平方式なのか、それが問われている。

第五章　ゼレンスキーは本当にネオナチなのか？

新興財閥の支援で政界進出したコメディアン

ゼレンスキー大統領はいかにして「悲劇の英雄」になったのか？

プーチン大統領は「ゼレンスキーはネオナチ」と断定するが、ゼレンスキー大統領は「私はユダヤ系であり、ウクライナにナチズムは存在しない」と全否定している。前段に嘘はないが、後段は真っ赤な嘘である。

ゼレンスキーは1978年にウクライナ東部のロシア語圏のクルィヴィーイ・リーフで、ユダヤ系ウクライナ人の子として生まれた。ウクライナはソ連の一構成国としてナチスと戦い、800万人の犠牲者とホロコースト犠牲者を出している。ソ連全体の戦死者は2000万人とされ、全土が戦場となったウクライナの犠牲者の比率は高い。祖父はソ連軍兵士としてナチス・ドイツと戦い、親戚にはホロコーストの犠牲者が少なくない。キエフ国立経済大学で法学を学んだが、ロシアのお笑いバラエティー番組に学生時代から出演して芸人の道に進む。やがてコメディ劇団を立ち上げ、看板芸人となって制作会社へと発展させる。

転機となったのがウクライナの有力なオリガルヒ（新興財閥）であるコロモイスキー所有のテレビ局とタイアップしたことである。コロモイスキーは不正蓄財容疑などで米国務省から入国禁止処分が出された札付きの政商であるが、その資金援助でゼレンスキーは長編連続ドラマ「国民の僕《しもべ》」を制作し、ポロシェンコ大統領（在位2014〜19年）を「私腹を肥やし、国民のための政治をしない。民衆の声を反映する政治が必要だ」と訴える教師役を自ら演じて人気者となる。やがてコロモイスキーの支援で政党「国民の僕」を結成し、2018年12月の大統領選に立候補して「私はユダヤ教で、ロシア語を話すウクライナ市民だ。ウクライナ人とロシア人は兄弟。同じ色、血で互いを理解できる」と民族融和を唱え、ロシア系住民からも支持を集め、現職のポロシェンコ大統領に圧勝した。

ウクライナはソ連崩壊で独立したものの、政治は混迷する。オレンジ革命（2004年）、マイダン革命（2014年）と看板こそ変わるが、出てくるのはオリガルヒと結託した腐敗、無能の政権ばかりであった。一人当たり名目GDPはプーチン大統領の下で再建軌道に乗ったロシアの1万2218ドル（2021年）に対して欧州最貧国レベルの4862ドルでしかない。ポロシェンコ前大統領にしてから自ら独占企業を手広く広げる政商であり、民主化の裏で利権を漁り、腐敗は極限に達していた。

ゼレンスキー大統領は政権幹部をドラマの制作スタッフで固め、映画と現実の境がなくなっていた。素人集団の悲しさで口先ばかりの政策は何をやっても空回りし、支持率は20％台まで落ちた。例にもれず汚職疑惑が持ち上がる。もともと支持母体は政治コメディを好む芸人集団とファンのスピリチュアルティであり、ロシア語圏で育ったこともあって反露派、親露派の垣根がなかった。だが、次第に反露感情を取り込もうと少数派の親露派に対して攻撃的になり、ドンバス地方を自爆型ドローンで無差別攻撃し、西欧諸国から人権侵害と非難声明まで出された。

スポンサーである新興財閥との不透明な関係は続き、ゼレンスキー個人がタックスヘブンに隠し持っていた口座資産が明らかになる。２０２１年に公表された「パンドラ文書」はゼレンスキーが大統領就任後の２年間で８億５０００万ドルの蓄財をなしたと暴露し、オランダの「民主主義フォーラム」が当人に情報公開を求めたが、ゼレンスキーは今もって回答していない。それどころか、ロシアの軍事侵攻以降もゼレンスキー大統領の資産は毎月１億ドルずつ増えていると報じられている。ゼレンスキー所有のテレビ番組制作会社が英国領バージン諸島に幽霊会社を設立して資金運用していることがオランダの「組織犯罪汚職報告書」によって明らかにされている。

日本のテレビ、新聞は報じないが、数百万の国民が飢えるのを知って海外の支援を横流ししているとの批判の声はウクライナ内外で高まっている。バイデン大統領にウクライナ支援を消極的にさせる理由の一つであるが、共和党が過半数を占めた米議会下院ではゼレンスキー政権の汚職・腐敗疑惑への解明が始まり、ウクライナに供与した武器（１８０億ドル）への監視が強化されている。「米国防総省はウクライナに供与した兵器が違法に転用されていないことを確認するための取り組みとして、ウクライナの武器管理庫への立ち入り検査（査察）を開始した。国防総省は治安の状況が許す限り、供与された武器の査察を実施するとしている」とワシントンポスト（2022年11月1日）が報じた。ロシアは以前から「供与された兵器のかなりの部分が闇市場に流れ、中東や中央アフリカ、東南アジアのテロリストや犯罪グループの手にわたる」と警告し、欧州刑事警察機構も密輸ルートやオンラインプラットフォームを通じて兵器がEU域内に横流しされていると内偵を進めている。

連隊旗に鉤十字を掲げるアゾフ連隊と連携――「民族浄化」へと傾斜

本筋のナチ疑惑であるが、ウクライナには、正体不明の民間軍事会社を通して多くの戦闘員がウクライナ軍に深く食い込んでいる。ウクライナ東部のバフムト占領に一役買ったとして一躍注目を浴びたロシアの民間軍事会社ワグネルと類似の民間軍人会社が複数暗躍しているのである。フランス、イタリア、スウェーデンなど欧州各国では1980年代から音楽コンサート、サッカー、総合格闘技等のイベント等を通して白人至上主義や外国人排斥等を主張する極右ポピュリズムのネオナチやネオファッシスト運動が活発化し、一部が軍事訓練キャンプに参加した後、テロに走る事例が社会的問題となっていた。ストック国際刑事警察機構（ICPO）事務総長が「欧米諸国で過去2、3年に極右関連事案が320％増加した」（2020年2月）と警鐘を鳴らしたほどである。それら欧州各地の極右勢力が続々とウクライナに入り、武装集団化して親露派掃討の先頭に立った。民間軍事会社に雇われた傭兵もいれば、国際義勇軍を自称する集団もいた。

ひときわ異彩を放ったのが連隊旗に鉤十字を掲げるアゾフ連隊であるが、親露派から転向したポロシェンコ前大統領が進めたＮＡＴＯ支援によるウクライナ軍改革の産物である。もともとはウクライナ第二の都市ハルキウ（ハリコフ）のサッカーチームの応援団で、フーリガンとして悪評の高い組織であった。オーナーのビレツキーは「民族浄化」を主張する極右政党「ナショナル・コープス」の創設者であり、最高人民会議（国会）議員として影響力を振るった。ロシア系住民の武装テロリストと戦う自警団に変質するアゾフ連隊は、ウクライナ有数のユダヤ系オリガルヒでありドニプロペトロウシク州知事となったコロモイスキーの財政支援を受け、国籍を問わずに志願兵を受け入れて膨れ上がった。ナチスのハーケンクロイツを真似た連隊旗はサッカー場ではなく、戦場で翻り、勇猛さで知られるようになる。２０１４年11月にウクライナ内務省管轄の国家親衛隊東部作戦地域司令部に編入され、南部のアゾフ海に面する港湾都市マリウポリを拠点に、親露派との寸地を争う市街戦で数多くの虐殺に手を染め、国連人権高等弁務官事務所（ＯＨＣＨＲ）から「民間人に対する暴力行為、拉致、拷問、略奪、性的暴力」などで告発された。米欧諸国もアゾフ連隊を危険視し、２０１５年に米下院が「ネオナチのウクライナ民兵への支援を制限する」修正案を全会一致で可決し、訓練や対空ミサイル供与計画を取り止めようとした。しかし、マリウポリ市を親露派から死守しているとして支援停止は２０１８年まで延期された。その後バイデン政権誕生で支援停止ではなく、支援拡大となる。

そのアゾフ連隊とゼレンスキー大統領は手を組んだのである。ウクライナ軍掌握に不可欠と判断したのであるが、次第に反露的な「民族浄化」思想に同調していくことになる。自己の名声と欲望のために悪魔とも手を組み、自ら脚本を書き、巧みに演じる稀代のコメディアンとなる。機を見るに敏で、取り入る才に長けたゼレンスキーは数百年にわたるウクライナ国民の反ロシア的なアイデンティティ・バイアスを徹底的に利用する。ロシア、ウクライナ双方に埋没せず、ユダヤ系独自の観点から見比べる認識能力に長けていた。ウクライナ・ナショナリズムとロシアへの対抗意識高揚のために、「300年以上のロシア隷属から完全に脱却する最後の独立戦争」と脚色し、帝政ロシア時代の国民的詩人・作家としてウクライナ国民にも慕われたプーシキンまで排斥する「民族浄化」に拍車を掛ける。

ウクライナの人口約4159万人（クリミアを除く、2021年現在）の民族構成（2001年国勢調査）は78%がウクライナ人で、17%がロシア人、それにベラルーシ人、ユダヤ人、クリム・タタール人、朝鮮からの集団移住民後裔である高麗人などの少数民族が混じる。

ソ連時代は共存し、通婚が進んでいたが、米国主導の「革命の逆輸出」による「オレンジ革命」（2004年）で誕生した親米欧のユーシェンコ政権が、ウクライナ史の記憶を国家プロジェクトとして管理する「国民記憶院」を設立し、歪んだ歴史認識をウクライナ国民に押し付けた。ソ連時代の1930年代の農業集団化の過程で起きた大飢饉を、虐殺を意味する「ホロドモール」と決めつけて博物館を創設し、脱共産主義化を進めた。第二次世界大戦の独ソ戦の最中にナチス・ドイツに加担した極右のウクライナ民族主義集団がいたが、それも正当化される。「タタールのくびき」が巧みに利用されたのである。モンゴル皇帝との臣従関係をロシア人優位に置き換えたそれは、ロシアとの関係が続く限りウクライナ人のコンプレックスを刺激し続ける。ゼレンスキーは大統領当選当時はウクライナ人とロシア人の融和を説いて票を集めたが、「タタールのくびき」の政治的利用価値に気付いた。NATOやEU加盟は、ウクライナ人がロシアと決別し、「タタールのくびき」から自由になる格好の政治的スローガンとなった。

ウクライナのNATO加盟を焚きつけたバイデン副大統領（当時）

それを背後から支援したのが、バイデンである。30歳から36年間上院議員を務めたが、もっぱら外交委員会に属して欧州の軍備管理問題に携わり、ソ連崩壊後は旧ソ連諸国の民主化や市場経済移行を支援し、オバマ政権の副大統領となった2009年7月にウクライナを訪れた。親欧米政権を樹立した「オレンジ革命」を称賛し、NATO加盟支持を伝えた。当時のウクライナでNATO加盟論はまだ少数派であったが、米副大統領の一言で支持派が急増する。2014年にプーチン大統領がクリミアを併合すると「モスクワに侵略の代償を血と金で支払わせる」と声を上げ、米軍事顧問団派遣や対戦車ミサイル「ジャベリン」提供をオバマ大統領に進言した。それは容れられなかったが、この頃すでにバイデンは旧社会主義圏解体の最終ターゲットとして中国、北朝鮮、ウクライナ、ロシアを見据えていた。

バイデン大統領がウクライナに執心するのはビジネスとも無関係ではない。ニューヨーク・ポスト（2020年10月）が、バイデン副大統領が次男ハンターの紹介でウクライナのガス企業ブリスマの幹部と面会したと報じた。ブリスマ不正疑惑の渦中にあった企業であるが、ハンターはブリスマ幹部の一人でもあった。先の大統領選でトランプ大統領が「バイデンが副大統領職を利用して次男が月収500万円で籍を置くブリスマの不正疑惑捜査を妨害しようとした」と取り上げたが、ウクライナでは政治とカネは表裏の関係で、それ自体は珍しくもない。

米副大統領が主導したNATO加盟論に敏感に反応したのがゼレンスキー新大統領で、2019年にNATO、EU加入計画を憲法を改正して明示した。それに反対するロシアとの対決姿勢を強め、多くの私兵集団を内務省管轄の正規軍に組み込み、「領土防衛隊国際軍団」という外国人傭兵部隊を編成してロシア軍との戦闘に備えた。

「ブチャの虐殺」は周到な演出

ゼレンスキーのロシア軍に対する徹底抗戦の呼び掛けにいち早く呼応したのが、アゾフ連隊であった。また、開戦直後に「領土防衛隊国際軍団」専用ウェブサイトで月2000〜3000ドルの給与で外国人傭兵を募集し、米英の元軍人・予備役とともに各国のネオナチ集団らの応募が「3月6日までに2万件以上」あり、ウクライナ西部で集合するとただちにキーウに移動し、ロシア軍攻撃の最前線に立った。傭兵たちは戦闘の合間にSNSに投稿し、土地勘があるウクライナ兵の先導で裏道、地下室からロシア軍を攻撃し、一般市民を盾に市街戦を展開した様子を生々しく伝えた。

しかし、ウクライナ軍がどう逆立ちしても圧倒的な物量のロシア軍に勝てる可能性は極めて低い。望みがあるとするなら海外からの支援である。ゼレンスキーならではの秘策を講じる。

キーウを囲むロシア軍に停戦を要請し、2月28日に両国実務代表団による停戦交渉がベラルーシのウクライナ国境近くの小都市で始まる。ゼレンスキーはプーチン大統領との会談を要望したが、受け入れられなかった。ロシア側の気を引くため国営放送とのインタビューでドンバス地方の独立承認やクリミア半島へのロシアの主権承認について「国民投票で是非を問う」と述べ、NATO加盟問題でもロシア側の主張に歩み寄る。言葉がコロコロ変わるので、呆れたインタビューアーから「コメディアンなので戦争に対応できないのか」とおちょくられた。ようやくトルコのエルドアン大統領の仲介により、トルコ最大の古都イスタンブールで3月29日に停戦交渉がまとまった。

ゼレンスキーはそれを待っていた。ロシア側代表が「ウクライナ側が軍事的中立化を受け入れる提案を行った」と評価し、「キエフ周辺の軍事活動を大幅に縮小する」と発表した。プーチン大統領が個人的な信頼関係のあるエルドアン大統領の顔を立て、キーウを囲んでいたロシア軍撤退を命じ、長蛇の軍列が潮が引くように消えさると、ゼレンスキーの態度が豹変する。

4月3日、ウクライナ北東部のスムイ州知事が「ロシア軍が撤退したブチャで、数百人の市民が路上で死亡しているのが見つかった」と第一声を挙げ、現場に入ったウクライナ検察のベネディクトワ検事総長が「キーウ近郊で410人の市民の遺体が掘り出された。ロシアによる残忍な戦争犯罪の決定的な証拠だ」と述べ、道路に死体が散乱する写真や映像をSNS上に拡散した。どうやって調べたのか「戦争犯罪は1万3千件把握した」と発表したが、「被疑者」とされたロシア軍兵士たちは「ロシア軍兵士が人を殺すのを見たのか」とSNS投稿で否定した。数カ月後にベネディクトワ検事総長は「ロシアに通じた」と解任されるなど当初から信用のおけない被害調査であったが、イメージ戦略は奏功した。国際社会が騒然となり、現地を視察したカーン国際刑事裁判所主任検察官は「犯罪が行われていると信じる合理的な根拠がある」、バチェレ国連高等弁務官は「国際人道法の全ての侵害を調査することを求める」と声明を発表した。

そして、いよいよ主役登場である。髭を蓄えたゼレンスキー大統領が1カ月以上籠っていた大統領府地下シェルターから出てブチャ一帯を訪れ、報道陣の前で「数千人の市民が戦車でひき殺され、手足を切断され、女性は暴行を受け、子どもたちも殺されている。世界は戦争犯罪だと認めなければならない。これはジェノサイドだ」と、怒りの表情で訴えた。ゼレンスキーはプーチンの「ネオナチ」批判を逆手にとって、ロシア軍に「虐殺者」「悪魔」のイメージを被せようとしていた。折り紙付きの演技力で「ウクライナに栄光あれ！」と叫びながら、同時に「ブチャの虐殺」とロシア軍の残虐行為を告発した。プーチン大統領を悪玉に仕立て上げる迫真の演技力で国際世論を自分の側に引き寄せていく。

ロシア大統領府報道官は「それらの映像は捏造、フェイク」と否定し、国連安全保障理事会に提起する考えを示し、ロシア外務省報道官もSNSに「ウクライナ政府の目的は、停戦交渉を混乱させ、暴力をエスカレートさせることにある」と投稿したが、後の祭りであった。デジタル宣伝戦はゼレンスキーが一枚も二枚も上手であった。「ブチャの虐殺」はSNSでもっとも検索件数が多いトレンドとなり、ゼレンスキー大統領の株は急騰し、「国民の僕」は「世界の僕」となった。

バイデン大統領の後押しもあって、欧米諸国を中心に議会でのオンライン演説要請が殺到する。国連安全保障理事会の会合（4月5日）でのオンライン演説では、「ドンバス地方やクリミア半島を含む全ウクライナ領土からのロシア軍の撤退が停戦の条件だ」と一度は合意した停戦協議を無視した新要求を突き付けた。

いよいよクライマックスである。NATO諸国首脳がキーウを次々と訪れ、ゼレンスキー大統領の案内でブチャを見て回る。戦争ヒステリーの極致であるが、墓から暴かれた腐乱遺体を見せられて「虐殺だ」「戦争犯罪だ」とにわか検視官にでもなったかのように声を合わせ、ウクライナへの武器供与と財政支援を約束した。速成ゾンビ博物館の観覧料は高くつくのである。

しかし、ゼレンスキーの煽情的な奇襲宣伝戦は外交的には失敗であった。一方的に非難する行為は停戦交渉の背信的な打ち切り宣言に等しい。トルコのエルドアン大統領は顔に泥を塗られたと怒り狂い、ゼレンスキーを相手にしなくなる。それはゼレンスキーを支援する米国への当てつけでもあった。NATO主要加盟国であり、中東の有力国トルコが軸足をロシア、中国側に移しはじめる。

ここで重大な疑問が湧く。ゾンビ博物館まがいの外交的大博打を政治家になって間もない元コメディアン大統領一人で出来るだろうか？　答えはノーである。

人間の仕業には必ず然るべき動機が隠されているが、「ブチャの虐殺」は計画的なイメージ戦略の一環であったとみられる。ロシアとウクライナの停戦交渉がまとまったのは3月29日であったが、その3日前にバイデン大統領はワルシャワで「この男（プーチン）が権力の座にとどまってはならない」と暴言を吐いて内外から猛烈なブーイングを浴び、事実上の謹慎状態となった。仏独など西欧主要国がウクライナ支援から腰を引き始め、挽回策が必要であった。

バイデン大統領特有の策謀がチラホラ見える。ウクライナは欧州最貧国であるが、ゼレンスキー大統領が就任早々、「Diia（ディーア）」と呼ばれるスマホアプリで電子パスポートを世界で最初に採用したようにスマホの普及率は高い。ゼレンスキー大統領はそれを１００％活用しているが、米国の支援あってのことである。半年後（9月26日）、ブリンケン国務長官が国際政治に初心《うぶ》なゼレンスキー大統領を開戦前から陰で支えてきた米特殊部隊の存在を明かした。ウクライナ治安当局に4億５７５０万ドルの追加支援（総額6億４５００万ドル）を行うと発表し、「露軍による残虐行為の調査支援につながる」と漏らした。「残虐行為の調査」を米特殊部隊が担ってきたということであり、「ブチャの虐殺」は米国丸抱えの大掛かりな反露キャンペーンであったことを示唆する。

戦時独裁政権化するゼレンスキー政権

ゼレンスキー大統領は「自由と民主主義を守る共通の戦い」と国際社会に支援を求めるが、実態は疑わしい。結論から言えば、ゼレンスキー政権は戦時独裁政権化している。

侵攻直前まで経済不振や汚職を追及され、政権支持率が20％台まで下落したが、ロシア軍侵攻直後の戒厳令で「親露派」の濡れ衣を着せて11の野党を活動禁止にし、親露的と反政府的な言論機関を封鎖した。その一方で、18歳～59歳の男性を対象とした国民総動員令を発令し、女性や子供にも火炎瓶作成を奨励し、一般人を盾にした市街戦を想定した国民一丸の徹底抗戦体制を敷いた。戦前の日本の東條英機政権下の国家総動員体制と似たようなものである。

ネオナチ軍団として知る人ぞ知るアゾフ連隊との緊密な関係も隠せなくなってきた。22年4月23日、ゼレンスキー大統領はキーウの独立広場に多数の内外記者を招き、「彼ら〔ロシア軍〕は畜生どもだ。マリウポリのウクライナ軍と市民が抹殺され、2万人以上の市民が犠牲になった」と訴えた。ウクライナ南部のアゾフ海に面した港湾都市マリウポリ市はアゾフ連隊の根拠地であるが、ロシア軍に海岸部のアゾフスタリ製鉄所に追い詰められていた。ソ連時代に造られた広大な製鉄所の薄暗い地下シェルターには兵士だけでなく一般人も閉じ込められ、助けを求める映像がSNS上にアップされていた。女性や子供たちがアゾフスタリ製鉄所の地下に避難する様子を撮影したとされる動画が4月18日夜、メッセージアプリ・テレグラムに投稿された。

動画には乳飲み子を含む数十人の子供たちが映し出され、母親、祖母と思われる女性たちの傍らであどけなく戯れている。製鉄所一隅の4階建て工場の地下一階のシェルターは爆撃の度に揺れ、配電施設が損傷し、懐中電灯やろうそくの明かりが頼りである。凍えるような寒さだが毛布や防寒着が足りていない。雨水や雪を溶かして飲み水を確保し、備蓄のパスタ、コメ、缶詰を一日一食にして分け合っている。食べ盛りの子供たちはピザやハンバーガー、アイスクリームの絵を描いていた。そんな生活が2カ月以上も続き、子供があどけない顔で「太陽が見たい」と訴えた。

「アゾフ連隊副司令官」との字幕と共にプロコペンコ指揮官と名乗る疲れた戦闘服姿の人物の動画もアップされた。「ここから出たい。ここにはたくさんの子供たちがいて、お腹を空かせている。私たちをここから出してください、お願いします。私たちはもう、ありったけの涙を流し尽くした。もう泣くこともできない」と訴えた。各種情報を総合すると、ロシア軍は再三攻撃を停止しては降伏を求め、避難場まで指定したが、アゾフ連隊は応じない。キーウのゼレンスキー大統領が降伏を許さなかったのである。米国防総省のカービー報道官も記者会見で「マリウポリは陥落すると見る人もいるが、我々はそうは見ない。キーウだってチェルニヒウだって陥落しなかったし、ウクライナ側はマリウポリで戦いを続けている」とゼレンスキーを支持した。

国際社会は衝撃を受け、国連安全保障理事会が緊急招集されて議長声明「ウクライナにおける平和と安全の維持を巡る深い懸念」（5月6日）が5常任理事国を含む15カ国一致で採択された。対ロシア非難決議や経済制裁強化で割れていた国連が機能を回復した瞬間であった。グテーレス事務総長は前日、モスクワでプーチン大統領と会談し、アゾフスタリ製鉄所の地下シェルターに閉じ込められている民間人救出のための人道回廊設置で合意していた。「現在、国連と赤十字国際委員会（ＩＣＲＣ）が共同で3度目の作戦を進めている」と明かした。

5月17日、ロシア国防省がマリウポリ市を制圧したと発表し、さらに20日、製鉄所に立てこもっていたアゾフ連隊兵士２４３９人が投降したと確認した。そのうち１０００人以上が「テロ容疑」で裁判にかけられるためにモスクワに、残りは東部ドネツク州の親ロシア派武装集団の支配下にあるオレニウカの捕虜収容所に送られた。

アゾフ連隊降伏はゼレンスキー政権の道徳性や正当性に疑問を生じさせ、内部に動揺と亀裂が走った。７月17日「ブチャの虐殺」解明責任者のベネディクトワ検察総長とウクライナ保安局（ＳＢＵ）のバカノフ局長が「電撃解任された」とロイター通信が報じた。同日夜、ゼレンスキー大統領は記者会見で検察と保安局など司法機関職員に対する「大規模反逆疑惑の調査を処理している」と発表した。実態は権力闘争であるが、ロシア軍占領地でウクライナ検察とＳＢＵ職員が職務を続けていることを「ロシアへの内通」「国家反逆罪」と責任転嫁したのである。ベネディクトワ前検察総長はＣＮＮに「これが私の椅子だ。政治的な椅子であり、私は30年間で16人目の検察官。これがウクライナの現実政治だ」と政治検察の実態を認めている。同じく電撃解任されたバカノフ前局長はゼレンスキーが俳優時代に経営した「スタジオ・クバルタル95」の責任者であり、大統領選挙運動を仕切った最側近であるが、ゼレンスキー大統領は職務怠慢で死傷者を出した罪を問う「ウクライナ軍刑法第47条」適用を示唆した。司法機関要員の反逆疑惑６５１件に対する調査も始まり、検察やＳＢＵ職員60人余りが「ロシア特殊部隊と連携」していた疑いを掛けられた。

大統領が司法や検察に直接介入し、独裁政権化が一段と進む。ゼレンスキーは「国民の僕」ならぬ裸の王様を演じ始めた。英国が派遣した特殊部隊ＳＡＳに身辺を守られるゼレンスキーは「失った領土を取り戻すことなく停戦はできない」（ウォールストリート・ジャーナルのインタビュー7月22日）と徹底抗戦をアピールし、18歳～65歳の男性の出国禁止と兵役を義務付ける新たな戒厳令と総動員令を22年11月21日まで延長すると発表し、独裁体制を固めた。

8月3日、国際人権団体アムネスティ・インターナショナルがウクライナ軍の反人道的行為を告発した。報告書でウクライナ軍がドンバス地方の学校や病院などに陣地を築き、「民間人を危険にさらしており、国際人道法違反だ」と批判したのである。ウクライナ側は「人権団体のような組織がロシアの宣伝戦に加担しているのは残念だ」（ポドリャク大統領府顧問）、「ロシアの侵略とウクライナの自衛を同一視するのは不適切」（レズニコフ国防相）と釈明した。

過激化したゼレンスキー政権、ロシア領内でテロ活動

国際的な孤立を意識し始めたゼレンスキーは次第に過激化し、ロシア領内でのテロもためらわなくなった。8月20日、ロシアによるウクライナ併合を提唱してきた思想家ドゥーギンの29歳の娘が、モスクワ郊外で運転していた車が爆発し死亡した。2日後、ロシア連邦保安局（FSB）は乗用車には爆発物が仕掛けられ、「容疑者はウクライナ情報機関の女性工作員」と特定した。アゾフ連隊生き残りの女性隊員とみられた工作員は7月23日に娘とともにロシアに入国しており、事件後にエストニアに逃走した。ゼレンスキー大統領が「ロシア内の反体制組織の仕業」と自身の関与を否定したが、ニューヨーク・タイムズ（電子版10月5日）は、「複数の米当局者」の話として「ウクライナ政府が関与したと米情報機関がみている」と伝えた。

ウクライナ国境に近いポーランドの村にミサイルが落下し、二人が死亡したミサイル落下事

件（11月15日）でも、ゼレンスキー大統領は「ロシアによるNATOの攻撃だ。NATOは反撃すべきだ」とSNSで発信した。だが、「ミサイルはウクライナから発射された」と米軍から否定され、米欧諸国ではゼレンスキー政権が「ロシアの反体制派」やNATOをウクライナ戦争に巻き込もうと画策しているとの警戒感が高まる。

ウクライナ軍兵士も国民も修羅場を毎日生きているが、上層部は口ほどではない。ウクライナの汚職体質はヨーロッパ屈指であるが、財政支援している米国の監視の目が厳しくなり、23年になって政府高官が芋づる式に汚職で摘発されている。23年1月にゼレンスキーの大統領選キャンペーンに携わった側近のティモシェンコ大統領府副長官はじめ各省副大臣4人、州知事5人が邸宅や高額外車など不正蓄財で解任された。かねてからウクライナ軍の装備・食糧品横流しの噂があったレズニコウ国防相もゼレンスキー大統領のヨーロッパ歴訪の最中に公式発表もなく解任された。ところが、その後に姿を現し、権力闘争が暗闘化していることを示している。

ウクライナに法はないのか、法の支配はないのかと誰しも聞きたくなるが、ない。法の番人と言えば最高裁長官だが、クニャゼフ長官も今年（23年）5月に収賄容疑で拘束され、罷免された。ソファの上にはこれ見よがしに数百万ドルの札束が山積みになった写真が公開された。ゼレンスキー大統領は清廉潔白なのかと聞かれれば、ウクライナ国民のほとんどが首を横に振るだろう。

国連開発計画など12の国連機関が発表したウクライナ戦争報告書「ヒューマン・インパクト・

アセスメント」によると、昨年末の時点でウクライナ国民の約4割、1760万人が人道支援が必要な「限界状況」にある。徴兵逃れが激増し、偽装出国、徴兵担当者の汚職などが問題化する中、ゼレンスキー大統領はSNS（8月11日）で「国内各地域の徴兵責任者を解任する」と発表したが、沼に杭である。ウクライナ国民の大多数が停戦を望んでいるのは間違いない。

「この世は舞台、人はみな役者だ」と名言を遺したのはシェイクスピアだが、人は誰もが一度きりの人生を「お気に召すまま」に生きる。稀代のコメディアンであるゼレンスキーもまた然り。何のために闘うのか。祖国の栄誉か、己の欲望か、それが問題だ。

あとがき

「運命とは、最もふさわしい場所へとあなたの魂を運ぶ」と言い残したのはかのシェイクスピアであるが、本書を書き上げ、珠玉の名言、と思えた。本文で再三言及する〝あの場所〟に居合わせることがなかったら、本書が世に出ることはなかったであろう。

〝あの場所〟とは、筆者が1991年8月18日に観光気分で迷い込んだモスクワのクレムリン宮殿である。ソ連崩壊のきっかけとなった「ソ連8月クーデター」の前日であった。人っ子一人いないクレムリン宮殿の前庭は30年以上たった今も脳裏に鮮やかであるが、ウクライナ戦争を観ているうちに繰り返しフラッシュバックし、強烈な意味を帯び始めた。政治学でよく言う「権力の空白」とは「権力の中枢部から人が消えることなのだ」、と。

その空白を埋めようと半生を投じたのが、情報将校として奔走していたプーチンKGB中佐であった。夢をかなえ、ロシア大統領となったプーチンは米国に対してソ連と交わした冷戦終結宣言の履行を求める。ソ連が自壊したからといって歴史的な履行責任を免れるものではないと、バイデン大統領に迫った。それがNATO不拡大の約束、すなわち「1インチの約束」であるが、外交通の上院議員であったバイデン大統領は「1インチの約束」を承知していたにもかかわらず、いまさらと応じず、拗れに拗れてウクライナ戦争が勃発した。

遠い北京からソ連崩壊を歯ぎしりしながら見ていた習近平主席も、同輩のプーチン大統領の気持ちが理解できる。反射的にバイデン大統領の不誠実に義憤を禁じ得ない。そのとばっちりを食わされかねないのが、バイデン大統領に気を使いすぎる岸田首相である。

本書は時系列でウクライナ戦争を追いながら、プーチン、バイデン、習近平のビッグ3の内面的な葛藤に照明を当てたが、原風景と言うべき〝あの場所〟に居合わせたことがそれを可能にした。ソ連の崩壊とその後の世界の混乱は長く不可解な現象であったが、方向性も見えてきた。運命の糸により、最もふさわしい場所へと誘われていたのかもしれない。

最後に、連日の酷暑の中で本書出版の労を取っていただいた竹内氏ら彩流社の皆さんに感謝を申し上げたい。

■著者紹介

河《ハ》 信《シン》基《ギ》

1971年中央大学法学部卒業。朝鮮新報記者、朝鮮大学経営学部主任教授（講座長）を経て評論活動に入る。朝鮮南北、日本、中国など東アジアの政治・経済問題を中心に各国・地域の伝統や文化を踏まえた分析を続ける。日本法哲学会会員、東北亜未来構想研究所特別顧問、学校法人青丘理事。

著書：『韓国を強国に変えた男 朴正熙――その知られざる思想と生涯』（光人社NF文庫）、『酒鬼薔薇聖斗の告白――悪魔に憑かれたとき』（元就出版社）、『韓国IT革命の勝利』（宝島社）、『金正日の後継者は「在日」の息子――日本のメディアが報じない北朝鮮「高度成長」論』（講談社）、『証言「北」ビジネス裏外交――金正日と稲山嘉寛、小泉、金丸をつなぐもの』（講談社）、『〝二人のプリンス〟と中国共産党――張作霖の直系孫が語る天皇裕仁・張学良・習近平』（彩流社）

ウクライナ戦争《せんそう》と日本有事《にほんゆうじ》――〝ビッグ3〟のパワーゲームの中で

2023年9月30日　初版第1刷発行　　定価はカバーに表示してあります。

著　者　河　信　基

発行者　河野和憲

発行所　株式会社　彩　流　社

〒101-0051　東京都千代田区神田神保町3-10　大行ビル6F
電話　03（3234）5931　FAX　03（3234）5932
ウェブサイト http://www.sairyusha.co.jp
E-mail　sairyusha@sairyusha.co.jp

印刷・製本　㈱丸井工文社
装幀　佐々木正見

落丁本・乱丁本はお取替いたします。　ISBN978-4-7791-2925-4 C0031